2014年国家社科基金艺术学项目"新媒体艺术的本体观念及其趋向研究"
（项目编号：14CC109）

新媒体艺术观念的传播与裂变

姜 申 著

中国纺织出版社有限公司

内 容 提 要

伴随媒介技术景观的日新月异，西方从杜尚的"现成品艺术"开始，中国从张培力的录像艺术探索缘起——新的艺术观念不断发生着剧烈的变化。本书以中外"新媒体艺术"为窗，尝试厘清其观念内涵的核心诉求，从历时性与当下的"两个视角"、中国与西方的"两条线索"去发掘、比较各类型作品间观念诠释之共性，以此为基，反映新媒体艺术观念的发展趋势、探讨艺术与科技的相互作用与影响，成为理解当代艺术的一把金钥匙。

本书语言洗练、逻辑鲜明、案例丰富、内容翔实，具备一定的学术价值，既可供文艺爱好者赏阅，亦适用于普通高等院校作新媒体艺术教材之用。

图书在版编目（CIP）数据

新媒体艺术观念的传播与裂变／姜申著 . -- 北京：中国纺织出版社有限公司，2023.1

ISBN 978-7-5180-9865-1

Ⅰ.①新… Ⅱ.①姜… Ⅲ.①多媒体技术－应用－艺术－研究 Ⅳ.① J-39

中国版本图书馆 CIP 数据核字（2022）第 170442 号

策划编辑：华长印　　责任编辑：华长印　石鑫鑫
责任校对：楼旭红　　责任印制：王艳丽

中国纺织出版社有限公司出版发行
地址：北京市朝阳区百子湾东里 A407 号楼　邮政编码：100124
销售电话：010—67004422　传真：010—87155801
http://www.c-textilep.com
中国纺织出版社天猫旗舰店
官方微博 http://weibo.com/2119887771
北京华联印刷有限公司印刷　各地新华书店经销
2023 年 1 月第 1 版第 1 次印刷
开本：710×1000　1/16　印张：19
字数：296 千字　定价：198.00 元

新科技是新视角观看世界的手段，"好"的艺术不是为了新而新，而是用新技术来表达思想和真理。当然，科学和艺术还是有所区别，科学家必须用实证数据发现实用价值，并用客观的方式记录；而艺术家会挣脱这样的束缚，更注重科学现象带给我们的感受和伦理的思考。艺术更加主观富有想象力、非线性，而科学必须符合逻辑和线性的规律；科学寻找真理的方式是把所有假设排除，而艺术家的想象更加丰富多元。艺术的开放性和弹性更胜于结果精确性。

——张海涛 ❶

从杜尚的现成品艺术算起，当代艺术已有百年历史。艺术观念及其趋向已成为社会思想乃至文化发展的一个重要驱动力。时下，这一状况尤其典型地体现于新媒体艺术的传播。观念之于艺术，即艺术现象的自我意识之投射。观念的议题始终伴随着当代艺术的发展进程。究其内涵有三：其一，艺术品本身的理念。其二，众多观念之汇聚，形成当代艺术语境下整体艺术思潮的趋向。其三，这趋向反过来对人的生存空间给予折射和影响。因此，本书研究的目的正是厘清新媒体艺术内涵的核心理念，发掘、比较各类型作品间的观念诠释之共性，并以此为基点反映观念的发展趋势、探讨艺术与科技的相互作用及影响。

什么是艺术观念？这里用三句话来诠释：其一，观念是艺术创作的终极目的，是回应人们对艺术本质追问的终极答案。其二，观念是归结艺术表达的思想原型，是回应艺术所有其他问题的先决条件和思维基础。其三，观念

---

❶ 张海涛.西方生物艺术简史（1933～2018）新伦理艺术运动[EB/OL].艺术档案网，2019-05-17.

是事物之美的根本原因，是诠释艺术美感的根本理念。然而，艺术观念不是一成不变的。自古希腊起，西方艺术连绵不绝，却历经多次观念性转折。这说明，艺术的观念在不断演进，它与社会时代变革的号角相呼应。

无论是古风时期的青年男性立像表达的青春之巅，还是古典时期崇尚躯体动感（如《掷铁饼者》）的运动之巅，都呈现出古希腊艺术观念中的"巅峰之美"。古罗马时期人像的塑造回归现实，对元老院长者的刻画体现出这一时期艺术观念中"坚毅的自信"。东罗马的君士坦丁堡在公元532年尼卡暴动后重建的圣索菲亚大教堂，其内壁上恢宏的镶嵌画诉说着拜占庭艺术中"权力至上"的观念。到了中世纪，西欧昏暗的罗马式建筑中"救赎与虔诚"的十字架，成为至暗时刻艺术观念的寄托。文艺复兴时期，从威尼斯到佛罗伦萨，"人本回归"的艺术观念使宗教绘画透露出人性的光芒。自巴洛克时代至新古典主义时期，皇权的巩固使艺术观念流露出贵族般"浪漫享乐"的极致。到19世纪，浪漫主义与现实主义支撑起资本主义的升腾期，"自由、民主与拓荒精神"成为艺术观念中的时代基调。进入20世纪，艺术观念则在"突进与保守"中上下沉浮，第二次世界大战前表现为新艺术运动（曲线的自然和直线的秩序感）与装饰艺术运动（简约奢华的回归）间的辩证前行。而20世纪后半期，艺术观念则在现代性与后现代性的对话中呈现为"建构与消解"的折衷与博弈。

试问：21世纪的艺术观念将何去何从？

在21世纪，新媒体艺术无疑占据着当下艺术观念塑造的重要一翼。它的诞生给艺术观念的诠释开辟了崭新的局面。与传统艺术相比，新媒体艺术观念发生了剧烈的变化。人们以新媒体艺术传播中的几个"裂变"❶来形容观念变革的复杂动力及背景。

首先，是场域的裂变。新媒体艺术使艺术的存在域分裂为两个世界——真实和虚拟。如果把场域的真实性看作是"第一自然"，那么场域的虚拟性便是"第二自然"。"第一自然"构成了艺术作品与观众之间的物理界面，即装置展示空间；而"第二自然"则建构了由信息编码所营造的数字感观界面，即虚拟体验空间。新媒体艺术中，真实与虚拟往往是独立呈现的，但其界面却经常两相交叠，使观众跳入、跳出，游离其中。在"元宇宙"如火如荼的当下，

---

❶ 王可.裂变的世界——新媒体艺术的理论范式研究[J].南京艺术学院学报（美术与设计），2019(1): 119-121.

艺术内蕴的传递具有更强的"间性"，作品内涵具有更丰富的层次感。

其次，是结果的裂变。场域的二重性使艺术作品的呈现由"完成时"转向"进行时"。裂变导致艺术展示环境的开放、艺术创作过程的开放、艺术结局设置的开放。这些"开放"使作者与观众间的关系发生着微妙的变化，平等带来观念的模糊。

再次，是作者的裂变。由于过程性的开放，观众可以成为艺术的参与者，即创作主体的一部分。互动的提倡，改变了艺术观念由作者到观众的单向、线性传递模式；个性体验成为艺术观念达成的重要通路。作者退变为先导性的艺术项目设计者，倡议、邀请人们来体验开放性的装置作品；而观念性的生成很大一部分来自观众自身对于参与意义的加工和领悟。最终，创作主体在设计者与体验者之间形成流动性和不确定性。

从次，是叙事的裂变。作者的根基被参与性撼动，使传统的线性叙事在新媒体艺术的开放性中丧失了"讲述者"的权威。叙事不再只是作者的专利，它要为观众提供多样化的选择；进而在一定的框架内，使受众参与叙事甚至成为叙事的一部分。叙事可以是交互性的认知，观众透过触控、体势、语音、AR（增强现实）甚至脑电波与作品形成信息交流；叙事也可以是沉浸性的体验，透过感官的沉溺调动知觉背后的幻境，游离于真实与虚拟之间。不知不觉中，作品的时空与观众的时空纠缠在一起，变成非线性的、散漫而开放的个性化领悟。

最后，是接受者的裂变，即观众身份的不确定性。在新媒体艺术里，观众既可以是感知的主体，又可以是被感知的客体，还可以成为媒介甚至是艺术事件本身。不论是个性化取向还是趋众化方向，人的态度、主体间性、在场的虚实、存在与缺席都使其身份陷入加速分裂、异化，同时为艺术观念的表达构筑非凡的矛盾张力。

种种巨变为艺术在新媒体时代的发展带来观念性变革的不竭动力。就艺术而言，观念可以转向，但对"美"的追求从未改变。新媒体艺术的观念与审美又有着怎样的关联呢？传统艺术领域中，艺术品的审美形式与观念外延经常显现为统一的共荣。民族歌舞中外化于行的动作、体态、伸展、沉浮，总是与内化于心的民族热情相辅相成。艺术史中，当我们以历时性视角审视时代观念的脚步，也总能察觉到审美应和的更迭之美。然而，进入当代艺术视野，例如现成品艺术利用日常生活的"现实感"弱化作品追求独特形式的性质，又如观念艺术将传统中所强调的视觉重心消解——使审美和观念的关系骤然紧张起来。一时间，似乎观念在崛起、美在流逝。但艺术并未像邱志杰《重复书写一千遍兰亭序》（1990~1995）那样，让文字性和可视的感觉随着白纸上墨迹的堆叠暗黑下去。

今天的新媒体艺术正以融合的姿态，和缓而巧妙地处理着审美与观念的关系。确切地说，这是一种相互转化。一方面，与传统艺术审美所具有的"它者化"的形式感相比，新媒体艺术审美则带有强烈的"具身认知属性"。客体距离的泯灭，使作品与接受之间的关系更加亲密，即具身性使得生理体验与接受心理之间的联系极大提升。❶直抵心灵的体验亦使作品与观众的观念性传达更为直接和顺畅，形式美有着内化为观念美的趋向。另一方面，由于参与、互动、沉浸体验的增强，艺术原有的对象化凝视之"物感"，被拓展为带有四维时空"场域"中的身临其境。不觉中，场域内的非审美因素也会或多或少地被囊括进形式之美。其中，就不乏一些通达心灵体验的观念性因素，这使得观念具有了"亚审美"属性。"亚审美性的特征，可以加深审美的认知体验效果，强化审美过程中的快感信息，对美感的生成产生叠加性作用。"❷即美亦可归属于观念范畴，心念中的美意虽未外化于行，但可使人体会到豁然开朗之畅意。就此，观念为美的生发开启了新的篇章。

接下来，需厘清艺术观念生发的层次，这有助于指导"观念"探索的行动步骤。宏观上，艺术观念有两个方面：创作观念和接受观念。它们联系着作者与观众，彼此绝不是割裂的，而是相互映照。但本书关注的是"本体观念"，因此更加侧重于对创作观念的梳理。

就观念生发的层级而言，黄鸣奋先生曾以清代画家郑板桥"画竹"随感作参照，讨论新媒体艺术创作中细微而缜密的酝酿过程。❸郑板桥言："江馆清秋，晨起看竹，烟光日影露气，皆浮动于疏枝密叶之间。胸中勃勃遂有画意。其中胸中之竹，并不是眼中之竹。因而磨墨展纸，落笔倏作变相，手中之竹又不是胸中之竹也。总之，意在笔先者，定则也。趣在法外者，化机也。独画云乎哉？"❹在此，郑板桥所谓"眼中之竹""胸中之竹""手中之竹"可对

❶ Niedenthal P M, Barsalou L W, Winkielman P, etal. Embodiment in attitudes, social perception, and emotion [J]. Personality and Social Psychology Review, 2005(9): 184–211.

❷ 滕锐, 李志宏. 亚审美性——新媒体艺术审美认知特征研究[J]. 文艺争鸣, 2015(10): 157.

❸ 黄鸣奋. 活法三义: 当代西方新媒体艺术宣言例析[J]. 社会科学辑刊, 2019(4): 175.

❹ 郑燮. 板桥集·板桥提画[M]. 中国基本古籍库: 清晖书屋刻本, [年代不详]: 56.

应理解为艺术创作的观察、构思与传达三个层次。

第一层，"眼中之竹"是艺术观念传递的先导阶段，即观念的"起意"。艺术不是凭空而来的，它的生发要与这个世界、这个社会构成连接。"连接"是通过作者的"观察"开启的。面对世间这个灵动的外在环境，艺术的酝酿是对世界的反馈。

第二层，"胸中之竹"是艺术观念的生成阶段，即观念的"构思"。这是在起意的基础上，对艺术作品进行更为具象而全面的谋划，是由外在的观察转向内在创作酝酿的"内化阶段"。这是一个完全属于作者的心理活动，他/她要自问："我"面对这个世界、这样的状况，想传达怎样的观念？

此时，我们要回到第一层中，找寻观察世界的结论。总的来说，新媒体时代给世界带来三个显性的影响：其一，新技术的新可能，即科学理性为社会发展注入日新月异的活力，人们的生活体验瞬息万变；其二，技术带来的时空观念拓展了人的视野和认知结构，也拓宽了人的欲望；其三，技术使欲望膨胀，这导致人类陷入危机、异化、焦虑与恐惧。这是当下新媒体艺术作者眼中所观察到的、最为基础的宏观状况。

第三层，"手中之竹"是艺术观念的诠释阶段，即观念的"传达"。这是融合了外界观察与内在思想酝酿以后，使艺术高于生活现实的升华阶段。也是艺术创作调动各种艺术媒材、创意设计来传达观念的具体实施阶段。

新媒体艺术的"起意"阶段，实际上是面对社会的深层次变革进行的或乐观或批判式的观察。技术的快速迭代、真实与虚拟环境的叠加、时空信息的延展，都可能成为艺术思考的源泉。其要点在于对技术的敏感、对社会文化嬗变的洞悉，以及对时下万物互联、人机融合的彻悟，是艺术观念展开的必要条件。

新媒体艺术的"构思"阶段，实际上是在理念革新的基础上对艺术表达的突破性承继。首先，建立在传统艺术品格与当下社会生活的不适应性之反思上，透过去旧而推陈出新；其次，铸就在对未来世界发展的愿景与期许之上，创造新奇之法进入世界的可能，透过新风尚而独树一帜；最后是重新展开人与自然的对话，例如人工智能、脑机接口、基因克隆等都使智慧与智能的融合推进到新的高度。

新媒体艺术的"传达"阶段，是调动各种艺术手法、技术手段、设计技巧及展示策略来延展艺术观念。目前看来，三维沉浸、互动装置、动态叙事、虚实叠加、生物反馈，是新媒体艺术观念在传达过程中的主导性策略。

郑板桥"画竹"之法的重点并不在"分层"而在层级之间的变异与转化。观念层次之间的意象传达并非绝对一致，这便是"意在笔先者，定则也。趣在法外者，化机也"的妙处所在。观念依赖于观察、外化于传达，这都预示着创作观念与外在环境的密切关联。"意在笔先"指明观念是先于创作而生发的，"趣在法外"则暗示出艺术对定则的灵活把握，即"化机"：艺术观念中应有的弦外之音——批判也好，憧憬也罢，或忧虑或呐喊。总之是不可言说，却又不得不饱含的某种精神取向。

本书指向新媒体艺术的"本体"观念。在通俗的理解中，本体指事物的"本身"，引申为"根本"。在唯心主义哲学中，本体是与现象并立的不可认识的"自在之物"；在辩证唯物主义哲学中，不认为本体与现象之间具有绝对的界限——人们常说："只有尚未认识的东西，没有不可认识的东西。"这个领悟，为本书探索新媒体艺术"本体"，提供了可行的支撑。艺术本体，实际上是构成作品自身之所以成为作品的基本元素。而艺术的本体观念，是传达艺术作品自身之所以成为作品的精神实质与思想含义。

在传统艺术中，作者与作品有着天然的亲近。那么，艺术的本体观念就更多地体现为作者意志，那时艺术观念的核心在于作者观念。到了近现代，艺术被各种社会气象影响，席卷于各式文化思潮之中，饱含更为丰富的文化意象，作者与时代气息就成为艺术观念形成的主导。到了当代，艺术观念中的怀疑、反思与批判成为作品意涵的重要一翼。而新媒体艺术则囿于当代艺术范畴中，力主于透过媒介创新与技术突破，实现观众的参与、交互和沉浸。因此，新时代的艺术观念，其构成中"过程性"和"参与性"（即受众的接受观念）比重有所提升；同时，也保持了当代艺术的反思性和批判性。

但这里要指明，本书侧重于"本体观念"的讨论与阐释。即使是新媒体艺术观念，其本体观念仍强调与作者创作（或设计）的亲近，而非观众的"接受观念"的探究。因此这里的研究是"前置"的，与社会文化背景、作者、作品的关系更大。由于研究精力所限，艺术传播观念与观众接受观念并不是此处研讨的重心，但仍具有艺术传播效果的参考价值。

本体观念的研究方法，总的来说是从作品和作者出发，观察作品显现文化思潮的历时性、作者胸中直抒之意以及对作品内容与表达的挖掘。文艺思潮的历时性归纳、艺术作品的文本分析与内容分析、作者的观念性思辨是我们研究的主导性方法。作品信息、作者叙述是研究的资料。即研究以思辨和质性分析为主，辅之以作品及文本资料梳理。

我们相信：一切脱离作品的认识都是空谈；一切局限于作品的讨论都无法深入。将作品与作品、观念与观念、作者与观众结合起来，看到他们的共性与共鸣，才能把握时代的脉搏，才能领悟未来艺术创作的趋向。

本书采用篇章式结构，主要分为四篇：

第一篇，从历史语境出发，回顾新媒体艺术的发展历程。从杜尚的现成品艺术反思消费对"过程性"的蚕食，到约翰·凯奇掀起激浪派运动以摆脱超验、时间与作者权威，再到白南准开启视频时代的媒介反思，为新媒体创作观念的萌生打下坚实基础。20世纪90年代张培力、邱志杰、颜磊等人的录像探索，点燃了中国新媒体艺术的星星之火，之后王功新、宋冬将视频艺术逐步引向环境装置艺术。艺术创作逐渐摆脱将"媒介"视作纯粹的工具属性，转而把视觉媒介本体置于一个小环境中，成为艺术创作和表现中不可或缺的元素。最后，由冯梦波、胡介鸣等人将艺术思路引向数码、游戏与网络时代。

第二篇，从艺术形态的视角出发，着力于把握21世纪以来新媒体艺术的当代进程。在共识性层面上，将具体论述分为六章，平行展开。首先对"观念性策展"予以观察，将讨论引向创作观念节点上"人"的精神引领。基于二十年来，新媒体艺术策展的四个阶段："先锋探索阶段""概念普及阶段""艺术深化阶段"以及"市场运作阶段"，引出王功新、邱志杰、侯瀚如、鲁晓波、张尕、李振华、顾振清、刘旭光、张海涛等人，探讨其策展实践活动中的观念性倾向。其次，通过新媒体艺术观念的核心议题"主体性让渡"，阐释当代艺术观念由现代性转向后现代、后工业以及消费社会阶段所秉持的"主体间性"与"过程性感悟"。再次，沿着拓展"主体间"关系的思路，探讨新媒体艺术中的"交互性回归"，指出艺术媒介化正由传统的"单向陈列"转向新媒体主导之下的"多维互动"。同时，也关注人工智能算法介入后，智能创作对主体蚕食所带来的困惑与挑战。从次，在深化媒介浸没的背景下，探讨新媒体艺术的"虚拟沉浸"，指出新媒体发展的一个关键性变革，就在于从主体对客体的凝视，演化为主体聚身于虚拟环境中的主观体验。这个变革的外在表征就是新媒体的"数字化沉浸"。然后，对新媒体艺术商业化发展中的微观案例做系统化的梳理和分析，验证新媒体艺术在创作内容的选择性上由"人的主体性"向"齐物与自然"的过渡，符合"主体间性"的观念趋向。

最后，从新媒体戏剧的角度，结合"后戏剧剧场理论"，区分了"半沉浸"式戏剧与"浸没"式戏剧的观念性变革。以王翀的戏剧实践为例，讨论多媒体环境下对"戏中有影"的媒介反思性倾向。

第三篇，从生物、生命与生态视角展开，讨论新媒体艺术与技术的融合。由于身体的介入，新媒体具备了"炭艺术""湿艺术"等有机属性。分子生物学的蓬勃发展，使人们有机会观察到生命遗传与编码的奥秘——基因，又借由基因编辑、擦除与转换，意识到人类与自然界中其他生命体的同源性。最终再度回归到"与物平等"的观念，展开对主体性的质疑与反思，即自然以生命的"普遍"与"共在"为中心，重新构建起泛生命形态的平等性，成为后人类中心主义转向的重心。在此，生命的定义得到重新梳理，凌驾于自然及其他物种之上的人类先天主导时代正分崩离析。生物可塑性、生态环境的反思与再构、虚拟生物世界、神经元与脑磁共振、生物机能延展等，正逐渐成为新媒体艺术观念萌发的创新型试验田。

第四篇，从科技发展的前沿语境出发，聚焦于人工智能、脑机接口、高速移动网络、元宇宙等给新媒体艺术创作所带来的机遇与挑战。指出艺术正迎来由"体外化媒介阶段"升级为人机结合的"异源嵌合体"新时代。但人工智能对艺术的参与仅仅处于最初级阶段，不能因此消磨掉艺术对智能化介入的信心。艺术智能化将由现在的人工智能"结果"输出，转向智能化、个性化的"过程"设计与体验。本书也对艺术智能化的未来做出预判：它将大致经历"算法阶段""智联发散阶段""智慧观众阶段"以及"智能消费阶段"。最终智能机器将与人类相互融合，成为更高级的艺术消费者。同时，艺术观念的延展中应有"自律"的一面，即艺术智能化运作中的规则意识。对人工智能背后的权力意识、权益目的、隐私与资源集聚应予以适当的钳制，引导其向着平等、和谐、造福于全人类的方向，稳步迈进。

本书主要观点在于集合、发现并总结了新媒体艺术开端以来，至今几十年创作背后的"观念性共识"，即：新媒体艺术特征里的很多基本要素——参与性、交互性、沉浸性、过程性、虚拟性，其背后凝结的观念性价值，都与"主体性让渡"密切相关。对"主体性"的反思，是新媒体艺术本体观念的核心。长久以来，艺术源于作者内心的表达；但当代艺术对激浪式的、过程性的、互动参与效果的追求，正逐渐剥蚀作者内心的真实感受和绝对权威，使作者意志与观众参与走向新的平衡。新媒体艺术中，创作一旦产生往往就会逐渐脱离作者，出现主体间性的对话，时空中主体性面临危局。同时，观念中也孕育着人与自然间关系的改变：现代工业化使理性知识为基础的"人"走出蒙昧、树立自信，却反而成了地球和自然的主宰，造成生态、环境、资源的无序消耗与浩劫。人的智慧是有限的，向自然界虚心学习，使人重新成为自然的一部分，甚至依靠我们的智慧来反哺自然，才是和谐人居关系的未来。新媒体艺术伴随着后现代文化对现代主体性的反思，力图以大众的在场沉浸与作者的主观再现相抗衡，逐渐放弃长久以来人凌驾于自然之上的制高点，回归到万物互联的参与之中。因此，由先验到激浪、由结果到过程、由时空分立到时空统一、由作者主导到观众体验的艺术观念内核的转变，都是应对这一根本问题的具体策略和未来趋向。

结论中也提及了目前新媒体艺术发展上的一些瓶颈和问题，如技术驱动给艺术带来的浅薄化、利益驱动稀释了人文价值等。因此，兼顾个性与需求，考虑受众的体验，把兴趣放在"主体间"的交互上而非技术上，扎实推进"人机融合"实践，努力保持艺术创作端与欣赏端的智慧平衡，让艺术重返生活是新媒体艺术观念的本质趋向。

本书的写作过程中一个重要的特色，就是在观念研讨和前人经验的基础上，坚持结合艺术实践，把协同参与的各类新媒体艺术展览与书写进行有机结合。包括中国美术馆举办的"北京国际新媒体艺术三年展"、清华大学举办的"艺术与科学国际作品展"等活动。笔者还广泛深入到各地博物馆、艺术机构，在参与志愿活动的同时充分了解当地常设展、临展在引入新媒体展陈与作品方面的经验与反馈。在这些实践中，作者与来自国内外的一线新媒体艺术家、设计师、策展人、观众等进行了广泛交流，并将最新的艺术创作观念、趋势、技术应用结合在研讨中。这使得本书除对艺术观念进行梳理之外，还对今后一段时间的新媒体艺术创作、策展、商业化运作，乃至新媒体在生活各处的"应用与实践"有一定的指导意义。相信艺术观念的延展对开启人们有关"如何借助媒介科技呈现未来艺术"的认知有不可估量的社会意义和学术参考价值。

姜　申

2022年6月

目录
Contents

第一篇　过往：新媒体艺术观念的沉淀

第三篇　融合：新媒体艺术的有机属性

第四篇　未来：新媒体艺术不定的趋向

第一篇

过往：
新媒体艺术
观念的沉淀

这里先从历史发展的角度，追溯新媒体艺术观念的生发。

一方面，"新媒体"并不是一个绝对共时性的讨论范畴。"新"具有相对性，这意味着它具备历史考量的延展性。"新"中有"旧"，同时"旧"中也有"新"，即所谓的与时俱进、历久弥新。从历史维度看待新媒体艺术，有时候其作品、作者就未必是当代的。但其透露出的思想观念，却可能与今天的新艺术观念有着千丝万缕的联系——有的是"启发"，有的则是"基础"。从观念的角度看，他们对今天的艺术构思总具有铺垫的意义。新旧有别，但"旧"为"新"拓展出了一个历时性比较的维度，彰显出"新意更浓"。

另一方面，我们研究新媒体艺术，不可能不把目光聚焦于中国。在共时性层面，中外新媒体艺术是可以比较的，那是一种"风格的呼应"；在历时性层面，中国新媒体艺术同样与外国新媒体艺术有可比性，但中国的社会文化历程与西方走过的路差异迥然。虽然都是新媒体艺术，但其起因、思路、创作灵感、地缘媒材的甄选却大相径庭。其中一定有承继的因素在，即中国受到新生产力影响——外域文艺的启迪；但里面也应"各有千秋"，因为西方的艺术思路不能完全映射中国的社会现实与文化思考。

在历史的范畴中，我们的讨论可能更多地关注于中国的新媒体艺术历程。看它早期如何受到西方观念的影响，又如何发挥出民族性的魅力——由观念的领悟，到跟随和模仿，再到自我张扬的心路历程。因此，讨论中一定会提到很多艺术家、艺术装置和作品，但这里的目的并不是描述作品，而是从中凝练创作观念的表达。

第一章
西方当代艺术观念的萌生

西方当代艺术的一个主流是对艺术媒材的去旧更新。例如常常令人们津津乐道的法国艺术家马塞尔·杜尚，他生活的年代（20世纪初）是资本主义由上升期的帝国主义阶段向文化反思阶段转折的漫长历史时期，那时的艺术表征纷繁复杂。可以说杜尚是先锋艺术、实验艺术、现成品艺术、达达主义、超现实主义等流派的代表。但从观念上，他最主要的艺术理念在于"反割裂"与"对抗传统"。

1917年，杜尚从商店购入一个男卫生间使用的瓷质"小便池"，并直接为它贴上艺术标签《泉》，之后匿名送到北美独立艺术家展览现场，将其作为艺术品展出，自此，"小便池"成为20世纪艺术史的标志性事件。人们一提起杜尚，就会想起他的《泉》。在今天，我们理解这个艺术品，更多地提到"现成品艺术"这个词，好像把目光集中在现代艺术从"架上"转移到"现成品"等多元材质的选择上。但实际上，"现成品艺术"的深意在于与生活的联系。

我们想象观众来到展览馆，观看这个作品时的思绪。如果是一位女性，那么"小便池"给她带来的是一种生活的"奇观效应"，她能够捕捉到自身视觉环境以外的某种"物"，并进而产生"物念"，即幻想——依个人志趣，会有或美好，或污浊，或抵制，甚至是"性"的种种幻象。如果是男性，那么"小便池"则将他带回到某种更为熟悉的生活环境里，构成每日生活的幻象。

但无论男女，一个不争的事实是，自1917年起，人们眼前的这个物品，再也无法返回日常中成为普通的生活用具了。一个日用器具在展览中的偶然摆放，使得其再也无法行使其自身的使用价值。男人再也无法站在它面前，肆无忌惮，"尿意盎然"。这是"互动"的缺失，也是"过程"的缺失。艺术标签一旦打上，艺术品就与观众失去了缘分。丧失了与人的互动，即隔绝了人的参与，艺术品就变作一个可消费的"结果"，丧失了与人的、日常的"过程性"。这是一个既讽刺，又值得人们深思的观念性议题。

在艺术诞生之初——载歌载舞的原始社会，艺术更多的是一种过程性的流露，或悲或喜，总是寄托着参与者的情感；而图腾、岩画更多则是对大自然的敬畏、宗教的祈祷，而非审美的驱使。真正的审美性到底是什么？这不禁让现代人蓦然回首，灯火阑珊。原来，现代性使人和生活天然地割裂为消费品与消费者了，人可以付出金钱来替代劳动而获取所需。互动与过程性的丧失，使我们丧失了在生活中品味审美和艺术的机会与能力。这种割裂，是促使艺术观念反思的根源。

类似于《泉》，杜尚的《现成的自行车轮》将一个轮子倒置过来摆放在展台之上，割断了艺术品成为交通工具行走在"生活之路"上的机会；也剥夺了它与人之间，原本默契的日常互动。总的来说，现成品艺术在观念性上多有此意，即使将熟悉的日常景物与切断互动的偶然摆放并置起来，其观念并不是欣赏物的器型，而在于反对如日中天却割裂生活的艺术形态。

反对人与日常生活的"割裂"并不是杜尚提出的，其中有深厚的哲学意象作为铺垫。哲学家杜威曾深入研究"日常生活审美化"，并强调"经验参与"在审美中的重要性。以"经验"为基点，杜威建立了一套艺术审美理论，打破了先验性传统的二元论。杜威强调，日常经验经常具备审美性，但其务必发展为一个具有完整性、持续性的体验才能支撑人们对日常审美的体验。参与和互动，在杜威那里被看作是"做与受"所组成的、不分先后顺序的连续循环状态。"决不徒然站着，一事不做，等着什么事情发生。它并不墨守、弛懈、等候外界有什么东西逼到它身上去。它按照自己的机体构造的繁简向着环境动作。结果，环境所产生的变化又反映到这个有机体和它的活动上去。这个生物经历着、感受着它自己的行动的结果。这个动作和感受或经历的密切关系就形成了我们所谓经验。"[1] 在此，杜威所提倡的"艺术即经验"成为杜尚反对日常经验割裂的观念源泉。

杜尚的另一个观念性冲动在于"对抗传统"。他之所以将小便池命名为《泉》，除了形象的臆想之外，也是对绘画传统中以"泉"命名的众多前作的讽刺。1918年前后，杜尚运用加法创作，给达·芬奇的名画《蒙娜丽莎》添上了铅笔画的小胡子（而且是各种式样不同的小胡子），于是"带胡须的蒙娜丽莎"成了西方绘画史上的又一个作品。起初，这个创意让杜尚声名狼藉，因

---

[1] 杜威.哲学的改造[M].许崇清，译.北京：商务印书馆，2002：46.

为那个时代并不崇尚模仿、仿拟与重做，恶搞这个词在那时仍有"抄袭""偷窃"之嫌，远没有后现代文化中如此荒诞、幽默的内涵。这种对经典之作的调戏态度，在当时立刻遭遇猛烈的抨击。传统艺术的卫道者们难以接受对经典的复制，也难以容纳对经典的当代诠释与修改。然而，杜尚却辩解说，为什么人们不能够换一个方式来接受"大师"及其"经典"作品？如果人们永远把"经典"奉为神灵，压在创作者的头上，那么今天的作者们的艺术精神就永远无法摆脱"传统"的奴役。后现代文艺时期，弗雷德里克·詹明信（杰姆逊）所提到的"风格的梦魇"❶亦是如此。杜尚的先锋式实验，为后来的艺术作者们开辟了一条"剑走偏锋"之路。20世纪70年代以来，有越来越多的艺术家开始用复制、重做、模仿的方式，向经典作品致敬、向大师致敬。这是一种对待传统艺术的方式的演进，就好像伽达默尔在回答历史与今天的关系时谈到的"视域融合"❷——历史不是过去的，也不是今天的，而是掺杂有今天的认知语境的、对过去的诠释。同样，对传统的解读与认知，亦应掺杂有当下的现实语境。比起花钱去购买或占有，让今天的艺术家透过模仿，重新实践经典创作的瞬间与过程，才是对经典最大的尊重与活化。

因此，我们说杜尚的观念是"对抗传统"，这句话其实是辩证的。杜尚所对抗的并非传统作品本身，而是对抗传统作品诠释中的二元他者化凝视。杜尚主张进入经典创作的一开始，即要参与经典的生成过程，这也正是对创作与接受间"断裂"的弥合。

在现成品艺术的带动下，欧美的一些青年艺术家开始探索运用更为丰富的媒介代替绘画及其内涵，直抒胸臆。他们主张以新颖的表达介质参与艺术的传播——摄影、即兴表演、电影、电视和录像，一时间纷纷进入艺术创作的视野。这些传播工具超越了传统绘画的范畴，人们把印刷图像、摄影等原始素材拼合起来，表达更多的含义。罗伯特·劳申伯格与贾斯帕·约翰斯是美国这方面创作的代表人物。20世纪50年代末、60年代初，他们利用啤酒罐、实物、照片等捏合成装置性雏形，再用颜料喷涂、拼合，其目的不外乎要挑战传统绘画、雕塑和工艺美术的界限，用日常中最为平常之物作为艺术表达的素材。这种方式与波普艺术有着紧密的关联。

第二次世界大战后，激浪艺术也逐渐盛行，人们开始关注偶发性的临场审

---

❶ F Jameson. Postmodernism and Consumer Society[M]. London: Pluto, 1985: 115.

❷ 汉斯·格奥尔格·加达默尔. 真理与方法 [M]. 上海：上海译文出版社，1999.

美性。约翰·凯奇等一大批音乐家开始在街头进行现场创作，以抵消作者意志与受众接受因时空差异所带来的分歧。进行时态的创作与即兴表演，亦受到环境与受众反馈的实时影响，作者、作品与接受者之间形成有效的互动。

凯奇和激浪派艺术团体总试图透过临场性来废止艺术传统。这具有"反艺术"的观念性征兆，是激浪艺术所具有的"达达"本性，即"虚无"。但即使如此，艺术的外延仍然呈现出拓展的态势，例如将每日生活的行为及偶发事件纳入艺术创作，做开放处理。激浪艺术的素材和艺术源泉，亦拓展到日常空间中的人与物。构筑在超验或超逸基础上的现代主义个性创作，被日常的偶发事件取代，可以与杜尚的"现成品艺术"形成呼应。但这种前卫探索导致了另一个悖论：偶发性表演的即时性，仍需某个人事先计划并主导，这个人仍以"艺术家"之名存活于审美活动之中。因此，激浪艺术的逻辑并非终止艺术，而是改变其存在方式。在其中，我们意识到当代艺术发展的观念性趋向——摆脱超验、时间及作者的绝对权威，潜台词中仍关注"参与性"的提升。

真正意义上，与今天的新媒体艺术形态相衔接的创作则始于西方的20世纪60~70年代。一个重要的代表人物，是美籍韩裔艺术家白南准❶。从艺术影响上观察，白南准与劳申伯格的影响力和知名度相似。但劳申伯格更多地运用艺术作为社会活动的铺垫，而白南准则在艺术媒介、观念性思考方面做出了更杰出的贡献。白南准第一个迈入了"高技术化艺术"这一领域，为艺术媒材的"新媒体性"拓展出新的发展空间。他以大量的装置艺术、录像艺术作品，为新技术与艺术的结合提供可行的经验，直接影响到其后很长一段时间的国际新媒体艺术创作。

1932年，白南准生于韩国首尔，幼年到中国香港避难，后流落到日本。24岁时他毕业于东京大学音乐艺术史与哲学专业。第二次世界大战后的日本音乐教育严重倒向西方，白南准亦开始对西方古典音乐满怀兴趣。毕业后，他赴德国慕尼黑大学进修音乐创作。1958年，他在德国遇到了美国激浪派艺术家约翰·凯奇，开启了自己新的艺术生涯。

白南准惊讶地发现，他在听凯奇音乐时所获得的无聊感与他听禅学讲座

---

❶ 白南准（NamJune Paik，1932~2006）是国际著名影像艺术家、Video艺术之父、现代艺术大师、激浪派大师、新媒体艺术家。

时的感受一样，诸如"空"的概念等。白南准从凯奇的音乐中获得对西方音乐的革命性启发。他要放弃多年的唯西方化教育所培植的对古典音乐诚惶诚恐、顶礼膜拜的心态。这似乎有点奇怪，一位受东方思想影响的美国前卫音乐家却让一位饱学西方古典音乐的韩国人认识到自身文化遗产的潜力，从而和西方前卫艺术家一起反叛西方传统经典，重塑当代艺术新视觉，这其实正是文化交流与互渗所迸发出的灵感的火花。❶

同黑泽明一样，白南准是亚洲在第二次世界大战后向世界输出的第一批国际级明星。他是录像艺术的缔造者。在20世纪60年代，电影和电视早已深入人心、步入家庭，但人们更多地将其看作是娱乐的工具。音乐出身的白南准较早地运用实践了多年的当代艺术思想来改造活动影像。他的观念中，更带有批判和反思的味道。

1964年，经由小野洋子介绍，白南准与大提琴演奏家夏洛特·摩尔曼（Charlotte Moorman）结识并展开合作，他们先后进行了多次激浪式的行为艺术表演，如"性电歌剧"（Opera Sextronique）中的半裸演出，或演奏一把由冰制成的提琴（甚至导致摩尔曼被冻伤），又或者置身于漏气的氦气球中演奏等。❷20世纪70年代早期，他们又合作了著名的作品《电视大提琴》（图1-1），由摩尔曼置身于三台电视组成的"提琴"后面，抚琴弦，做真实的演奏状。这开创了早期新媒体艺术之观念性批判的先河。

《电视大提琴》给我们带来的，不是对视觉媒介的惊美与爱慕，而是一种传统媒介（提琴）与新兴媒介（电视）之间的博弈与冲突。原本"即时性"的音乐演奏，却被电视和显像管所组成的巨大"腔体"取代。提琴共鸣腔的消逝，使得提琴的乐音无法精准地表达，更难以传入观众的耳朵。大众化的电子媒介则代替了即时性表演的互动式体验，以单向传播的形式覆盖了提琴背后的作者意象，使作者与观众

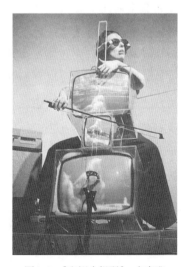

图1-1 《电视大提琴》 白南准

---

❶ 见"百度百科"词条：白南准。
❷ 佚名.白南准：影像艺术之父、激浪派大师[EB/OL].网易文艺版"人物"专栏，2019-12-29.

被人为地割裂开来。在人们普遍为电视时代的到来、影像走入家庭而狂欢时，白南准的作品却将大众传播媒介与传统的音乐演奏场景融合在一起，表达出冷静的批判视角，面对交互性丧失，呈现出深刻的忧虑。

白南准的早期新媒体艺术实践，给我们带来很多启示，总的来说可归结为两点。

其一，拥抱技术的勇气。当20世纪60年代电视成为大众传媒的中心之时，他很主动地接受新技术，与技术人员和工程师站在一起学习光电领域的新科技，自觉将电视与视频装置艺术化。到20世纪70年代动感装置流行之时，他又自觉投身其中，参与各种动态装置艺术展。到了20世纪90年代，计算机技术普及，他开始探索数字化形式的视觉图像转录与合成。这说明，白南准一生都在学科交叉与新技术探索的前沿中，不断汲取艺术灵感，新的媒介形式赋予他不竭的审美创作动力。技术成果在白南准身上不断地被吸收、消化，最终成为艺术介质或艺术媒材。新媒体艺术的媒介创新性在他身上体现得尤为明显。

1965年，他得到了一架当时还很稀罕的便携式摄像机，他高兴得像得到新奇玩具的孩子，拿到纽约的大街上乱拍一通，其中拍到了正在纽约公园大道的罗马教皇的几个镜头。晚上拿到纽约艺术家经常聚会的咖啡厅放映。这被后来的一些学者认为是第一件视频艺术作品。在另外一些作品中，白南准利用磁石的磁化作用，刻意扭曲电视屏幕上的形象或者用编辑机按自己的意图改变电视画面。这样，他不仅通过解构和重组电视机的硬件来完成电视雕塑装置，同时又改变电视机的图像输出，将图像与电视装置（雕塑）结合起来，从而创造出视频装置（video installation），这一在当时技术含量最高的艺术形式。在以后几十年的艺术生涯中，白南准一直努力探索video艺术的发展空间，从而成为当代举足轻重的艺术家，作品被世界各大艺术博物馆广泛收藏。❶

白南准对录像艺术的执着探索，与20世纪80年代晚期中国新媒体艺术的前身——录像艺术的萌生，二者绝不是偶然的重合，而是必然的联系。中国的新媒体艺术创作在早期探索中，对新技术表现出的"接纳的勇气"，与白

---

❶ 见"百度百科"词条：白南准。

南准在20世纪60年代时的心态是趋同的。从技术观念上看，二者有异曲同工之妙。

其二，白南准的创作观念中，打破了国与国、民族与民族、地区与地区之间的社会文化界限。他的艺术里，观众看到的是纯粹的技术与艺术的结合，是智慧在观念中碰撞而生发的美，是对媒介工业化、商业化、普众化、信息化的深刻反思与直接互动。东方主义、民族性分歧、性别差异、国家壁垒等一系列陈词滥调，在他的艺术观念里并未得到强化，反而是那些最本真的审美力与艺术观念上的火花，照耀在艺术最原初的魅力之上，吸引着全世界的目光。因此，新媒体艺术在一开始就有一个拥抱世界的、诉诸全球化观念的、开放而充满活力的平等对话的创新语境。这使中国一方面能够快速接纳外来的艺术装置作品，充分地学习和吸收创作经验与观念形态；另一方面，也可以自如地表达自身，以自己的作品迅速参与到国际新媒体艺术话语之中，有发声的机会。

在如此自由且良好的氛围里，中国的新媒体艺术诞生了。

第二章

时代铺垫——当代艺术在中国

　　早期中国的"新媒体消费"与"新媒体艺术"的观念萌生，几乎是两套完全独立的系统。20世纪70年代，围在百货商场的电器柜台旁，望着货架上9英寸黑白电视机惊羡不已的电子发烧友们所累积的消费欲望还难以催生出白南准那样的具有批判色彩的艺术观念。那个时期的中国也并未像如今这般开放，能随时接受国际艺术观念的洗礼。因此，中国新媒体艺术的萌生，很大程度上是一种"内省"式的自我生长：在技术上，并不先进；在观念上，亦未完全吸收西方的影响；在群体性上，表现为青年一代的学院派艺术创作者们的自我反省；在过程性上，呈现出多样而复杂的际遇与演化。总的来说，中国新媒体艺术观念的破茧而出既有本土创作先驱的个性化诉求，又有改革开放所带来的社会气象与精神面貌改观的影响。同时，它并不完全与西方新媒体艺术割裂开来。事实上，中国的新媒体艺术，特别是20世纪90年代中期以来，越来越多地参与到全球技术演进与数字化发展大潮之中，进行观念表达。改革开放的前十年，适时地为中国新媒体艺术观念的萌生奠定了基调。

第一节　孕育：从星星美展到"85新潮"

　　追求自由的心声，是中国当代艺术最原初、最本真的诉求与内在推动力。1977年，恢复高考，社会经济与文化发展全面恢复。1978年，艺术创作中的表达也渐渐活跃起来，美术活动走在最前列。

　　1979年，黄锐、马德升、钟阿城等人组成"星星画会"。所谓"星星"是强调：星星作为独立发光体的存在。相对于改革之前的思想单一化，中国当代艺术观念的首要任务是破除创作传统的禁锢与壁垒。1979年秋，北京的中国美术馆推出《庆祝中华人民共和国成立三十周年全国美术作品展览》，馆外东侧的铁栅栏上却挂满了各种油画、水墨作品，地上也摆出木雕作品。这些奇怪的艺术创作吸引了参观的人群，馆内、馆外形成鲜明的呼应。看惯了传统革命绘画的观众，面对馆外作品的自由化表现手法，不知所措。1979年初冬，作者们又聚集了更多作品，到北海公园举行"延后展"。1980年盛夏，中国美术馆敞开大门让作者们进入馆内展出作品。自此，"星星美展"在全国掀起巨大反响，使中国的艺术发展走上自由之路。那时，年轻的艺术创作者们，在观念性上表现出多元化的倾向：有饱含政治批判意识的，如王克平的《偶像》《万万岁》《沉默》等木雕作品；有追求启蒙理性、注重现实批判的，如马德升的《息》、黄锐的《新生》等；还有对艺术形式的探索，如黄锐的《琴声诉》《四合院》等作品。在木雕《偶像》中，王克平于艺术造境中展开对个人崇拜的所指意象批判。在木版画《息》中，马德升构思出一个不合比例的构图：一个巨大的人头占满画面左侧，画面下方是他伸出的手，整幅画被"黑暗"笼罩，只有与大手平行的狭长空间显出光亮，不知是破晓的清晨还是日落的黄昏，光亮中小小的三头牛和一个人在耕种。"这是对历史苦难的沉思，一个停滞的农耕文化的隐喻，一个前现代社会的写照。"[1]观念中突显出某种个体受到长久压抑后，倦怠而深沉的哀鸣与怒吼。这为中国艺术的当代观念探索吹响了号角。

如果"星星美展"是小试牛刀，那么真正的燎原之势则形成于1985年前后全国范围内的"八五新潮美术运动"。这次运动具有高潮性、广泛性，是改革开放以后西学东渐的一次重要的艺术观念提升，更成为中国当代艺术发展的开道者与铺路石。这一时期，艺术运动以民间自发性创作群落为组织方式，在中国如火如荼地展开。群落或群体的聚集，使得"八五新潮美术运动"的参与者们在创作观念上摆脱了个体的单打独斗，而更具集体辨识度。

这期间，有一定规模、有相似艺术观念和理论认知的创作群体有："北方艺术群体"，主要成员有王广义、舒群、任戬、刘彦等，1984年7月成立；"新野性画派"，主要成员有傅泽南、樊波、朱小钢等，1985年在徐州成立；"池社"，主要成员有张培力、耿建翌、宋陵等，1986年5月在杭州成立；"红色·旅"，主要成员有丁方、杨志麟、沈勤、柴小刚、徐累等，1986年6月在南京成立；"厦门达达"，主要成员有黄永砯、蔡立雄、刘一菱、林春、焦耀

---

❶ 张法. 八十年代中国现代艺术一瞥[J]. 北京大学学报（哲学社会科学版），1999(1): 84.

明等，1986年9月在厦门成立；"南方艺术沙龙"，主要成员有王度、戴剑峰、林一林、梁矩辉、陈邵雄等，1986年9月在广州成立；"部落"，主要成员有李邦耀、曹丹、方少华、魏光庆等，1986年12月在武汉成立；"西南艺术研究群体"，主要成员有毛旭辉、潘德海、张晓刚、叶永青、吴文光等，1986年在昆明成立。

而以这些艺术群体为骨干，伴随"八五新潮美术运动"运动前后的重要艺术展览有："厦门5人展"（1983年），"上海首届青年美展"（1983年），"前进中的中国青年美展"（1985年），"新具象画展"（1985年），"江苏青年艺术周大型现代艺术展"（1985年），"85新空间展"（1985年），"11月画展"（1985年），"徐州现代艺术展"（1986年），"南方艺术家沙龙第一回实验展"（1986年），"太原现代艺术展"（1986年），"观念21艺术展"（1986年），"湖南青年美术家集群展"（1986年），"厦门达达展"（1986年），"湖北青年美术节"（1986年）。❶

琐碎而不厌其烦地整理这些时代背景，是因为：不论"星星画会"，还是"八五新潮美术运动"，它们之间形成了在中国改革开放之初以及年轻艺术创作生命力的一次全国性大串联，形成了国内美术运动新潮的主干和支脉。在这些支脉中，一方面直接孕育了张培力、陈绍雄等一批中国新媒体艺术探索的主力；另一方面也间接影响和带动了一大批后辈年轻人。邱志杰就是在那一时期"厦门达达"的启迪、带动下，主动投身艺术学习与创作之路的。中国新媒体艺术的早期开拓，源于这样的社会背景和文化大潮，也从一个侧面说明"时代造人"的重要节点作用。

中国早期新媒体艺术观念，多形成于美术教育体制内的边缘。早期创作者的大多数就脱胎于中国高等美术教育系统，也就是常说的"八大美院"❷。美术教育为艺术观念的思考提供了良好的环境，培育了大批人才。刚刚脱离"左倾"的浪漫主义激进时期，学院派在思路上有所回归和转变。回归，是向着现实主义大步迈进；而转变，则仍显保守，体制内的创作需要时间去揣测主流意识的风向，再形成作品、获得检验，这是一个长期探索的过程。但不论如何，中国新媒体艺术的早期拓荒者，大部分仍出自这个体制。一旦离

---

❶ 黄专. 创造历史——对中国20世纪80年代现代艺术的精神祭奠[J]. 画刊, 2006(12): 59.

❷ "八大美院"指：中央美术学院（北京）、中国美术学院（原浙江美术学院，浙江杭州）、湖北美术学院（湖北武汉）、天津美术学院（天津）、鲁迅美术学院（辽宁沈阳）、广州美术学院（广东广州）、四川美术学院（重庆）、西安美术学院（陕西西安）。

开了学院里的艺术氛围，民间基本不具备萌生新媒体艺术观念的土壤。今天看来，我们所关注到的国内新媒体艺术创作者们，不论是早期开拓者，还是活跃于当下的中坚力量，其大多数都接受过正统的学院派美术教育。例如：张培力，1957年生于浙江杭州，1984年毕业于浙江美术学院油画系；胡介鸣，1957年生于上海，1984年毕业于上海应用技术学院美术设计系；汪建伟，1958年生于四川，1987年硕士毕业于浙江美术学院油画系；王功新，1960年生于北京，1982年毕业于首都师范大学美术系油画专业；管怀宾，1961年生于江苏南通，1989年毕业于浙江美术学院；丰江舟，1964年生于舟山群岛，1986年毕业于浙江美术学院美术教育专业；冯梦波，1966年生于北京，1991年毕业于中央美术学院；宋冬，1966年生于北京，1989年毕业于首都师范大学美术系；邱志杰，1969年生于福建漳州，1992年毕业于浙江美术学院版画系；杨福东，1971年生于北京，1995年毕业于浙江美术学院油画系；金江波，1972年生于浙江玉环，1995年毕业于上海大学美术学院中国画系；曹斐，1978年生于广东广州，2001年毕业于广州美术学院装饰设计系；王郁洋，1979年生于哈尔滨，2009年硕士毕业于中央美术学院实验艺术系；吴珏辉，1980年生于浙江杭州，2006年硕士毕业于中国美术学院新媒体系。

　　当然，凡事都有例外。新媒体艺术的探索者们亦有出自非美术专业的情况，他们依靠自身兴趣或跨学科的工作实践，才逐渐展开对新媒体艺术的探索。如欧宁，1969年生于广东遂溪，1993年毕业于深圳大学国际文化传播系；8GG（富钰和贾海清）都生于1971年，1994年同时毕业于北京师范大学地理系；徐文恺，1984年生于陕西西安，2007年毕业于武汉大学计算机系……但这些人大多毕业于20世纪90年代以后的高等教育机构。"中国的新媒体艺术想在80年代独立萌发于体制之外的可能性几乎为零。毕竟，改革开放之初的中国普通民众想要接触和了解西方思想是极其困难的，人们只有进入美术学院的专业体制内才有机会接触到内部资料、西方当代文艺思潮译介，以及各种进口画册。这决定了新时期艺术探索的新思路大多脱胎于学院体制的必然性。"❶相较于今天，越来越多具有交叉背景的人加入艺术探索的领域，已是不争的事实。

---

❶ 许鹏.中国新媒体艺术简史[M].北京：北京大学出版社，2020：30.

第二节 浸润：张培力与"池社"宣言

谈到张培力，不仅因他的录像作品《30×30》（1988）被奉为中国新媒体艺术的开山之作；也因为在那个变革的时代中，他的经历有着典型性，他所参与的艺术群体的主张与实践有着突出的代表意义。从这些历时性回溯中，我们试图描绘、汲取中国新媒体艺术早期的观念性内核。

1957年，张培力生于浙江杭州，27岁毕业于浙江美术学院油画系，其后很长一段时间就职于杭州工艺美术学校，现任教于中国美术学院。20世纪80年代中期，张培力参与组建了艺术团体"池社"，投身于"八五新潮美术运动"，是杭州"八五新空间展"的主要策划者之一。

张培力是一位主张理性多于感性的艺术实践者。他曾在访谈中说："我讨厌抽象的问题……我认为人都是由个人构成的，所有的问题都是局部的问题。人们怀想80年代的激情，我认为激情是有问题的，中国人不缺乏激情，缺乏的是理性态度。"❶ 在潮流与变化中，保持独立而清醒的思考与判断，是他异于常人之处。

那时，"八五新潮美术运动"正席卷神州，全国上下流露出对文艺的澎湃热情，随波逐流者甚众。对此，张培力的态度却是谨慎的。恢复高考后的第一批大学毕业生正陆续走出学校，虽然他们在校园里学到的内容并没有太大变化，但却受到社会文化气氛的浓烈影响——北京的"星星美展"带动了全国各地的民间美术展览。其中主导的创作风格是反映西部农村的现实题材、乡土气息与伤痕反思，一种在当时被称作"小苦旧"的感觉。作品所承载的意象，多是偏远的荒野、空旷的农场与孤独的人，以此表现改革以前上山下乡的一代青年人复杂的心绪。这一主题就张培力看来是脱离现实的：一方面，1980年代中期的下乡者们多已返城，时代青年的注意力多集中在城市；另一方面，日益现代化的生活使得过去的下乡体验迅速转化为某种伤痕或奇观，慢慢定格为某种风格的刻板印象，丧失了时代共鸣与新意。❷

城市的青年创作群体迫切需要一种彰显当下生存境遇的艺术表达。于是便有了张扬"此时此地"的"85新空间展"，也有了主张"浸入"当下语境的"池社"。在观念上，不论"85新空间展"还是"池社"，都为张培力后续的新

❶ 刘晋锋. 张培力：我讨厌谈抽象的问题[N]. 新京报，2006-5-29.
❷ 吕吟童. 回忆池社——张培力访谈[J]. 当代艺术与投资，2007(5)：9.

媒体艺术观念表达奠定了深刻的思想基础。

今天看来，"85新空间展"实现了一次与全国美术界的"不自觉"对话。对话的主题围绕绘画构思中的"语境"，即：以杭州"此时此地"的城市空间与荒野中的"小苦旧"展开对话。如果一味沉迷于伤痕、反思与乡土，那么中国艺术的现代性则处在停滞、虚假与矫饰之中，无法自拔。新时代的艺术应该摆脱"过往时间"的阻滞，关注"此时此地"的新风貌，不能一味地模仿前人的风格、画派，作者要有自己的生活体验、表达当下的日常感悟。

"池社"的成立，进一步发挥了"85新空间展"的观念性表达。1986年初夏，张培力、耿建翌、宋陵等人一同发起"池社"。"池"在其中有"浸润"之意❶，强调艺术生发的过程性与沉浸性，反对创作中受到经典风格与前人结果的制约，恰与欧美激浪派艺术注重临场创作与即时性体验相呼应。时间所左右的"先验性"为艺术创作带来太多桎梏。它被意识形态掌控，成为教化规约的工具；被宗教把握，成为宣扬教义的使者；被功利性俘虏，成为急功近利的表达；被消费文化装扮，成为颇具诱惑的商品；被激进政治利用，成为宣传鼓动的利器。当这些先验的结果，成为时尚、成为工具、成为充满诱惑的消费品之时，审美便成为十足的"客体"，偏离了主体的轨迹，与创作和接受的原初语境渐行渐远。结果的预设，使艺术沦为自我封闭的膜拜与模仿；经典与崇高的背后，是过程性的缺席与受众互动的缺失。

在"池社"成立的那个时刻，人们并不知道要做什么，却知道自己的行动方向。这是典型的"观念"生发过程，按张培力的回忆：那是某种纯粹、自由、不确定的开放状态。❷"浸润"是面向受众的，它不甘于自我取悦和自我陶醉，它要与这个社会、这个时代中的每个个体产生关系❸，使创作者与接受者都参与其中，一同感受过程的"浸润"。

在"池社宣言"❹中，张培力写道：

艺术是一个池
我们的生存有赖于碳水化合物
不是想要这样才这样

❶ 佚名.[J].美术思潮, 1987(1): 18.
❷ 吕吟童.回忆池社——张培力访谈[J].当代艺术与投资, 2007(5): 9.
❸ 吕澎, 易丹.中国现代艺术史1979~1989[M].长沙: 湖南美术出版社, 1992: 212-216.
❹ 唐晓林.浸入此时此地——"85新空间"与"池社"[J].南京艺术学院学报, 2018(6): 24-28.

而是不得不这样才这样

……

我们渴望恰当的净化

我们的思维是流动的、模糊的

……

有谁见过理性的冲动？

"浸入"的瞬间令人陶醉

复苏的瞬间大彻大悟

……

结果是次要的

种子在不断发芽

当代中国的新媒体艺术探索者，在一开始所具有的艺术直觉和行动领悟力，便与今日所倡导的新媒体艺术之"沉浸""参与""体验""过程"等观念具有如此完美的契合，令人震撼。

自"池社宣言"诞生至今，历经三十多年的洗礼。媒介技术从模拟到数字化，从个人电脑到互联网，从录像带、光盘、硬盘到云计算，从无线寻呼系统到移动互联网再到元宇宙，不断迭代、推陈出新，不知已为艺术带来多少新的可能。但中国的艺术实践者们在一开始所提出的"浸润"与"过程性"观念，却从未落伍。

第三节　录像：新媒体艺术的星星之火

1987年前后，张培力从杂志资料上看到介绍"影像艺术之父"白南准的文章，开始酝酿艺术表达在媒介与材质上的变革。录像，是一种不同于架上艺术的结果形态的影像记录方式，它可以很好地还原作者的创作过程，在时间上还原历史语境。1988年，张培力独辟蹊径，创作了中国录像艺术暨新媒体艺术的开山之作《30×30》。

作品由松下M7摄像机摄制，采取固定机位，焦距二次变更，室内自然光，现场录音。内容呈现为一个反复循环的主题：玻璃的破碎与黏合。作者用手将一块玻璃镜子悬在半空，继而松手将其抛向地面，玻璃坠落为碎片后，用502胶水将其黏合，之后再次将其摔碎、拼合、粘贴，如此反复循环，直至180分钟的录像带耗尽。在这个长达3小时的录像中，几乎见不到剪辑，无休止的手部拼合与粘贴镜头与刺耳的砸玻璃之声此起彼伏，亦似乎并未主动传达什么深意，影像越往后播放，就越考验观众精神上的耐力。在此，《30×30》将录像艺术与纪录片明显地区分开来：纪录片是目的性明确的影像集合体，而《30×30》恰恰调用了人们急于在影像中寻找意义的心态，来反思视觉艺术的结果性弊端。"我就想做一个极其无聊的东西"❶，张培力回忆道。

1988年11月，张培力将《30×30》带到"黄山会议"❷上进行放映，全国的美术工作者得以目睹这个作品的真容。但放映的效果却不甚理想，期间有观众要求放映者快进，有的甚至直接给出作品的改进策略——添加剪辑、提高镜头的切换频率、改善视觉效果。但就作者本人来说，这个录像作品创意之初就没考虑要切换镜头。张培力的目的并不在探讨录像语言，而是制造主观上的接受疲惫感以及客观上的无意义影像。❸ 可以意识到，这个观念性诉说恰恰是对"池社宣言"的一次呼应与延续。张培力后来讲"浸润"的过程"不是指艺术家在完成一个产品过程中的动作，而是说我不需要一个很明确的功利性的、服务性的功能。如果我们把最后的结果消解掉或者说削弱了，这样中间的这个过程才是最有意义的。"❹ 在此，作者尝试用录像单纯的过程性摄录与播映，与"八五新潮美术运动"时期艺术家们注重思想解放的"结果"而忽略"艺术观念完整性"的集体意识缺席相对话。新媒体艺术带来的过程性，与架上艺术的结果性之间，形成了鲜明的反差与碰撞。

20世纪80年代中期以后，电视在中国实现了快速普及。新媒体艺术由大众化的娱乐工具中获取灵感，试图抽离出媒介传播的时效性功能，令其还原为纯粹的艺术过程欣赏与观念价值。最终，缔造出一个丧失新闻性、记录性、娱乐性的观念性视觉影像。足可见，那时艺术创作观念的反思力度，与电视普及中的娱乐消费性之间，诉求上的迥然相异。

❶ 张培力. 影像的迷津[EB/OL]. 博宝艺术网，2011-03-17.

❷ 1988年11月22日到24日国内艺术家（高名潞等）策划举办了"中国现代艺术创作研讨会"。会议在黄山市屯溪的江心洲宾馆举行，又称"黄山会议"。参加会议的有来自全国各地的百余名中青年美术家和理论家。会上展示、交流了近两年来的探索性新作并围绕将于1989年2月在中国美术馆举办的"中国现代艺术展"和其他艺术活动提出了具体的意见和建议。

❸ 陈梦喆. 人物专访——中国录像艺术之父张培力：我不是特别会冒险，但也不安分[N]. 上海壹周：文艺版，2011-7-18.

❹ 吕吟童. 回忆池社——张培力访谈[J]. 当代艺术与投资，2007(5)：9.

　　20世纪60年代，电视在欧美早已普及，而80年代早期的中国还要"凭票供应"，家用摄像机与剪辑设备更难以寻觅。中国录像艺术在1988年诞生，同时也见证了电视产业在中国的腾飞，那恰是电视走入千家万户的关键性节点时期。1987年，中国电视机产量接近两千万台，一举超越日本成为世界最大的电视机生产国和消费国。虽然那时中国国民的电视媒介素养还有待提升，电视节目的服务能力、生产水准与国际相比尚有差距，西方观众身处的"景观消费社会"在中国还没有形成；但是这些不足与缺陷，更反衬出张培力拓展艺术媒材、运用电视影像表现艺术观念的魄力与勇气，这一点是弥足珍贵的。张培力将当代艺术实践与时代性问题紧密结合，渗入对电视媒介的反思，批判其媒体延展对人身体(或观看行为)所引起的裹挟。目的，不外乎促进人的意识觉醒——日常生活中的媒介接触，正在编织一张无形且严密的网，导致生命政治的现实逐渐被这样的媒介现实所掩盖、蚕食和取代。以录像艺术为开端，中国新媒体艺术迎来新的旅程。

第三章

录像艺术中的观念与活力

改革开放的大潮，带来媒介发展与快速更迭的时代，媒介艺术更新、进步之快，已到了惊人的地步。但在此之前，中国仍存在着一个在媒材上新旧共荣的稳定期。那个时段的文化氛围最具活力，自由讨论空前活跃，思想环境亦相对宽松。带有前卫而理想化的新观念、新事物、新媒介不断涌现，文艺气息浓厚、文化事业欣欣向荣。追求艺术的人们并不安于风格的沉淀与定格，更多的是不断求索、尝试、学习、更新。因此，这个时期的艺术探索最具张力，艺术观念颇具创新性，新媒体艺术在录像阶段的星星之火逐渐燃烧起来。

第一节　纪录属性

相较于《30×30》的过程性冗长，尝试发挥录像媒介的纪录性，是艺术工作者的另一个突破。1980年代末，吴文光创作了中国第一部独立纪录片《流浪北京：最后的梦想者》。

吴文光，云南人，1956年生于昆明，1982年从云南大学中文系毕业；三年后他放弃中学的教职转往昆明电视台做记者，后常驻北京。说起那部《流浪北京》，他这样回忆当时的心绪：

八八年四月的一天，在北京靠写作谋生的张慈在她租住的小四合院里告诉我，她准备结婚出国。张慈的对象是个美国人，叫乔治，一头银发。在张慈处见过乔治的高波说他像海明威。张慈叫他作"我爷爷"……我当时想，我们这群自八十年代初满怀艺术梦想，抛弃职业和户口约束，混在北京的人或许不久都会以各自的方式结束自己"流浪北京"的历史，我应该动手拍点东西来记录下来。这就是当时拍这部片子的原始动机。拍摄方式是朋友帮忙，在各个剧组'蹭'不花钱的机器……张慈之后，张大力、高波、牟森、张夏平又以朋友的身份陆续进入我的镜头前。拍摄时间断断续续从八八年夏天持续到八九年底。❶

图3-1 《流浪北京》海报　吴文光

这个纪录片讲述20世纪80年代末，五个自由艺术人在北京的生活片段。录像分为六段：①为什么到北京；②住在北京；③出国之路；④1989年10月；⑤张夏平疯了；⑥《大神布朗》上演。片中的人物都热爱文艺创作：张慈喜欢文字，高波爱摄影，张大力和张夏平搞涂鸦和绘画，牟森则鼓捣戏剧。他们来自天南海北，都漂泊在北京，为自己的艺术追求不懈努力。

1990年初，吴文光在昆明一个朋友看管的机房里，剪出了这部纪录片，那时才想到"流浪北京"这个名字（图3-1）。

我和片子里的人物有过类似的生活，希望过也失望过，痛苦过也快乐过，幼稚过也疯狂过。把现在中国这么一群特殊艺术族群记录下来是我当时的简单想法，同时也想第一次不受任何约束和干扰地，把自认为"真正的记录样式"玩一把。这部片子完成之后，整个八十年代这一页已被翻过。对于一些中国青年来说，也许是一种浪漫的梦想主义时代的结束。进入九十年代会完全是另一种面目，即便是《流浪北京》里的人物，他们操行的"艺术人生"也可能会变成"人生艺术"。当然这都是我此刻在这么想的，而当时拍摄过程中，我只是想着如何老老实实、如一个真正的旁观者那样把他们记录下来。❷

在吴文光懵懂的无意识里，录像作为一种有别于架上艺术的媒介形态，将20世纪80年代末青年人的漂泊心态"过程性"地记录下来。人当时的样

---

❶ 佚名. 吴文光用影像写作——超越常规纪录片[N]. 东方早报：文艺版，2013-04-24.
❷ 佚名.《流浪北京：最后的梦想者》制作人的话[EB/OL]. 豆瓣网，2012-02-10.

子、气质、谈吐、举止、穿着、情境，被一一摄录，而其中最真切的是一种心绪的凝练。那时的年轻人普遍对自己的生活现状不满足，不愿服从安排，不想回到过去的语境。《流浪北京》便体现出这种心绪的不安定。纪录片海报里，一个女孩（张夏平）站立在门旁，头发短而利落、眼神中内涵丰富，她是一个流浪画家。这就是那个时代里，有理想的年轻人的群像特征：眼神纯粹而真挚，嘴上却得理不饶人，言语中颇有直白的批判，蔑视与挑衅的态度中有含着羞涩与矜持。

到了拍摄临近结束的时候，北京的氛围已经改变，艺术者们纷纷出国。吴文光也恍惚中有了"走"的念想，却始终放不下一个执念——年轻人的命运莫非只有出国一条路么？"我问自己，尝试过做自己想做的事情没有？回答是没有；没有的话，我怎么会去抱怨这个环境没有给我自由呢？所以，自由不是想象或者在阅读的时候能够给你的，而是你在做什么的时候才能拥有的。"❶ 于是他选择坚持地留下。在昆明剪辑时，吴文光又给片子加上了副标题："最后的梦想者"。

当影片的粗剪版本（150分钟）放映给朋友们时，得到的回应是"死一般的沉寂"，这与张培力的《30×30》于黄山会议上初映时的"不理解"之声多有呼应。现实境遇的残酷，在当时或许难以名状，这与今天的观众在旧忆中从容品评的情境大相径庭。过程性的纪录，在今天看来像是一坛陈年老酒，百般滋味在心头。但在当时，录像媒介具有新奇的吸引力，大家都在看它，从取景器中品读生活的味道，也愿它留下陈年的精酿。纪录属性，恰好留下那个大时代中人们的憧憬与苦涩；却也印证了过程的美好，这是当时的国人难以在大银幕上追寻到的现实层面。在观念上，突显出影像资料在四维时空内所带来的时间性美感，与国际上流行的"文献展"踪迹相吻合。

第二节　图像的隐喻与解构

小试牛刀后，录像艺术轻松地跨进20世纪90年代，也开始承载更深刻的隐喻。这大抵上是应对时代变革所投射出的艺术创作者们不自觉的心理暗示。

---

❶ 佚名. 吴文光用影像写作——超越常规纪录片 [N]. 东方早报：文艺版，2013-04-24.

图3-2 《（卫）字3号》 张培力
1991年

1991年，在上海衡山路举办的当代艺术展上，张培力放映了他新的录像作品《（卫）字3号》（图3-2），实现了录像艺术在中国的首次公开展映。影像中张培力剃短头发，身穿类似劳教所教改人员的条纹衫，用清水伴着皂液反复清洗一只母鸡，行为中透出机械、无表情的专注。起初母鸡不断振翅，试图逃离被清洗的厄运；而在翅膀被完全打湿后，就只能乖乖地顺从，时而站立，时而下蹲。创作者使用松下M3000摄像机不断变换视角，镜头也关照到背景墙上挂着的一块"卫生先进居民区"的标牌。在60分钟录像的最后，出现了男子画外音，诵读有关"开展卫生运动"的行政宣传单。作品以卫生公文的格式命名，强化了其时代隐喻的功能，突显出行政指令和卫生评比的时代背景。❶中国的新媒体录像艺术，开始响应时代变革的脚步，呈现伴随式的呼应。这种响应显然不是浅薄的随声附和，而是夹杂着某种荒诞与不可言说性。政治化隐喻参与到新媒体艺术的创作之中，形成了20世纪90年代初期艺术观念的一个显性张力。它几乎不具有任何形式的美感，却极为现实，并用不露声色的夸张行为包裹着某种隐形观念，"声东击西""敢言而不敢怒"。

其后，张培力又完成了《作业1号》（1992），这个作品由六组录像画面拼贴、并置而成。录像呈现"手指采血"的过程，先是用卫生棉花清洁手指的消毒步骤，再以采血针刺破、按压手指使其出血，用玻璃管取血，然后擦拭血迹、消毒；之后再循环重复这一采血过程。录像采用特写镜头，经高速摄影升格拍摄，使剪辑放映的效果变为慢动作，画面颇具轻盈的诗意。后期处理时，画面被特效处理为不同色相和色阶反差的六组画面，并置播放。❷

2017年，中国录像艺术30周年之际，美国芝加哥艺术博物馆为张培力举办隆重的个人回顾展。❸展览由源头到发展，追溯了张培力的创作轨迹。这其

❶ 许鹏.中国新媒体艺术简史[M].北京：北京大学出版社，2020：36.
❷ 邱志杰.录像艺术的兴起和发展：90—96[EB/OL].中国当代艺术文献库，2018-09-06.
❸ 陈小利.张培力个展"记录—重复"亮相芝加哥艺术博物馆[EB/OL].雅昌艺术网，2017-03-31.

中就不乏《30×30》《（卫）字3号》《作业1号》等核心作品。奇怪的是，这么多年过去了，录像艺术的回顾展不断，互联网对作品的介绍亦不缺乏，但鲜有人直言这些作品的内在观念，或许是因为隐喻关联复杂的缘故。不过在芝加哥艺术博物馆的这次展览上，策展人汪涛为张培力个展命名"记录–重复"（Recode./Repeat.）。这似乎为我们理解张培力的初始观念提供了很好的佐证。的确，艺术在录像媒介以前，缺乏对过程性的记录，亦欠缺对美感或观念的重复性勇气。这导致现代艺术将经典束之高阁，以崇拜的眼光和不可亵渎性，将过程复制摒弃在风格之外。记录与重复所传达的观念，是否与这样的反思有些许联系，人们不得而知，但过程就在眼前。

张培力所尝试的另一类录像，则带有明显的解构意图。如1991年的单频录像作品《水——辞海标准版》。作品邀请到央视《新闻联播》的播音员邢质斌，安排她出镜十分钟，用标准的播音式腔调朗读了《辞海》里有关"水"这个字的释义及相关词条。❶播音时的构图和背景显然模仿了新闻联播的风格，邢质斌的演播严肃且精确，她一丝不苟的样子，反而让人联想起"政治波普"的意味。看似严肃的气氛，反而透露出异样的荒诞。"水"轻柔而普通的细节与权威新闻主播的政治化"符号"混搭，使电视单项传播中的崇高得以解构，消解在人们收看这段视频时的蓦然一笑之中。

在稍晚的另一个作品《保鲜期》（1994，VHS录像带）中，张培力曾把解剖鸡肉的图像与古曲《春江花月夜》加以拼合、并置。影像呈现出鸡体解剖、清除内脏的全过程。特写镜头中，用刀豁开去毛的鸡体，再肢解翅膀、腿、头。接着用舌不断舔食煮熟的鸡，最后不断将鸡肉撕碎。偶然间，一种"人为刀俎我为鱼肉"的意味涌上心头，但似乎在那个时代里，这样的消解指向性并不十分明确。那是一个面对压力、保守氛围浓厚的后现代文化时代，大众普遍选择沉默寡言的谨慎生活态度，一心向着经济腾飞奔涌而去；同时，在保守中寻找自我安慰，于荒诞中消解某种时代变化所带来的压抑。

在后来的反思中，邱志杰认为从《作业一号》的图像处理，到《水》的音画错位，再到《保鲜期》的音画合成，张培力的录像探索方向确实与《30×30》的纯粹过程性还原有所不同了。"媒体自身的特质逐渐占了上风。这无疑证实了艺术史上一再被证实的一种猜想：一种语言，一种工具之所以

---

❶ 佚名. 中国当代艺术三十年之中国影像艺术（1988~2011）作品介绍[EB/OL]. 艺术档案网，2012-08-03.

迷人，之所以有可能发展出一套历史，正在于它会偏离实用的狭窄轨道，而显示出媒体自身的审美品质，即吸引人去探索创造性使用的可能性，甚至因此而虚构其实用功能，建立起媒体诗学的一整套叙事……它会由行为的再现转而去关注直接面对观众时的媒体的界面，也就是由'再现'转而进入当下的'呈现'。而在这一呈现的层面上，媒体自身必然获得美学上的自觉。"❶这正是中国新媒体艺术初兴时期，与其社会文化流变之间的某种民族化"共谋"，也是观念探索在视觉作品中的一个典型缩影。即文艺的自由与自律被话语突变的社会形势所打破，艺术的观念探索面对变化，总会表现出奇观化的、不知所云的酸楚，内在则是一种貌合神离的紧张关系。

的确，若对照1980年代来看，1990年代的中国其思想文化的目的性更为纯粹。甘阳在凤凰卫视的一次讲演中提到："90年代比较单一，基本上就是两个字'经济'；而80年代相对比较多元……各种思想解放运动兴起，并不单纯地归于经济逻辑支配。"❷1990年代初，那些带有乌托邦色彩、略显青涩而激进的呼声迅速消散了。随之而来的，是外部环境的突变：东欧的社会制度发生根本性变化、苏联解体，这些都给东方的思想语境带来深刻影响。1992年邓小平"南巡"为改革开放打了一剂强心针，自此中国发展的重心转向经济建设。迅速卸下计划经济包袱的中国进入市场化高速发展的时代，中产阶级及其都市文化需求飞速扩张。❸中国日益趋近消费文化语境❹，日益具备后现代文化繁衍的土壤。一时间，改善民生、过上好日子，成为社会的主导议题。这时，中国不论在经济、价值取向抑或生活方式的诉求上，正迅速与西方观念接轨。社会景观与文化氛围的剧变，使国人有可能暂时抛弃过往的伤痕与阵痛，全身心地投入生活现实的怀抱。

科技上，媒介技术亦在那时经历了快速更迭的延展。中国的电影减产、票房大规模萎缩；却迎来了电视的黄金时代，电视剧、娱乐综艺节目逐渐繁荣，视觉上将中国推向全民影像消费时代。电视、录像机、数字光碟走进普通家庭，意味着人们对媒介艺术的电子化有可能持更为开放、包容的接受心态。录像艺术创作进入爆发式的增长阶段。

❶ 邱志杰.录像艺术的兴起和发展：90-96 [EB/OL]. 中国当代艺术文献库, 2018-09-06.

❷ 甘阳.富强与民雅[EB/OL]. 凤凰网, 2009-04-11.

❸ 邱人君.中产阶层的发展壮大及对中国社会的影响[J]. 党史文苑, 2006(2)：61.

❹ 谢荣华.我国中产阶级消费特征研究[J]. 当代经济, 2007(4)：65.

第三节　创作意识在积聚

张培力的早期实践，点燃了新兴的媒介艺术重视录像的探索路径。在1990年代，特别是在互联网和个人电脑普及的前夜，视觉影像的星星之火在中华大地上迅速聚拢起一个年轻的艺术群落。那时，这群青年虽谈不上燎原之势，却成为日后中国新媒体艺术探索的中坚力量。

1991年冬，南方的艺术者们汇聚在上海衡山路附近教育会堂的地下车库，策划了"车库艺术展91——当下经验的现实"，参展作者有倪海峰、龚建庆、胡建平、耿建翌、宋海冬、孙良、何旸等，张培力的《（卫）字3号》也位列其中。当时，录像艺术的录影带已在上海、杭州等地的艺术群体中小范围流传。从浙江美术学院毕业不久的颜磊在杭州家中也看到了张培力的录影带。几乎同一时间，国外的录像艺术也渗透进国内。德国汉堡美术学院的教授将德国电视台组织的"世界录像艺术集萃"专辑——共约8小时的录影带拿到浙江美术学院，分两次进行内部展映，并慷慨地将这批影像资料赠送给美院电教科。展映时邱志杰就坐在台下，录像艺术给他带来不小的震撼。当邱志杰与室友颜磊交流时得知，同在杭州的张培力早已开始录像艺术的创作。很快，邱志杰、颜磊等人也投入录像艺术的构思中，并付诸行动。

邱志杰对当时录像艺术走入中国的观察是冷静而分立的。他敏锐地区分了新媒体艺术创作者与专业电视制作人对"录像艺术"一热一冷的分化立场。

与此❶形成鲜明对照的是，当汉堡美院的教授在浙江美院举办讲座（录像艺术展映）的同时，全国各省电视台正好在杭州的花家山宾馆召开会议。这批欧美的艺术录像带也被拿到这次会议上播放，但与会的电视行业人员莫名其妙，毫无兴趣，播映只进行了一个小时就作罢了。这一事件作为开端已预先结构了此后录像艺术在中国发展的基本事实：首先，它是一开始就被作为一种艺术样式来接受和利用的。它没有经历西方录像艺术早期对录像这种媒介的政治激进主义的功能性运用，中国艺术家没有谁会像六十年代的街头录像小组那样热衷于捕捉真正的新闻，目击社会变革，并与美术馆作战。相反，他们一开始就将录像当作个人体验的一种新手段，并赋予它一种美学上的价

---

❶ 指德国的"录像艺术"资料在浙江美术学院的热映。

值。这也许是因为那是在家用摄像机远未普及的情况下，由一些绘画出身的人提前遭遇了它，并性急而即兴地开始了自己的创作。相比之下，大众电视机制对这一舶来品的冷漠则注定了这些放下画笔，摆弄起摄像机来的人要经历那么严酷的物质条件匮乏，以及这种技术匮乏与想象力和欲望之间巨大的撕裂。❶

显然，与艺术者自身的录像体验和表达相比，普众化的电视生产与接受尚与之相差甚远。中国的新媒体艺术在一开始，便不具备如西方那般纯粹的功能性激进意识，它更多地考虑作者的个性化观念舒展与美学价值。对于绘画出身的这批早期新媒体艺术探索者们来说，录像机等电子影像媒介对他们有着巨大的吸引力，但也随之带来巨大的挑战。在那个技术和物资极度匮乏的年代，他们展开了无尽的观念想象。

1992年，邱志杰开启了自己的录像实践，他的《作品1号——重复书写兰亭序》用摄像机拍摄自己摹写《兰亭序》的过程（图3-3），观念的表达在于"重复性"对"过程"与"结果"的区分。邱志杰在同一张纸上重复摹写了五十遍《兰亭序》❷，最终必然是过程的痕迹对结果的层层覆盖。"观众原本是通过遗存下来的书写残遗物：一张漆黑的纸基文本——去回想书写的状态与寓意，而在这种回想中观众势必离开现场进入一种追溯之途，那么，现在一切都被重新加以当下化了。这一微妙转化之所以显得意义重大，正在于，它对时间的当下和现场性的把握。"❸

图3-3 《作业1号——重复书写兰亭序》 邱志杰

1993年，颜磊拍摄完成《化解》，他透过摄影机记录手部动作——演示翻绳花的过程，重复的动作样式使人陷入枯燥的过程性体验。类似的作品还有《清除》，颜磊用镊子重复性地将自己的腋毛根根拔起。1994年，佟飚的录像作品《被注视的睡眼》（15分钟节选）在上海文

---

❶ 邱志杰. 录像艺术的兴起和发展：90-96 [EB/OL]. 中国当代艺术文献库, 2018-09-06.
❷ 作者同名的行为艺术共历时3年，至1995年结束时约书写了1000遍。
❸ 许鹏. 中国新媒体艺术简史[M]. 北京：北京大学出版社，2020：39.

献展上放映，作品自始至终对一个酣睡的人做枯燥的记录。同年，宋冬的作品《容器》、王晋的作品《1994年4月9日 红：北京—九龙》等参加了艺术批评家高岭在北京发起的"当代艺术观摩会"。《容器》将一个装满水的玻璃器皿放在电视机前，让沾满不同色彩颜料的手反复伸入水中，水的颜色不断变换。在录像的结尾，用锤子在升格拍摄中将这个颜料容器砸碎。水和颜料都是生活里最为常见的事物，宋冬善于将这些"平凡""琐碎"之物在影像中延宕、重复与凝视，引导观者向更深处思索。王晋试图在枯燥的过程性中寻找某种意义和趣味，例如在当下的生活事件里添加"挪用"（即空间置换）来增强作品的隐喻。他用多种中药、染料、化妆品、饮料调制成红色颜料，在北京大兴黄村的"京九铁路"施工现场，将颜料涂抹在长度约200米的钢轨与枕木之上。1994年盛夏，他又在河南红旗渠投下50斤红色矿物粉末，使百米长的"红水"覆盖渠面，红色不断溶解、扩散，流淌进太行山间。

宋冬也努力尝试新媒体在空间并置上的喻象表达。1994年，他开始计划在录像中"抚摸父亲"，他将事先拍好的自己的手的影像投射在父亲身上，再将自己的手影不停抚摸父亲的过程摄录下来。但父亲在几年后才同意与他配合。同年国庆，朱金石在私人公寓策划"后十一，当代艺术展"，参展的作者有王劲松、王蓬、苍鑫、尹秀珍等。其间宋冬展出的影像装置《日子》记录了残旧、变声、走调的唱片所发出的难以辨识的旋律❶，使人感到岁月消逝、记忆模糊的不确定性。

同样是1994年，颜磊完成录像作品《1500cm》，内容呈现为一个人的四段行为：①洗涤胶条；②用尺子量胶条；③把胶条塞入嘴里；④从口中将胶条拉出。虽然段落之间具有意图上的连续性，但作品却抹杀了叙事性，形成毫无意义的视像。这些早期录像艺术中，都有意或不自觉地将躯体（或器官，如"手""嘴"）置于客体的核心位置，而头部却遭到贬抑。抹掉头部的影像取消了人的"身份"，使人更多地呈现为无差别的"肉身"，形而下的内涵将具象的身份特质掩盖殆尽。❷

1995年，林一林的录像《安全渡过林和路》记录了作者在羊城喧闹的马路上重复搬运灰色空心砖的过程。类似的，朱加在作品《刻意的重复》（1997）中，将摄像机架在冰箱内部，由内而外地记录下一只手不断重复地打

---

❶ 佚名. 全景导览宋冬国内最大个展"不知天命"[EB/OL]. 搜狐网"雅昌艺术"专栏, 2017-01-22.
❷ 邱志杰. 录像艺术的兴起和发展：90-96 [EB/OL]. 中国当代艺术文献库, 2018-09-06.

开冰箱、取出食品、放回冰箱的过程。

总之,录像艺术在那几年里,总是围绕"重复"和模糊的"隐喻"打转。但在主流之外,也有一些新奇的式样。朱加尤其注重摄影机视角的独立与独特性,如在1994年的《永远》中,朱加把摄像机固定在三轮车车轮上于首都街头骑行,影像则不停地做360度圈动。作品画面随三轮车的速度与被摄景物的距离变化,艺术家为平淡的生活增添了有趣的视角。朱加说:"人与人之间的交流是多种多样的,但我深信视觉交流是最主要的形式。我试图通过我的作品以不同寻常的视觉体验找寻出某些以往的直觉,也许会碰到事物的另外一个层次。"● 录像从一开始就不把记录的工具属性视作唯一。艺术家们或许逐渐意识到,媒体自身也能够生成刺激、荡漾出新观念。自1994年起,李巨川便以"建筑"作为录像的行为主题。一开始,他只是为了单纯的记录;但后来他发现摄像机的介入有可能改变"建筑行为"。在这个过程中,艺术家开始思索临场行为与录像结果间的关系。他觉得,新媒体艺术应在一开始便将媒介本身纳入作品中予以通盘考虑。

第四节　渐入佳境

以录像为基础的新媒体艺术,在20世纪90年代中期渐入佳境,产生了具有标志性的事件——全国性的录像艺术大展《现象·录像》。讲到这次展览,还要从它的策划者谈起。

在"兰亭序"以后,邱志杰将"过程"与"结果"的并置延续在对"时间"的呈现上。1994年他完成作品《水》,作品中呈现了各种水的荡漾与运动画面。在作品《舔色》里,舌头以特写形式出现在画面上,将玻璃上一片模糊的景象舔净,玻璃另一侧的风景逐渐清晰;而后风景再次被虚化,舌头干预后却露出另一道风景。自此,舌头的重复与风景的变换,周而复始、循环往复。舌,作为言语、进食及贪婪的喻象,在时光里改变着世界的景观。1995年,邱志杰前往意大利,在威尼斯双年展的美国馆中,他看到比尔·维奥拉(Bill Viola)的作品《被埋葬的秘密》,遂感振奋——这似乎让他找到新

● 邱志杰. 录像艺术的兴起和发展: 90–96 [EB/OL]. 中国当代艺术文献库, 2018–09–06.

的创作灵感，并迫切希望把这些西方艺术观念传递回中国。回到中国，邱志杰将维奥拉的画册、资料托付给吴美纯，由她翻译后的文字很快刊发在《江苏画刊》上。❶ 国内艺术刊物对录像艺术的引介使艺术创作者们感到鼓舞。人们不仅认识了维奥拉，也看到了录像艺术在国际双年展舞台上的光彩。大家对录像媒介的艺术认知从一个闪光点拓展为一种"现象"。那时，各种资源开始积聚，有热衷于翻译的，有热衷于实践的，有热衷于讨论的……人气的聚拢让邱志杰和吴美纯萌生了办展的念头。得益于上海实业家的慷慨资助，二人于1996年9月中旬在杭州的中国美术学院筹划了一次以录像为核心主题的《现象·录像》艺术展。这个展览具有非凡的意义，它涵盖了当时中国参与录像艺术探索的几乎全部力量，同时为总结中西方录像艺术经验与文献铺设平台，为艺术家们形成观念的交流与呼应打下基础，也为未来的创作抛砖引玉、指明方向。展览期间，策展人编印了两本展刊：一本是《录像艺术文献》，资料主要源于栗宪庭从海外带回的文集；另一本是《艺术与历史意识》，主要收集、介绍国内外录像艺术的重要作者和作品。这两本资料在此后几年里被广为传阅，加深了人们对录像艺术的认识，为创作力量的集结发挥承上启下的作用。该展览的策展人之一，吴美纯在《作为现象的影像》中提到：

> "以《现象·影像》为题表明这样一种关注和思考：video媒体为当代带来何种可能性？录像艺术是作为一种现象的影像而存在，还是作为一种以影像方式存在的现象？…… 这一现象将有所作为地介入当代的社会现实…… 它对情境有所反应，而非反映之。当代艺术绝不是一台摄像机，即使它在以摄像机为工具时也是如此。"❷

可见，当时的策展意图已十分明确。录像作为一种媒介属性，有其自身之价值，并不依附于它者、客体或对象之上；然而它亦非绝对"自律"，最妙之处莫过于媒介与对象处在同种互动情境之中。于是，策展的宗旨就不限于"现实之反映"，而更鼓励观念的批判与社会的关怀。

《现象·录像》中的作品分为两部分，一些是对媒介本身进行反思的录像装置，它们尤其注重媒介在情境中的自然身份，因此作品结构相对简单，如：

---

❶ 吴美纯. 被埋葬的秘密：比尔·维奥拉作品的延绵性[J]. 江苏画刊, 1996(10).
❷ 《卅年卅事》：中国美术学院新时期三十年发展文献展。

《不确切的快感》和《焦距》（张培力）、《呼吸/呼吸》（钱喂康）、《永远》（朱加）、《脸》（李永斌）、《8月30日下午》（佟飚）、《完全重合检测》（陈少平）以及《绝对安全》（颜磊）等。另一些则主动探索录像媒介的工具属性，突显工具之运用时，整个作品就会显得怪异而复杂，如《婴语》（王功新）、《现在进行时》（邱志杰）、《视力矫正器》（陈绍雄）、《可见与不可见的生活》（陆磊、高世名、高世强）、《鱼缸》（杨振忠）、《完整的世界》（耿建翌）等。❶

　　展览为中国的新媒体艺术策展积累了经验。那时国内尚不具备成熟的展览服务体系，录像、电视、电缆等设备的安置又比传统的架上艺术复杂得多。甚至，设备的租赁都成了问题，展览上很大一部分录像机、电视机是从中国美术学院的老师们或艺术家亲友们的家里临时拆借来的。展出期间的电量负荷也超过了展场电源的极限，主办者被迫引来外部电源。这些集中暴露的问题都成为日后办展的宝贵经验。

　　展览的同时，还举办了多场学术活动，包括北京电影学院教授周传基有关"影像本体"的讲座，美术批评家栗宪庭有关"比尔·维奥拉和伽里·希尔"的录像观摩会等。这些讲座和互动使学界和艺术实践紧密地联系起来。该展览在杭州集聚了来自全国的艺术家、学者、评论家，也吸引了媒体的注意力。

　　中国的新媒体艺术，由此结束了"零散而潜沉"的状态，一跃而起。邱志杰在后来曾总结："展览以其完整的学术架构，强大的作品阵容成为录像艺术在中国兴起的第一块里程碑。展览使人们注意到录像艺术家作为群体在国内的存在，它分别为艺术家们带来了更多机会，并吸引人们投身于这一领域的实践。尤其重要的是，它为录像艺术的再发展创造了理论条件，克服了畏难心绪。它也为此类展览活动在器材、设施、布展经验等方面的问题解决提供了模式和经验。"❷

---

❶ 顾丞峰. 艺术，以感觉的名义——记"现象·影像"展及其引出的话题[J]. 艺术界，1996(6): 64.
❷ 邱志杰. 录像艺术的兴起和发展: 90-96 [EB/OL]. 中国当代艺术文献库，2018-09-06.

第四章
媒介崛起——从录像到装置

1996年的《现象·录像》艺术展，在电子媒介的使用上呈现出一个重要的转折趋向——艺术家普遍从单纯地摄制录像内容中走出来，探索将录像机、监视器、电视等"视觉媒介本体"置于一个小环境中，成为艺术创作和表现中不可或缺的元素。亦实现了前面所谓"媒介与对象处在同种互动情境之中"的装置性整合。从录像艺术到装置艺术的递进，反映着艺术观念从内容创作向综合媒介创新的思路转变，标志着中国当代艺术观念取得新的突破，中国新媒体艺术探索逐渐走入正轨。

第一节 媒介对作品的参与

在《现象·录像》展览上，参展的大部分录像艺术都或多或少地带有"装置"属性。

如张培力的《焦距》探讨"媒介钝化"的问题。模拟录像设备被不断重复"翻拍"后，最终丧失了清晰的声画效果，而衰减为模糊、抽象的斑点和刺耳的鸣叫。作者将每一次翻拍的结果排成一列，用八台监视器依次呈现。录像本身即衰减结果，也兼具阶段"过程"的渐次性。该作品使人深省——媒介现实到底带来清晰的世界，还是模糊的生活？这也让人回想起安东尼奥尼的电影《放大》（1966）。影片中的主角（摄影师）原本坚信现代科技（例如摄影术）能帮助人们征服时空中的现实感，但最终却发现——现实与复制品（胶片影像）以及人们对后者寄予的希望（产生的幻觉）之间的关系是模糊而不确定的。在此，回到录像艺术本身，录像的内容已不重要，重要的是内容被媒介不断转载的过程。此时的观念中透露出将录像媒介纳入艺术创作整体的意识进化。

陈少平创作的《完全重合检测》在观念上与张培力的《焦距》有异曲同工之处。艺术家先是在电视荧屏上画个圈，然后用录像机翻拍、呈现，并测量"圈"的"拟像"与圈的"原始物"的重合度，从中显示出细微的差异，即错位。这成为媒体扭曲现实的可视化铁证。不断重复的翻拍与错位，使屏幕上的"圈"变得越来越厚，远远偏离了原始的实在之物。录像艺术在观念上对媒介的自反式思考，令人印象深刻。

值得一提的是国内第一件互动装置作品在展览上的亮相——邱志杰的《现在进行时》。作者在现场设置了两个成90度摆放的花圈，其中心原本的"遗像"位置被电视荧屏取代。正面花圈里，电视画面呈现出黑白的人像，镜头虚实不定，仿佛濒死之人所看到的全家围过来的众生相。当观众凝神观望之际，其面庞也被现场摄录下来，实时传到侧面的花圈中，即观众能够看到自己在花圈中的身影，但永远无法正视花圈中的自己。互动意识的引入，使录像具有了超越纪录属性的临场参与性特质。这是中国新媒体艺术装置展开"互动"的原点。

同样尝试互动的，还有陈绍雄。他带来了改进后的作品《视力矫正器》。作品以独立双通道皮腔构成了伸长的望远镜，观众站在一侧用眼睛进行观看，另一侧则是相对的两台监视器。两条通道内（两眼各一条）安装的透镜有差异，一边是一组放大透镜，另一侧则装有一组缩小透镜。于是，两眼的视觉差导致了视觉神经的两极撕裂。而两台监视器里的录像亦呈现出"内容互动"效果，如上楼与下楼的脚步相对应，滚动的球与击球动作相对应，或是用一只手从右屏幕向左屏幕伸过来，抓到一个水果。画面内容的联系越密切，神经上两眼的视觉分离感就越强。这种利用视觉生理的重叠，制造内容有差异的感官互动，在人的主体性内部构成了某种认知上的"分裂"，意味深长。

耿建翌的作品《完整的世界》布置在拥有四个屏幕的封闭室内，各屏幕中的影像实际上分别记录着房间的某个角落，作者启用苍蝇的飞行串联起四个空间的完整意象。当屏幕上出现苍蝇，房间便迎来片刻安宁，但当它飞出荧屏，展室里便嗡嗡声大作，直到它重新飞进某个屏幕里。作品的内涵源于媒介的视觉性征与现实的听觉性征之间的"错位"。

杨振忠的《鱼缸》则将电视屏幕设置在"水下"的小环境中。他找到一个玻璃鱼缸，缸内养鱼，电视实际上置身于缸的背后，一张倒置的人的嘴透过玻璃缸内的增氧装置（气泡）成为鱼的生存背景。气泡鲜活地向上运动，与不断开合的嘴形成立体呼应，并伴有声音"我们不是鱼"。鱼缸与电视的独立性，使观众怀疑他们的关系是否有所隐喻，即视觉媒介的单向传播与"鱼儿们"的现实生活或许根本不处在同一个世界里，但媒介却可能成了鱼的代言者。

在作品《可见与不可见的生活》中，用电视媒介来塑造"小环境"的愿望似乎更加明确而强烈。这个装置的作者是来自中国美术学院的学生高世名、高世强和陆磊。他们用金属条和角铁焊成一个立体的三维框架，宛若一间透明的屋子。三台电视机分别"扮演"门框（不断有人进出的画面）、门把手（拧动把手）以及窗子（飘舞的窗帘）。而"无墙"的屋子里还放着另一台电视机，播放着真实房间中的场景和声音。媒介塑造的在场使隐私被穿透，却补足了隐私的缺席所带来的不可知。然而，媒介塑造的"知性"与真实的生活有多少呼应与共鸣呢？这是留给观众思考的余地。

第二节　南北呼应：装置意识初兴

将电子媒介纳入创作体系之中，并不是1996年《现象·录像》展上才有的新鲜事物。杜尚的"现成品艺术"早在改革开放之初便进入中国当代艺术的视野，启迪着人们的创作灵感。如果说现成品艺术是装置艺术的前身，那么杜尚就是装置艺术的鼻祖。❶ 因此装置艺术与新媒体艺术显然具有同源性。录像一类的电子媒介艺术，在很早的时候便将探索观念由"内容属性"调整为"装置属性"，或至少是"内容"与"装置"并重。即不排斥电子媒介作为艺术观念创作的重要一环，拒绝将其看作纯粹的内容呈现工具。

在南方，钱喂康和陈绍雄于1990年代初便投身于装置艺术的探索。

钱喂康的作品《风向：白色数量205克》（1993）在监视器里播放录像中运转的电风扇（高速旋转的扇叶形成一个"圆"填满了方形监视器的整个屏幕），而监视器前的现实空间里就摆放着粉末（石膏粉）一类与"吹风"有关联的现成品。媒介的虚拟内容与空间的现实性结合，构成了一个环境装置。

陈绍雄在1991年就与梁矩辉、林一林成立"大尾象工作组"（广州）。那

---

❶ 贺万里. 中国当代装置艺术史（1979~2005）[M]. 上海：上海书画出版社，2008：序言.

时，南方受意识形态的影响相对弱化，而市场经济的气息则愈加浓厚。作为试验田的广东受到媒体科技突飞猛进的带动，经济活力突显、实业精神凝聚。1994年，陈绍雄的电视装置《改变电视频道/改变新娘的决定》诞生。他用电视机的外在形态与婚纱结合成一个人形拟态装置，表达对流行文化的反思。作品中，电视作为"新娘"的"头部"，其周边挂上各种女性饰物、化妆品。"头"的下方挂着一件婚纱，观众则通过调整电视频道来改变"新娘"的样貌。同年，在他的另一个录像装置《跳跳板靶子，以肺部活动为支架的观看/拍摄方式》中，Hi8卡带式录像机被放置于录像师的胸部（肺部作为"三脚架"），摄制各种风景及室内外空间。结果，录像画面就随呼吸而晃动起伏：

由于呼吸的运动形成了电视图像的上下晃动，录像放置于跳跳板的两端。用气枪打爆多种颜色日光灯，日光灯管分别写上See和Saw两个不同时间的"观看"一词（相加就是Seesaw——跳跳板），装置中将打烂日光灯的这支枪及被不断打烂的日光灯碎片，造成一种时间关系的错位。枪与中间的电视机恰好是一个一般人身高可以瞄准的位置。两端的电视机荧屏外表都粘上破碎的玻璃片，使电视图像与荧屏处于一种特殊的关系之中，也使视觉受到一种莫名伤害。Seesaw便是从身体内部生理运动至外部世界及荧屏世界三者之间难以名状的困境。❶

1995年陈绍雄开始构思和创作"视力矫正器"系列，也就是1996年参加《现象·录像》展览的那个作品的前身。这个作品的形态成为中国早期录像艺术与装置相结合的典范。该系列的早期尝试包括将城市涂鸦和隐私肖像为内容的录像分置于左右两眼的视线延伸处，中间被吊挂着的几片玻璃（视觉透镜）介入。观众站在视觉起点观看时，两部电视构成的两条视线会造成单视频叠化的错觉，视觉感官的分裂与放映内容的互动，使人们在生理和心理上陷入信息接受的矛盾。

在海南海口，严隐鸿与翁奋组成"变压器"工作组。他们在1994年开始构思录像艺术，翌年冬天推出了装置《男人对女人说，女人对男人说》。作品选取男女用品，利用它们分别堆叠起一男一女两个人体形象，并使其以坐姿

---

❶ 陈绍雄，作品展览自述。转引自：邱志杰. 录像艺术的兴起和发展：90-96 [EB/OL]. 中国当代艺术文献库，2018-09-06.

的形态面对面。两个人的头部均由监视器所代替，放映的内容一侧是各种男性在谈论女人，另一侧则由不同女性来谈论男人。录像中虽是喃喃自语，但装置的在场却呈现出象征性的对话姿态。

在北方，吹响录像装置号角的是海外归来的王功新。

王功新1982年毕业于北京师范学院美术系，后留校任教于油画专业。1987年他与妻子林天苗启程赴美，在纽约州立大学深造。在美期间，夫妇二人受美国录像艺术影响颇深。1994年起，他们经常回国并开始探索用录像进行装置艺术表达。1995年，王功新在北京四合院家中完成了自己的第一个录像装置作品《布鲁克林的天空》。作品用摄像机拍摄了纽约布鲁克林一带的天空，之后带着磁带返回北京，在自家平房内的地面上向下打洞，挖出一口直径1米的旱井，作者将播放这则录像的电视机屏幕朝上地安置在井的底部（图4-1）。画外音是一些"看什么呢？""有什么好看的？"之类的一些在北京看热闹时常用的言语。其实，"布鲁克林的天空"并没有什么奇特之处——录像的内容需要在录像装置的情境中产生意义。

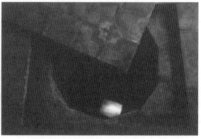

图4-1 《布鲁克林的天空》 王功新 1995年

有人说，如果从美国的领土上向地下延伸，一直挖就能到达中国。作品显然希望在意象上勾连起中国和美国的在场性空间体验。王功新试图用虚拟的影像，克服中美两国的地缘阻隔，将他的两个家联系在一起。但事实上，透过"地下掘进"并无法真的实现这样的目的。邱志杰后来评价说："作品隐喻性地直接涉及国人对西方的好奇甚至向往心态，既给出了诱惑又进行了棒喝。抛开不论其批评中掺杂克制不住的无奈，他对录像媒体的运用是高超的，图像拟真地作为一种替代性、权充性的在场被运用，声音却指涉观众的观看行径，对图像的功能——吸引目光——进行了贬抑。从而形成媒体自身强烈的趣味性。这种有趣的特点使王的社会学隐喻带有机智的特色，而比同类但

直白的社会性作品高出一筹。这种趣味性在王功新的创作中始终存在……" ❶
在此，王功新试图用新技术（电子媒介）将观念的创新带入现实，却又在装置的现实中抹杀了虚拟观念转变为现实的可能。作品背后，生成意象上的反思——媒介是否真的让国人了解到一个真实的美国？

《布鲁克林的天空》开启了中西方现代文化交流的新体例，暗示出那个"新东方"崛起——人人出国的时代潮流。同时潜在地表达出中国新媒体艺术与西方交流、沟通、接轨的意愿。却又在另一个层面上突显出中西方新媒体艺术观念及其传播土壤的差异性。

第三节　新媒体艺术观念的中西差异

20世纪90年代，在新媒体艺术的主旨观念上，西方和中国存在巨大差异。西方秉持一种在质疑和反思中批判前行的心态；而中国则陷入一种全盘接受的文化与技术狂欢。这并不是一种线性的"差距"，而是文化演进路径不同所导致的"差异"。

西方的新媒体艺术发展体系，是以技术为推动力、艺术为指导的辩证前行，人们在新事物面前普遍抱有谨慎态度。自贝尔实验室发布第一幅拥有计算机创意的视觉图像起，新技术就不断注入西方艺术的血脉之中。可贵之处在于，经历第二次世界大战后的西方文化，对技术并不抱有天然的亲近与好感；这促使新媒体艺术创作以"目的性"为先导、观念先行，并始终重视技术与艺术的均衡性，或者说让艺术在技术面前保持独立的姿态。1960年，瑞士艺术家简·丁格力（Jean Tinguely）为纽约现代艺术博物馆呈现了一次爆炸性的、自我摧毁式的装置展演《向纽约致敬》。作品由自行车轮、钢琴、印刷机、电机、推车、浴缸和其他废弃垃圾材料组合而成，其运动原理不可预知，完全在偶发状态下自我运行，最终伴随着浓烟、巨响与火花，作品将自身零件崩裂，撒向空中。这是典型的，对现代技术所构成的文明的嘲讽与嘲弄。其中，可以直观地感受到西方艺术观念中对技术所秉持的冷静、反思与距离感。而丁格力本人则希望表达出属于机器和技术自身的自由，话语中亦

---

❶ 许鹏.中国新媒体艺术简史[M].北京：北京大学出版社，2020：44.

透露出技术被人类权利所左右的无奈与批判。不久后，安迪·沃霍尔与技术人员合作，找到一种可密封、加热后悬浮于空中的轻型材料，并将其应用在《银云》中，创造出能在空中飞翔而闪烁白光的雕塑作品。1960年代，西方对技术也有着迷一般的狂热，发达国家先后成立了旨在探索艺术与科学融合创新的机构，但从未丧失艺术与技术均衡发展的意识。今天赫赫有名的新媒体艺术机构，如荷兰的V2、德国的ZKM，甚至韩国的NABI等，仍然继承着这样的意志。即使在1970年代，电视作为新兴媒体一枝独秀的时代，西方对于便携式录像设备、监视器与电视机的追捧，仍伴随着新媒体艺术的观念反思，即：将新技术和新媒体看作是民主的朋友和工具，渴望电子媒介给人类带来个性自由的曙光、为个人所用，而不是覆盖或隐匿个性的大众传播媒介。❶

　　而当西方对媒介技术予以批判和反思之时，中国的社会主义建设正如火如荼。中西之间在技术演进上并不处于同一条轨道。到改革开放时，西方文化伴随着商业、技术的发达一同涌进中国。国人在精神、文化与技术心态上，处于前所未有的接纳、拥抱与狂欢状态。这种状态不可能对艺术生发没有影响。向西方看齐可能屏蔽（或使人们放松）了对技术本真的思考，一知半解之下便投怀送抱、坚信不疑的艺术探索比比皆是。这并不是一种批评，而是对那段历史的反思。当白南准的《电子大提琴》面对如日中天的电视消费语境，表达媒介技术"异化"之忧虑时（单向传播吞噬即时互动所带来的危机），中国尚未步入解放思想的时代，国人还围在大城市商场的电器柜台前，看着9英寸黑白电视机——望梅止渴。西方的物质丰富与东方的精神饱满之间本难有呼应，但当市场经济大潮来临之时，却一股脑倒向了物质生活的渴望。在拥抱物质的情绪升腾期，艺术或多或少地伴有这样的浮躁。这是新媒体艺术观念生成时期势必会经历的一个过程。

　　可贵的是，在中国的录像艺术向装置形态的早期演变中，艺术创作者们便具备了日常消费者所欠缺的观念性反思。只是这观念并不向西方那样具有特定的趋向，如对技术异化的再审视或追求过程体验的纪录属性。中国的新媒体艺术从一开始便百花齐放，这是与时代的开放性相呼应的。同时，也是极具个人观念色彩的媒介感知与映射。这就是为什么在探讨中国新媒体艺术

---

❶ 丁志余. 点击新媒体艺术[J]. 艺术生活, 2001(4): 37.

观念时普遍以人物为单位，而不刻意将其纳入潮流、风格派别——宁可散漫也要避讳统而论之的原因。

第四节　空间割裂的在场与加法运动

艺术中原始的空间感具有"整一性"，例如西方传统景观中以宗教建筑为中心的空间规制，或东方传统中鸡犬相闻而不相往来的在场性"固守"。但现代媒介所追求的信息传递效率，使时空统一的在场性诠释被不断侵蚀、割裂。而媒介的虚拟性又在更大的范围内将残破的在场重新勾连起来，形成愈发矛盾的空间张力。王功新的早期作品《布鲁克林的天空》就是一个很好的例子，他将纽约布鲁克林的天空虚拟地呈现于北京四合院的旱井中，内容与放映地之间相隔万里的跳跃性与空间割裂（分立）恰恰为意象上的联通和并置做了铺垫。跨越距离阻隔的虚拟在场，是中国新媒体观念的一个显性声响，是艺术"远程性"的前奏。这个作品不似数字网络时代的远程性那般"互动"，却突显出文化距离在意象联系上"凄美的渴望"。以媒介的单向性表达出文化趋向的单极化，的确是王功新关于"井"的装置情境的设想。站在井口探头而望，看到一小片天——不同的观众会有不同的心境，百般滋味涌上心头。表面上的联系密切，潜台词上却呈现出文化、政治与地缘的困境。诉求上又透露出一种"走向世界"的精神取向。中国的新媒体艺术探索需要这样具有国际视野的拓荒者，也需要与国际交流的胸怀。

录像机、电视机、摄像机的突入，给艺术作者们的创作思路带来前所未有的冲击。20世纪90年代，非线性编辑远未普及，数字时代尚没有撼动模拟录像带的地位，但人们已能够嗅到媒介技术革命的星火之气。电子影像技术具有传统媒介不可比拟的过程性追溯、直播互动性、在场性加持以及综合材料的灵活安置性。它与装置系统融合后所产生的新媒体艺术效能，已经比线性演进的传统叙事（如电影、戏剧之类）在喻象上复杂得多。结合了空间特性的音频、视频呈现出鲜活的超文本语态，在给表达增添路径的同时，装置的日常性也赋予它更为丰富的想象空间。这也使观众的在场性从"置身其中"上升为"心绪相通"。

弗雷德里克·詹明信讲到文艺的演绎路径时，经常会区分"传统"到"现代"再到"当下"的线性轨迹。新媒体艺术自然属于当代艺术领域的话题，它至少在媒材上有别于传统，但我们更关注于其观念、策略上的递进。后者才是新媒体艺术的立足之本。中国的新媒体艺术在面向观众时，常有些解释上的模糊性，好似"犹抱琵琶半遮面"的状态——作者往往不直接言明其观念之玄妙，观众亦未必吃透作者想要表达的真谛。说"蒙昧"有些过分，但些许的朦胧之感总是有的。当然，过程性是需要自身去体悟的，每个人所获得的领悟与自己的生活阅历和经验息息相关。但这之间，一定要有言语之外，心灵深处的某种触动或共鸣。现在看来，在过程参与性上新媒体对艺术起到了协同与综合的效果。相对于现代性艺术中的"减法"，即那种"风格林立"的状态是透过排斥或净化风格属性以外的"减法运动"，当代艺术则突显某种"加法"的综合性。这一方面源于媒介材质的复杂性——各种声、光、电、触觉体验，使得当代艺术创作者要花费大量的精力处理协同性的问题，形态上它透露出一种综合媒材的广域化表征；另一方面，它又对应着"后现代文化"策略中的"复合性"——为了消解或拆解，不惜将自身混杂、融汇到它者的边界，仿拟、戏仿、并置、拼贴都明显带有"加法"的性质，即对某种"在场"语境的聚合式渲染。这时，观念往往被埋没于体验之下，它刚刚摆脱了现代性的"风格梦魇"，却又踏入媒介与情境策略的混杂和无序之中，艺术观念的裂变进一步加剧。

　　1996年的《现象·录像》展览上，王功新展出了他的投影装置《婴语》，这是中国新媒体艺术档案中最早应用数字投影机参展的艺术案例（图4-2）。作品的主体是一张四周布满围栏的婴儿床，床板被拆掉，替换上一个四方的水槽，里面盛着牛奶。水槽下部还有一个"搅拌机构"，时而使牛奶表面形成漩涡。婴儿床的上方吊挂着投影仪，牛奶就成了投影幕布。影像的内容是一些大人们的笑脸，他们表现出各种逗小孩时的表情和神态，先后有两对老夫妇和一对中青年男女出镜，让人联想到典型的"四二一"中国家庭结构。如果从婴儿床的角度看投影内容，作者显然将成人与婴儿的视角进行了倒转。表面看起

图4-2　《婴语》　王功新　1996年

来，作品折射出"计划生育"背景下的中国家庭绵延的生生不息。但漩涡凹凸有致的吸入感以及牛奶（幕布）周围环绕的围栏和它的斜影又使人感觉到几分阴暗。晦涩而复杂的情境语汇到底要表达什么？或许已成为埋在观众心中的一个谜。这便是上文所谓"媒介与情境策略的混杂"导致观念隐藏于体验的一个典型例子。影像与装置一旦形成复杂而生动的喻象，文字便难以阐释清楚，艺术观念的定义也就从作者一边走向观众，锚定开始松动。

同样是运用投影机，宋冬的装置作品要比王功新更加富于私人化情感，例如他在作品《抚摸父亲》（1997）中对"父子关系"的表达。这里的"父子"不单单是两个人之间的联系，也昭示出改革开放前后，两代人（甚至是两个时代）之间的情感矛盾。就像张扬的电影《洗澡》（1999）和《向日葵》（2005），父子关系成为戏剧冲突的主旋律，同时又反映时代变革中的"固执"与"弥合"。

1966年出生的宋冬，赶上时代大潮变化的节点。童年时父亲的缺席造成了父子间记忆的缺失。宋冬回忆自己七岁时，父亲回来探亲，老远从胡同口走来，他的第一反应不是"亲情"而是"陌生"。疏远的感觉，或者说深深的代沟一直刻印在那一代人的心坎里。宋冬想借艺术来弥合、延续这段父子之情。他向父亲提出共同创作作品，父亲总是拒绝或回避。两年以后才终于答应下来，这才有了《抚摸父亲》（图4-3）。

这个作品是有关私人情感的空间化投射。宋冬先将自己的"手"拍下来，再通过投影机将手的影像投射在父亲身上，影像与身体的相遇实现了"触摸"的超仿真感。长期以来，父亲的威严让儿子心生畏惧，孩子长大后一直在找寻一种"爱"的表达方式——给父亲一个抚摸和拥抱。

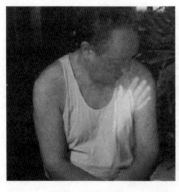

图4-3 《抚摸父亲》宋冬 1997年

（在投影的过程中）我感到他能感觉到我的手，我当时非常感动……感谢艺术给了我一个机会，改善了我和我父亲之间的关系，我和父亲之间存在着爱但也存在很深的代沟。我用艺术的方式在代沟上架起一座桥，进行交流。后来我们又合作了其他作品——《父子太庙》《父子照镜子》等。2002年我父亲突然去世，对我来讲是刻骨铭心的痛苦。从他去世的那一刻起，我才真正敢用我的手去抚摸他。在他遗体告别之前我又做了第二次的"抚摸"，那时他已经是冰凉，我想他这辈子也没有感受到我温暖的手去抚摸他，所以第二次的《抚摸父亲》也是刻骨铭心的。在遗体告别的时候，我想如果再不抚摸他就没有机会了，所以第二次用录像记录。录完了我从来没看过，因为无法面对他的影像，每次都极其难过，包括他原来的照片我都看不了。所以第二次的《抚摸父亲》录像一直保持在录像带中，直到2011年才有了第一次的展出。❶

1998年，影像环境装置《父子·太庙》中，宋冬用摄像机拍摄父亲和自己，背景音中出现父亲和自己的独白——他们各自陈述自己的生平履历。父子二人的声音很相似，但内容却是交替出现的。父亲讲"1936年10月8日我生于辽宁省建平县奎德素村"，儿子说"1966年12月6日我生于北京"。其后，宋冬把父亲和自己的脸的投影融合在一起，并拍摄下来。再将融合的影像以及父亲和自己的影像，分别投射在北京太庙的三根柱子上，同时伴有父子交替言说的简历。作品中，影像的投射体现出融合中的矛盾并存关系——父亲无法改变儿子的样貌，儿子也不能消解父亲的形象。在此，父子间的复杂情感归于空间上的并置或叠映。透过录像、投影、太庙、独白等元素，装置以空间在场的"多重加法"表达出父子间的代际传承与时代弥合。

宋冬的创作观念中，以装置作为私人情感的弥合与通达是一个重要特色。他的作品里观念背后的"情感"永远是第一位的，而传达艺术观念的媒介材质在其次。当父亲过世后，他看到母亲整天打理家中留下的各种"老物件"以物思人时，为了和母亲做深层次的情感沟通，他又想到了艺术，便同母亲联袂奉献了他最为重要的代表作品《物尽其用》（2002年起）。当他与母亲一起将家中所藏的日常物品进行细致入微的分类整理，又密密麻麻而壮观地呈现在观众眼前时，物的背后仍旧衬托出母子之情的真挚。2012年初春，宋冬和他的家人带着他们的"家当"来到英国伦敦，于巴比肯艺术中心举行《物尽其用》展览。宽阔的场地上展出了约一万件日常用品——全都是宋冬母亲（赵湘源）在几十年的光阴里积攒下的私人珍藏（图4-4）。这些物品并不具有考古或文物价值，但却透露出"日常节省"带给人在物质不大丰裕时的精神

---

❶ "2011年的展出"指旧金山Yerba Buena艺术中心举办的"宋冬个展——爸妈，别担心，我们都挺好的"。引文见：宋冬.父亲与"抚摸父亲"[EB/OL].雅昌艺术网，2015-02-27.

图4-4 物尽其用 宋冬

慰藉。《物尽其用》将私人的记忆公众化，也将时间记忆空间化，以装置的独特性填补着时代与个人生活之间的鸿沟。

宋冬的装置探索，很多未必可划入新媒体艺术。但他以情感作为艺术观念生成的源泉，很值得人们回味。这与20世纪90年代不少艺术创作者将新兴电子媒介作为艺术噱头的创作理念有很大的差异。至少宋冬不会陷入"为了新媒体"而"新媒体"的观念枯竭之窘境。

胡介鸣与王功新的"国际化"和宋冬的"私人情感"都不同，他的创作更多地依赖于对技术的执着。他是国内最早使用DV并尝试非线性编辑系统的艺术家。❶ 其早期作品具有"时间切片"属性所带来的媒介档案效果。如1996年3月在上海发表的装置作品《1995—1996》，用照相切片的手法将1995年12月31日0点到1996年1月1日0点这24小时内上海所能接收到的12个电视台的节目，以每频道每隔五分钟的速度用相机拍摄下来，后将每一张底片做成25厘米×20厘米的透明正片（共3480张），再拼合、悬挂成一个庞大的视觉新闻迷宫。对当时的受众来说，这是一种线性时间的横截面堆砌，一个人不可能同时看到12个电视台的节目，但这是作者所处的那个时代的电视信息体量的代表。对今天的观众来说，置身于这个迷宫，就好像回溯到20多年前人们在大城市的视觉媒介生产中所能接收到的信息的梗概。显然这些信息构成并代表了当时人们对外在环境的直观视觉印象。装置在此意味着视觉时间切片的空间属性，一种穿越时空的"在场回归"。

但胡介鸣后来的作品更善于与人的生理节律产生共鸣。例如作品《与电视为伴》展示了作者在佩戴Holter（动态心电图跟踪仪）的24小时内，连续

❶ 曹恺. 纪录与实验：DV影像前史 [M]. 北京：中国人民大学出版社，2005.

观看电视后，医生按时间点给出的12份心电图数据报告。生命节律所构筑的曲线让胡介鸣产生了新的创作灵感，他想证明人的生理节奏是否能与外在的人文韵律产生共鸣。1998年他创作影像装置《与快乐有关》时，首先用仪器描绘出人自慰时的心率曲线变化，之后将这一曲线与五线谱相叠加，创作乐曲并用电脑控制的电子钢琴进行演奏。第二年，另一个录像作品《与情景有关》抓取了不同人（病人、受虐者、婴儿、醉汉）的心率曲线，将它们复合、叠加在五线谱之上并谱曲，最终以各种乐器（打击乐、钢琴、萨克斯管、低音提琴）的合奏来演绎人们的"心率共鸣"。

除录像以外，装置艺术也在尝试用其他媒材进行观念生发。这并不是对录像的否定，而是对新媒体介质的拓展和融汇。例如，汪建伟在1990年代初期便尝试以医用玻璃器皿和玻璃导管、输液管等器具创作装置作品《文件》（1992）和《事件》（1993），以此反思并质疑某种"灌输"的行为状态。

到了1994年，硕士研究生毕业的汪建伟，似乎要与世界的一切常规和潮流作对，他努力地从艺术以外的生活与经验中获得艺术创作的灵感。

我第一次感觉到，如果你不回避艺术也是人类全部知识的一部分，那就应该回到另外一个逻辑上：为什么不能使用人类的全部知识来思考艺术问题？这是我一个革命性的原点。❶

于是，汪建伟压缩了绘画的时间，集中精力了解外面的世界。1994年，他重新回到当年插队的地方耕种起来。先是去种子公司买到小麦新品种，然后与当地的农民约定，由艺术家提供种子，农民拿出一亩地做试验耕种。汪建伟则将耕种过程从犁地、播种、耕作到收获跟踪拍摄下来，最后剪辑成录像作品《循环种植》。结果这个试验田比普通麦地多收获了150斤收成。这个收获中有艺术家所带来的新观念的功劳。后来，他又在城里做对比种植试验。城市每建设一栋商品楼盘，农村就被征用掉一块土地。因此汪建伟在成都找到一套60平方米的商品房，而且是当时最流行的户型，之后他选了一块同等面积的稻田，将植物和土壤一起"移植"到这套房子里培养。开始的几天，稻子郁郁葱葱，但之后便迅速枯萎。由此，对比、质疑和不确定性成了汪建

---

❶ 汪建伟. 少数派报告[J]. 三联生活周刊, 2011(6).

伟创作观念的源流。

　　到1990年代末，汪建伟的创作开始走向国际。他的录像作品《生产》参加了第十届德国卡塞尔文献展。《生活在别处》（1999）记录了耕地如何被征用，农民如何流入城市。作者亦透过作品的纪录属性，与地产商、承包人、市民以及政府调控机构展开对话，探索"水泥森林"崛起背后的悲欢离合。总之，在汪建伟那里，录像抑或装置都不是艺术观念的终点，让它们介入日常、介入事件、介入发展和变化的时代，才是观念最终的落脚之处，也是推动社会文化反思的起点。

第五章

新媒体艺术的渐进

由于录像艺术与装置艺术的综合作用，有电子媒介参与的影像装置艺术逐渐映入都市青年们的眼帘。介于艺术材质组成的复杂以及艺术表达方式的情景化、过程性、体验性，普通观众对这股越发强劲的综合媒介艺术之风，普遍抱有一种未知的"猎奇"心态。奇观效应背后，新媒体艺术创作者们则逐渐摆脱朦胧的面纱，集结力量展开新的创作、参与国内外展出，开启了新媒体艺术渐进式发展的新篇章。

20世纪90年代末，以录像艺术为开端、装置艺术为延展的中国新媒体艺术由"兴起"走入"正轨"。在这期间，新媒体艺术有了一些新的气象：

第一，以录像和装置为基础的新媒体艺术在国内普遍开花，获得业内的普遍接受与认可，逐渐成为中国当代艺术中相对活跃的一支。

第二，这些源自中国的艺术跨界实践开始走向世界，获得国际艺术与文献展会的关注。中国的参与为世界艺术的当代性表达提供多元而崭新的一面。

第三，新媒体艺术的技术属性与依托在那个时代飞速地变化着，数字化、网络化、数据库时代的来临使私人设计、电子音乐、信息界面、CG动画更具创作效率和表达上的新意。

第四，DV时代使数字化视觉图像的摄取更为便利、成本降低，非线性编辑的优势明显，普众化潜力巨大。人们对DV的参与热情使新媒体艺术有了更为坚实的受众基础。

第五，信息技术的软件、硬件在电子装置中的经常性运用，使艺术的临场感、即时性、互动性及体验感有了稳步提升。新媒体艺术成为区别于架上艺术和舞台银幕艺术的单向性与结果性的新式"在场性"体验活动。

第六，由视频与装置所构成的新式艺术印象，已不足以囊括新兴的跨媒介艺术实践的多样性及丰富性。富于包容性的"新媒体艺术"一词，作为宏观概念，逐渐被艺术创作者与观众们接纳，很快成为新派展览中颇具号召力的艺术标语。

第一节 录像艺术的成熟

1997年，录像艺术的展览热情向北漂移至北京。宋冬举办了录像艺术展《看》，王功新推出了他的个展《神粉1号》，邱志杰也在首都策划了媒介装置展《逻辑：五个录像装置》。一时间，面对新兴的视觉媒介形式，人们开始张开双臂拥抱它，进而使新媒体艺术聚拢为一个崭新的创作群落。[1] 录像、视频、投影及其电子装置情境，开始以"新媒体"的方式影响着当代艺术的走向。

"宋冬：看"是宋冬于当代美术馆举办的录像艺术展，其中的一个作品叫《自我照镜子》，作者找了两块相对放置的镜子，又把视频里自己照镜子的影像投射在镜子中，形成互映，即"一个投射在镜面上的自我照镜子的影像——相互照镜子的景象。那层叠的自我照应、反射之中，艺术家企图通过自身的镜像的影像、影像互为镜像的景象，将'我'层层剥开，在与镜的互动中不断地重新定义和挖掘自我的身份。"[2] 另一件作品《砸镜子》中，"镜面反射着不同的街景，大锤敲下，镜面剧烈抖动致画面中风景变形，直至玻璃破碎，其作品机智、强调互动性，且带有行动色彩。"[3] 作者善于将自身的观念透过一系列作品的集群化表达不断重复、言明。

1997年夏，王功新个展《神粉1号》在北京王府井的画廊开展。展场给人的印象是充满"药粉"的奇幻世界。功能至上的健康消费观念让国人为之一振，但由此带来的依赖、萎靡，又暗示出文化精神的空虚与迷茫。一个靠药粉来维持健康的社会，丧失了文化脉动的基本活力，人们似乎只注重肉身的健康而忽视了更高的向往与追求。作者在展场进门处设置了四台电视，广告般循环播映着"药粉"功效的宣传内容，言语间充满怪诞的商业促销意味。影像中还出现了在公园晨练的人们。在此，作品以直观感性的方式，对中国社会的生活主题和细节，做了极端又极为生动地还原，从而透露出某种反思

---

[1] 邱志杰. 新媒体艺术的成熟和走向：1997-2001 [EB/OL]. 爱思想网站新媒体艺术专栏，2010-07-12.
[2] 陈西安. 宋冬：万物皆为镜[N]. 周末画报，2019-07-12.
[3] 郭晓彦. 如何自我构建：中国影像艺术的一些基本事实及叙述[EB/OL]. 雅昌艺术网华东站，2011-09-06.

和焦虑。

1997年秋，邱志杰于中央美术学院画廊举办录像装置展"逻辑：五个录像装置"，作品包括《凶·吉》《进化的逻辑》《卫生间》《物》和《埃舍尔的手》。邱志杰在事后回忆当时的创作观念时，怀着极其复杂的心绪：

九四年移居北京之后，我对自己此前在杭州从事的充满纯粹课题研究性质的观念艺术工作进行了全面的清理。离开南方较为平和的文人气的气氛，使我在某种程度上意识到，流行在装置和录像等观念艺术领域的风格正在过多地陷入对智力的追求，例如极简整洁的外观，对微小变化的无限放大，对短暂或漫长过程的简单崇拜，实际上是暗示在简单微小与过程的背后藏有某种深刻玄妙的东西，作者无非是用来显示一种智力品味上的高雅。以观念的名义，使用键盘写作的新文人正在用当代艺术取代毛笔写作时代的水墨画，进行一种仍旧充满自如性质的禅观般的墨戏。当然，以我的气质，我和在北京这种地方更为多见的充斥着地域文化图像的使馆艺术更是格格不入。这段时期，我深深地卷入美术界关于观念艺术作品意义问题的理论争论的中心，但很少有人知道在实践上，我同样正在自己身上展开一场防左反右的战役。这样一种两难的境况非常明显地表现在我这期间的《卫生间》和《埃舍尔的手》这两件作品之中。❶

《卫生间》的录像中有一张黑色十字线条组成的网格（横平竖直）背景墙，作者亦在人脸上画出同样的十字线网格，当人脸与背景墙的网格叠加、对齐、重合之时，人便融合进了背景之中。但当背景音中出现各种"冲水"的声响时，人脸部便出现各种表情，这使网格变得扭曲而富于变化。邱志杰将这个过程拍摄下来，做以录像展示，呈现出网格与卫生间"马赛克"的某种构型的相似。"录像似乎成了一个契机，让我去践行一直想做的工作，对外在指涉性和构造的自我指涉性，同时加以排除和超越，同时进入一个充满表面性和现在性的录像写作的层面。"邱志杰言明，在创作时有意回避两类东西，一方面是拒绝社会文化层面的过多干扰，另一面是摆脱自圆其说的、带有世俗化与迎合性的叙事小品。❷这种创作观念上的"排除法"使作品的构思

❶ 邱志杰. 录像艺术的兴起和发展：90-96 [EB/OL]. 中国当代艺术文献库，2018-09-06.
❷ 邱志杰. 录像艺术的兴起和发展：90-96 [EB/OL]. 中国当代艺术文献库，2018-09-06.

受到挤压，内容的主体越来越趋近于对自我身体的诠释。这与张培力早期录像作品中对局部器官的强调颇为类似。但邱志杰显然并未突显过程性的无聊，反而更加注重环境细节与身体局部的戏剧性呼应与互动。《埃舍尔的手》就将"手"作为局部主体呈现在录像中，表现手的单一性与左右手配合之间的统一性的矛盾。

在邱志杰的录像装置《物》中，观众进入一个全黑的屋子，四壁均设有投影，影像的内容是作者曾经居住过的四个住处的各种物品。四组录像里，这些物品都是以"划火柴"的方式被照亮的，而且间隔的时间不等。因此，在一个暗室内，观众会不时看到火柴在四壁燃起，各种生活杂物的微光画面时隐时现，这些物品随着火柴的熄灭而消失。于是，"'物'因为火柴的明暗具有了生死般的宿命，人与它的遇合取决于因缘际会。"❶

同时期，吴美纯策划的群展"97中国录像艺术观摩展"也在北京开幕，展览囊括了来自全国的三十多位艺术作者，但作品多以录像的单频形式展现。其中包括张培力的《审视》、邱志杰的《乒乓》、宋冬的《关注—监视》与《克隆》、李巨川的《与姬卡同居》、李永斌的《脸》、朱加的《并非两个人的游戏》、陈劭雄的《风景》系列、蒋志的《飞吧，飞吧》以及汤光明的《鲁迅在北京》等。群展作品的丰富性以及作者们响应的热情，说明录像作为一种影像媒介，已经在当代艺术创作中广聚人气。新媒体艺术蓬勃发展之时，尤其需要艺术观念的归拢与聚合——策展人在展览中的希冀显然更具鼓励和包容性。

我们面临的问题是录像可以用来做什么，而不是什么是录像艺术？现在就来为录像下定义还为时过早，尽管一种标准的录像艺术的趣味正在形成之中，但它注定还在形成就令人生厌。录像以一种与生俱来的媒体属性富于挑战，它有力而廉价，它即私密又极易传播、复制，它直露真相又敏于幻想。因此本次活动是包容性的而非选择性的，它表明了我们在这个媒体的世界中生存下去的勇气。❷

1998年，北京的录像艺术展映仍在继续。冯博一、蔡青组织的"生存痕迹：98当代艺术内部观摩展"在姚家园的现代艺术工作室举办。作品包括王

---

❶ 邱志杰. 新媒体艺术的成熟和走向：1997—2001 [EB/OL]. 爱思想网站新媒体艺术专栏, 2010-07-12.
❷ 吴美纯. 97中国录像艺术观摩展 [M]. 展览资料书, 1997.

功新的录像装置《牧羊》、邱志杰的录像装置《姚家园1号坑》和宋冬的录像装置《渍酸菜》等。同年夏天，黄笃在北京当代美术馆策划了"空间与视觉"展，宋冬、李彦修等人展出了各自的录像装置。❶而年底宋冬在太庙所做的那次投影装置实践（《抚摸父亲》）前文已经提过。"父与子单独讲述简历的投影分别被打在左右两根柱子上，中间的柱子则是父子形象重叠的幻灯投影。巨大的圆柱和太庙作为祭祖场所的独特语境，使这一作品获得空前的力度。"❷

到1999年初，邱志杰在北京芍药居某公寓的地下室又策划了"后感性：异形与妄想"群展。参展阵容与吴美纯1997年策划的那次不相上下，作者包括冯晓颖、孙原、冯倩珏、王卫、陈文波、邱志杰、蒋志、琴嘎、朱昱、杨福东、陈羚羊、陆磊、高世强、高士明、乌尔善、郑国谷、刘韡、杨勇、肖昱、张涵子。展出的作品有杨福东的《我并非强迫你》（录像），翁奋的《无题——蝶》（录像装置），陆磊、高世强、高士明的《处所》（录像装置），刘韡的《难以抑制》（录像装置），冯晓颖的《在体验中》（录像）等。❸

同年初春，在澳门当代美术馆由张颂仁策划组织了"快镜——中国新录像艺术展"，首次把中国大陆（包括香港、澳门）和中国台湾的新媒体艺术创作者们做了集结，参展艺术家包括张培力、王功新、邱志杰、宋冬、汪建伟、颜磊、陈劭雄、高世强、陆磊、高士明、乌尔善、鲍蔼伦、何兆基、袁广鸣、庐燕珊、王俊杰等。

至此，邱志杰在《新媒体艺术的成熟和走向：1997—2001》一文中总结到："在九十年代末，录像艺术在中国不但已拥有一批活跃艺术家和作品，更重要的是形成了风格上的诸种不同取向，意味着它的成熟。"❹ 这不仅是站在公元纪年的节点上，对1990年代影像艺术探索的一次总结，同时也是当代艺术在展览中形成群落化映现的质变时刻。作品所涉及的观念虽远未形成风格框架，但其中透露出漫无边际的自由和灵性。此时，新媒体艺术中形成了一个以录像为基础的影像装置艺术发展分支，它们在创作上不拘一格，却在艺术创作理念上达成相对的一致。也就是把媒介及其装置语境的未知性看作是艺术观念表达的重要财富。这种艺术创作观念上的媒材认知的趋同性，也从一个侧面佐证了它的成熟。

❶ 佚名.中国当代艺术三十年之——中国影像艺术（1988-2011）[EB/OL].东方视觉网，2011-07-29.
❷ 邱志杰，吴美纯.录像艺术的兴起、发展与新媒体艺术的成熟[EB/OL].豆瓣网，2014-04-15.
❸ 许鹏.中国新媒体艺术简史[M].北京：北京大学出版社，2020：56.
❹ 邱志杰.新媒体艺术的成熟和走向：1997-2001 [EB/OL].爱思想网站新媒体艺术专栏，2010-07-12.

第二节 面向海外

中国的新媒体艺术与欧美国家交流的频率、深度与广度，一方面昭示出中国艺术家们的创作自信，另一方面也突显出从技术到观念上的差距与差异。

西方发达国家自1970年代初，便开始在电视频道体系中放映"实验性"艺术录像。那时实验艺术以录像为载体，在电视节目的类别中占据一个位置。当然，这类节目相比于电视新闻、访谈节目或肥皂剧来讲肯定是逊色的，一般不会在黄金时间安排这类实验性录像作品。但到深夜十分，就会有零星的播映，主要是为了给艺术与科技的交融提供一个大众了解的窗口。在美国，有北美艺术基金支持的全国实验电视中心（NCET），还有MIT早期开设的尖端媒体探索节目以及波士顿WGBH电视台下属的艺术实验栏目等。在欧洲，英国电视四台（Channel 4）、德国ZDF频道等都曾主导开办实验影像类的艺术节目。奥地利自1979年起持续举办的林茨电子艺术节也与其国家媒体的艺术节目布局有密切的关联。

20世纪80年代起，一些非营利性的西方新媒体艺术中心也获得西方艺术基金的资助，帮助记录一些艺术展览和研究项目的进展。那时，综合性国际当代艺术展场中，以录像为基础的实验装置已占到参展作品的三成左右。到1990年代末，卡塞尔文献展上的新媒体艺术作品已占作品总量的几乎一半。总结而言，欧美国家很重视新技术由科学向人文艺术领域的应用转移，特别是将其中可视化的部分在大众媒介环境中的呈现。这也潜在地提升了民众对艺术与科学结合的实践热情和欣赏品味，为新媒体艺术在国外的普众化接受打下良好的基础。

与国外相比，中国的电视频道资源与新媒体艺术的对接并不充分，在20世纪90年代很少能看到有关新媒体艺术的音像制品在电视上播映，对艺术家或其创作过程的记录就更稀少。可以说，那时中国的新媒体艺术群体在国内的媒体报道中鲜受关注，但这并不影响他们走向国际。正如中国第五代导演们的海外之路，中国的录像艺术在海外也很有市场，并常常获得西方主流艺术活动的接纳。早在1991年，吴文光刚刚完成《流浪北京》时，这部纪录片就以独立创作的身份，被送到香港国际电影节、加拿大蒙特利尔国际电影节、日本山形国际纪录电影节、美国夏威夷国际电影节以及新加坡国际电影节等进行放映。1992年6月，蔡国强、倪海峰、吕胜中、李山、孙良等参加在德国举行的"时代欧洲外围艺术展"❶，中国的实验艺术作品遂开始进入国际展场。1993年元旦，栗宪庭、张颂仁携手策划的"后八九中国新艺术展"❷在香港汉雅轩及香港市政厅举办，这个展览随后在澳大利亚和美国等地巡展长达8年，亦成为中国当代艺术呈现的一个国际舞台。同一年，栗宪庭在第45届威尼斯"双年展"中参与策划的"东方之路"独立单元，有耿建翌、冯梦波、余友涵、李山、王子卫、刘炜、方力钧、喻红、徐冰、丁乙、孙良、宋海东等10多名中国当代艺术家参展。这代表了中国当代艺术首次进入西方重要的国际性大展。此外，1993年张培力的录像作品《连续翻拍25次》《非卖品》《（卫）字3号》及《水——辞海标准版》等还参加了巴黎Rond Point画廊的展出，以及德国世界文化宫的"中国前卫艺术展"。可见，中国当代艺术在视觉媒介上的拓展开始获得国际关注。

1994年深秋，首都师范大学美术馆举办"94中日韩国际现代艺术展"。这是1990年代国内公开举办的首个国际当代艺术展。中国的参展艺术家有王广义、魏光庆、王鲁炎、顾德新、王友身、李永斌、汪建伟、宋冬等。到1995年，在白南准策划的韩国首届"光州双年展"中，汪建伟的录像装置《循环》与宋冬的录像作品《容器》《墨》代表中国参展。同年，两人还参与了日本东京都文化交流中心举办的"新亚洲艺术展"。

1997年5月荷兰举办"另一次长征：90年代中国观念和装置艺术"大展。展览集中介绍了张培力、汪建伟、陈劭雄、冯梦波等18位中国当代艺术家的装置、多媒体录像及行为艺术作品。6月底，冯梦波的《私人照相簿》（多媒体互动作品）和汪建伟的《生产》（录像作品）去到德国，参加第十届卡塞尔文献展。8月下旬，宋冬的装置录像作品《"拍"》在柏林艺术废墟开展。同年，侯瀚如策划系列巡回展"移动中的城市"，在奥地利、美国、法国、芬兰、丹麦、英国、泰国展出，历时三年，呈现亚洲当代城市建设与艺术互动的成就。9月，在捷克布拉格鲁道夫林美术馆，张颂仁策划"面孔与身体：90年代的中国艺术"特展。展览集中呈现了中国艺术在跨媒介意义上的实验探索，并反思现代性经验，冯梦波、邱志杰等参展。同一时间，宋冬与建筑师张永和合作的作品《界限》（录像装置）参加奥地利格勒兹国际当代艺术节，王功新的实验录像《面子》和汪建伟的纪录片赴英国伦敦参加ICA"北京——伦敦

---

❶ "时代欧洲外围艺术展"又称"欧洲外围现代艺术国际大展"，即第九届卡塞尔文献展的外围展。

❷ 徐蕾. 时空的坐标——后八九中国新艺术的历史境遇与文化视野[D]. 杭州：中国美术学院，2010.

艺术展"。❶

1998年，邱志杰带着此前自己在国内策划的录像艺术作品，参加了柏林录像节和纽约的"ESPERANTO 98"展览，随后又应波恩录像节与赫尔辛基录像节之邀，就中国的新媒体艺术发展做概述性介绍和专场放映。❷

在1999年，第48届威尼斯双年展上，有近20位华人艺术家受邀参展。那时，张培力、王功新的创作开始出现在欧美艺术中心或展览拍卖会上。

至此，中国当代艺术已牵动世界各地新媒体艺术节和展览机构的目光，世界对来自中国的当代艺术实践表现出浓厚的兴趣，中国的当代艺术作者们亦日益频繁地曝光于全球新媒体艺术展映的舞台之上。与新媒体艺术相关的国际来访也日益增多。邱志杰曾回忆在1990年代，德国卡尔斯鲁厄艺术与媒体中心（ZKM）主任鲁道夫·菲林多次前往北京和上海的歌德学院开设讲座，介绍国外创作的最新进展。法国录像艺术家罗伯特·卡恩也多次到访杭州的中国美术学院，为学生带来前卫的视觉艺术观念。当芭芭拉·兰登——纽约现代艺术博物馆（MOMA）录像分部的著名策展人于1997年秋天来华旅行时，看到中国不仅有优秀的录像艺术开拓者，而且与世界的接轨速度让人震惊。她发表不久的论文已被吴美纯译成了中文，芭芭拉兴奋地讲："录像艺术在中国的活跃，是在西方新媒体艺术的圆周闭合之后划出的一个新圆的起点。"❸

第三节　圈子、中继者与断代

观念总是在具体的影像内容或装置情境中展现。因此，我们总是努力思考作品而对作者的个人历程轻描淡写。但事实上，观念总是从社会文化的个体经验映射中孕育而出的；它不是浅显的作品细节，而是深刻、凝练的观点，它与作品背后的"人"一定有着千丝万缕的联系。只是，每个人的个体经验总是千差万别的，很难有一个像作品类属一样的东西作为共性（或相似性）把不同作品的观念表达串联起来。当然，任何艺术形态发展到一定阶段，一定会由作品的汇集一步步延展到人的聚落，即形成一个作者群落，或者说

---

❶ 佚名. 中国当代艺术三十年之——中国影像艺术（1988-2011）[EB/OL]. 东方视觉网，2011-07-29.
❷ 邱志杰. 新媒体艺术的成熟和走向：1997-2001 [EB/OL]. 爱思想网站新媒体艺术专栏，2010-07-12.
❸ 邱志杰. 新媒体艺术的成熟和走向：1997-2001 [EB/OL]. 爱思想网站新媒体艺术专栏，2010-07-12.

"圈子"。

新媒体艺术的创作群落是幸运的，因为它从出生到成长再到兴勃，总是有人透过观影、讲座、展览、记录等形式对这个"小而精"的圈子予以维护，也就是所谓"中继者"的角色。中继者就像一座桥，把不同地域、不同想法、不同风格属性的作者们联系起来，沟通、阐释或梳理他们的观念。有时，中继者也扮演策展人的角色，主动组织展览或传递国内外的创作与展览信息，甚至将作者们直接推荐给展览和研究机构。有时，中继者也扮演书写的角色，主动将过去的人、过去的事、过去的展览和作品记录下来，即所谓艺术史的梳理。

上面说到的"幸运"就是指中国新媒体艺术圈子中不乏这样的"中继者"。前面有邱志杰从创作到展览再到观念升华的串联，中间有张尕的海外视野与策展经验，后面还有张海涛细致入微的观察、整理和归档，使得中国新媒体艺术观念——完整、真实、脉络清晰。当然，不只他们几个，活跃在中国新媒体艺术三十年中的标志性人物还有很多。

邱志杰在中国新媒体艺术探索中是个不可回避的人物。他的存在串联起杭州和北京这两个中国新媒体艺术发展的重镇。1969年，邱志杰生于福建漳州，父亲是教育宣传干部，母亲是教师。邱志杰从小被视为天才，逻辑思维敏捷，更可贵的是他思考问题讲究方法的科学性，常常一眼就能洞悉大部分事物的内蕴。1986年，高中时期的邱志杰沉浸在尼采与弗洛伊德的哲思中，突然有一天他看到"厦门达达"（黄永砯等在厦门成立的艺术团体）举办的"现代艺术展"。"我一看到黄永砯的东西，大为惊叹，我觉得这就是我以后要做的东西。所以，我在上大学之前就知道以后是要干艺术的。"❶ 1987年邱志杰以第一名的身份考取福建一所知名的综合性大学，但知道还有更专业的美术院校后，他决定重新报考美术专业。在备考的几个月里，他用自己研究出的一套"科学方法"进行专业训练。1988年秋，他以专业课、文化课"双第一"的身份进入浙江美术学院版画系。在大学，邱志杰是风云人物，搞社团、做海报、组织读书小组，20世纪90年代初就以课外创作《重复书写兰亭集序1000遍》和毕业作品《大玻璃……关于新生活》在广州举行的"中国当代艺术研究文献展"和"广州当代艺术三年展"上闯出了名气。栗宪庭无疑是他

---

❶ 薛亚芳. 邱志杰：爱读《庄子》的怪杰[EB/OL]. 豆丁网，2012-08-18.

的伯乐，当年创作《大玻璃》时，邱志杰参加了一个小型学术会议。会上，他宣读完发言稿后，有个人带头鼓掌，还问许江"那小伙子是谁"。很快这人就出现在邱志杰的宿舍，要了他的作品资料，这时他才知道这个人叫栗宪庭。不久后，他收到栗宪庭从北京寄来的信件，信中说"发现你，是这几年最让我兴奋的事……"这让邱志杰甚为感动，便跟随栗宪庭的指引参与了广州文献展。1992年，邱志杰大学毕业，辗转生活于北京、杭州两地。他也参与到《江苏画刊》有关"艺术观念与意义问题"的讨论中，发表了大量学术文字，批评当代艺术的社会庸俗性。20世纪90年代中期以后的很长一段时间，他都是新媒体艺术的推动者，也是中国先锋实验艺术中最多面的艺术家之一。邱志杰所涉及的艺术领域包括录像、装置、绘画、行为艺术等多个方面，其作品样式灵活、主题多变而富有深意。他也在艺术观念及理论生发上颇具想法，是不可多得的理论作者和策展组织者。中国新媒体艺术史的早期内容，很多都是在他的视野和回忆中得以追溯、重现的。

邱志杰的活跃轨迹，正好反映了20世纪90年代中国新媒体艺术创作的"圈子"。在代际上，他承继着张培力等老一辈"50后"艺术作者们的独立探索精神，也启迪着"70后""80后"的新生代艺术群落。在地缘上，他将杭州的"跨媒体"传统与北京更为广阔的艺术作者群落相结合，并不断吸收海外艺术创作者的先进理念和展览经验。总之，邱志杰既有在各时期创作上的积极参与，又有在策展与译介方面的卓越实践，还有对新艺术观念、趋向上的种种思考。

这里以如此篇幅对邱志杰进行叙述，不是为彰显其个人魅力，而是强调"圈子"所带来的际遇。机会只赋予有所准备的人，但不是每个人读了尼采或思聪敏捷就能够成为优秀的艺术家。这里，"入行"很重要，也就是要进入核心的圈子里找寻际遇。什么是际遇呢？假设当年邱志杰第一次高考后选择入读综合性大学，他就很难在报告会上遇到栗宪庭和许江，很难有机会进行自己的行为艺术实践与毕业创作，很难融入中国新媒体艺术早期的开拓活动之中。中国新媒体艺术的"圈子"里到底有谁，恐怕没人能完全说清楚；但是在这个新艺术形态诞生的早期——不论是1950年代出生的张培力、王广义、胡介鸣、汪建伟，还是1960年代的王功新、宋冬、管怀宾、丰江舟、冯梦波，他们无不受到高等美术院校浸染，在经历正规的学院派美术教育后，才走向真正的艺术创作与思考。在信息网络不够发达的岁月，也只有步入这个"圈子"，才能系统地接触到新媒体艺术观念，才能全面地观察艺术家群体的活动轨迹，才能激发出新媒体创作的灵感，才能获得圈内的认可、接纳与尊重。

因此，邱志杰的成功并不是偶然的，他只是新媒体艺术群落中很多艺术创作者们众多类似经历中的一个闪光点。在其早期艺术成长历程中的"偶然性"背后隐藏着中国新媒体艺术创作者成长方式的"必然性"。所以我们追溯新媒体艺术观念时，不仅要看作品，还要看作者的阅历、经验与生活轨迹以及他所处的圈子，研究其艺术际遇。这方面内容在展览或文献中呈现得并不算清晰，需要从艺术家的个人出版物（传记、论文与访谈）中逐渐积累。

然而，新媒体艺术又是不幸的，不幸之处在于它处于一个飞速变化的时代，艺术媒介与材质缺乏稳定性，文艺思潮的更替又极其频繁，这些都造成对艺术形态界定的紊乱。在这里，艺术陷入"断代"中的迷茫。中国当代语境下的艺术被模糊地界定为"现当代艺术"，而1989年成为一个重要的分水岭。在这之前的被看作是"现代艺术"，之后的则是"当代艺术"，可是"后现代艺术"却贯穿于这现代与当代之间，构成一个对话、反思、消解和解构的独特力量。❶ 其间还有"后89新艺术"，在1995年以后它又被看作"当代艺术"与"先锋艺术"的混合。同时"实验艺术"的热情似乎也从未熄灭。在林林总总的新艺术形态与观念之中，有一些是观众易于接受、善于欣赏的，而另一些则被称为"前卫艺术"。而后者又并非完全隔绝于受众，很多艺术形式未必非要看懂才有观众参与，艺术与生活融汇在一处时，意义并非作者理想中的那般重要。真正"放下的"未必只有作者，或许也有观众和作品。实验艺术在精英意识主导下，也会伴有与观众沟通、妥协或商榷的一面，既然是"实验"就会有成败、有偏执或钟爱、有理性与非理性、有极端甚至惊世骇俗。但精英意识绝不等同于西方现代性中的"精英艺术"，那种只为少数人服务的贵族化品味现在已受到越来越多的"伪文艺"们的追捧。就像奢侈品做过了头，就会与"山寨"粘连、混淆在一起，成为高雅与通俗"折衷"的另一条通路。在此，中国现当代艺术的先锋实验性与欧美的发展路径类似——当实验艺术慢慢向艺术体制内的先锋话语抵近，或其政治波普意象迎合了海外幻象，它就会被艺术市场、拍卖会或公共展览机构接纳，随之进入大众视野。当然，如果由"过程性参与"的视角来观察新媒体艺术，那么会

---

❶ 张海涛. 中国九十年代当代艺术思潮与生态简史 1989～1999 [EB/OL]. 雅昌艺术网, 2018-08-19.

发现其所面临的另一个挑战，即过程性艺术丧失结果形态后，在艺术品收藏市场中的失语。现场感、沉浸体验与多元互动，亟须新的交易模式来支撑它的可持续创新与循环。

第四节　数字网络时代：观念包裹的多媒体性

20世纪90年代末至21世纪初，媒介的数字网络化进程加速，数字技术的普众化传播为新媒体艺术的生发带来不小的冲击，构建起一套有别于真实世界的"虚拟空间"和"互动世界"，并逐渐向元宇宙挺近。数字虚拟性和网络互动性成为新媒体艺术家们普遍关注的创作焦点议题。

就"虚拟"来说，在数字化投影来临之前，舞台美工承担了艺术情境渲染的大部分需求，但其劳动效率低、欠流畅、成本高，不适合小型展示空间中的装置情境。因此，早期装置性很大程度上依靠假设性想象。到20世纪90年代末，数字化拟像已进入实际应用阶段，它首先就被应用在装置艺术的情境还原上。王功新在其装置作品《红门》（2000）中就运用了数字影像合成技术，对北京传统四合院空间进行情境再现。对此，皮力曾有如下解读：

> 《红门》由四个投影仪组成，随着影像中红门隐喻般的一开一合，都市场景和私密空间交替出现，对于公共空间的观看不断被私密空间的闭合所干扰。有意思的是，在空间结构上，艺术家为四个屏幕之间以及屏幕和地面之间又保留了距离，于是私密空间又成为一个开放的悬浮空间。在很多录像装置作品中，王功新经常采用分屏技术，让屏幕以不等距的方式出现在空间中，从而混淆展览空间和作品空间之间的距离。王功新作品中对于画面图像的完美追求往往会让人用"技术派"来解释他和艺术潮流的关系，或者他作品中独特的形而上学时空关系，但如果仔细分析，这种距离多少是创作观念和个人精神气质的抉择。❶

如果将2000年的《红门》与1996年陆磊、高世名、高世强共同创作的

---

❶ 皮力. 皮力解读王功新创作：抓住生命的叹息[EB/OL]. 凤凰艺术网，2015-03-19.

《可见与不可见的生活》相对比，会发现其中的表象差异。在1996年的作品里，几台电视机用来象征性地代表立体框架所勾勒出的"房间"，但实际上房间的"墙"大部分由透明的空气所组成，不具有情境模拟的功效。但数字化投影应用后，王功新的"门"与"墙"便更具可辨识性，将装置情境的"假定性想象"跃升至"假定性仿真"。一方面，虚拟真实为文化的视觉化提供了基本支撑，但另一方面，虚空的想象性空间被二维数码图像填补后，想象的深度和自由度逐渐消退，诗意便不复存在。这是视觉文化浅薄化的最基本征兆。

互联网的进展似乎比数字化更令人振奋。1995年元月，中国电信开通了北京、上海两个互联网接入节点。那时起，中国互联网进入商用阶段。网络的普及为艺术家发展"交互性"带来便捷。很快，网络艺术开始兴勃起来。❶

第一，网络艺术体现出多媒融合的整合性理念。技术的进步使媒介传播格局的多元化向新媒体艺术的多样性过渡。以电脑为核心的数字化艺术（数码艺术）将创作、包装、展示、宣传、互动、接受、反馈、存档等艺术传播的一系列环节推向计算机时代的网络化范畴。

第二，网络艺术继承了数字化的虚拟性特征，并将其延伸至网络中，形成虚拟化的生活空间与审美空间。电脑的数字化视觉处理能力可创造出模拟现实的假定性逼真场景，效果超过绘画、胶片和模拟录像设备。逼真的诠释使观众（用户）可以模糊自己的肉身体验，全身心地投入网络的虚拟怀抱，为后来流行的沉浸式体验打下坚实基础。网络艺术使人们可以在此岸与彼岸间摆渡、在虚拟与现实中自由转换。

第三，网络艺术勾勒出艺术知识场域中的"公共性"。多媒体间性的生发使各种媒介本身的优势放大、劣势互补，形成与受众的多环节、多界面互动。网络被纳入创作的同时，亦被应用于拓展观众接受的广度和宽度，为受众之间的交流、沟通提供更加生活化的渠道。作品与受众之间形成紧密的共生结构，使"公共性"被纳入艺术观念的构思里，同时使观众在作品内部参与交流（甚至成为作品的一部分），实现了艺术公共性视野的拓展，为艺术的公共性表达创造平台。

第四，网络的交互性使作品具备时延性，时间维度拓展了艺术作品的过

---

❶ 高鑫, 廖祥忠. 网络艺术及其发展态势[J]. 现代传播, 2002(5): 87.

程性因素，叙事的非线性程度有所提升，聚合性、跳跃性、穿越性使网络艺术的时空陷入混乱，为后现代文艺策略的演绎提供可行的支撑。作者在网络自觉中隐退，突显出受众参与性的主体精神。互联网是结构、符号经验的再生性场域，与受众自身的经验产生共鸣后，作品的表达会因人而异，网络推动了艺术作品接受的开放性与自由度。

第五，互联网的参与性提升了艺术的游戏性。艺术从冰冷、沉闷、客观的现代性体验中走出来，在即时性社交或互动中燃起了受众的兴趣。❶趣味感的凝聚有利于艺术向生活的渗透、参与社交群落的公共议题，有利于实现受众的时空互动，有利于人在自我娱乐中的参悟，即观念的自我生成。

第六，互联网让"人人成为艺术家"的希冀成为可能。2005年初在北美成立的YouTube网站，在短短一年的时间里将用户月平均点击率提升至二十五亿次，而活跃用户平均每天会向YouTube上传超过六万个视频短片。自媒体的兴起使草根阶层分享了信息创造与艺术创作的乐趣，为艺术生态的拓展开辟了新的圈子。

在创作上，施勇于1997年10月发布了自己的网络艺术作品《上海新形象》，展开与观众在互联网上的"互动"。为了紧跟国际化时代步伐，作者邀请人们在网络上为其本人的外在形象（发型/服饰）进行评选。他将自己变换发型的一组照片编号、发布在互联网，有短发、长发、烫发、刘海等样式——以选择的姿态，为网络艺术观众展现出一幅生动的、社会文化变革中的众生相。

视觉文化的流行景观，很大程度上取决于人的外在形态所衬托出的精神气质。它既是社会景观，又是大都市文化的即时性征兆。以此征兆作为艺术对社会变化大潮的荒诞式调侃，既展现出时代造人的磅礴气象，又暗示了作者面对文化时尚的无奈与无从选择。这反映着中国人与时代气象之间的某种选择性焦虑。视觉文化具有驱使性与屈从性，人的外表与人的本心之间倘若差距太大，便会使人偏离时代脉搏的轨道，但责任未必在个体身上。于是，作者们干脆把选择权拱手出让给互联网上的人们，以网络行为让观众意识到"弄潮儿"不过是被动的成功者。邱志杰评论道："施勇的网络作品《上海新形象》实际上是讨论对人的控制。在他那里，那是文化观念，尤其是西方人

---

❶ 欧阳友权.网络艺术的后审美范式[J].三峡大学学报（人文社会科学版），2003(1)：28.

对东方的理解和东方人的自我理解。他大量地运用征婚、染发之类新都市文化现象，着力表现都市人在自我形象建构策略中投射出的——欲望、想象、他们的价值迷失及他们所受到的控制。这种控制运作于所有话语的建构中，而在后殖民主义的文化交流情境中更为凸显。这样的介入并不提供解决方案，而是在嬉戏和调侃中反而强化了我们面对诸种文化控制时的无奈。"❶

1999年，邱志杰亦开始关注网络互动多媒体作品的创作，代表作品就是《西方》。由于当时拨号网络条件的限制，这个作品最终被以光盘的形式呈现。但20年以后，人们在身边找到一个"光盘驱动器"变得日益困难起来，所以现在出现了一个问题，就是数字新媒体艺术如何保存。当然这也与"观念"的延续有关，不过此处还有更为重要的艺术"观念"需要呈现。按照邱志杰所说，20世纪90年代国内做互动多媒体的艺术家，似乎只有冯梦波——用最好的软件做最传统的政治波普的画面与资料互动。❷但是1999年邱志杰转向网络新媒体并不是因为技术的革新，事实上网络刚刚兴盛的时代，艺术家对技术的掌握并不精到，比如对软件的使用、对数字作品的封装。然而真正促使邱志杰创作《西方》的动机，却是社会文化的动荡。

"西方"这个概念多义而又暧昧，在中国该词与"半殖民地半封建"的过往以及社会主义市场经济的现实"糖衣"缠绕在一起，使人们对"西方"这个词的品读五味杂陈，理解中充满爱恨与矛盾。作品《西方》是作者让它成为一种观众参与的调查报告，通过长期的展览在每次展出时不断搜集观众的反应使之成为新的素材。作品呈现为缺乏完成状态的、过程性的"互动式累积"。因此《西方》实际上是邱志杰作品中的一类，或者说一类具有文化意味的作品的网络枢纽。在其后的很多作品或展示项目里，邱志杰都选用《西方》系列的链接，发展成其中的一个支脉。

比如，他在杭州的另一个展览里呈现了很多世界地图——让观众将"不是西方的国家"涂掉。参加互动的每一个结果几乎都不一样。有的把日本留着，有的则把日本涂掉；有的会把俄罗斯留着，有的会把俄罗斯的欧洲部分涂掉；还有人甚至会涂得只剩美国……最后就得到各种各样的"西方"地图，这些图画表达出个体对西方的地理想象的不同。邱志杰请观众涂了上百张这样的地图。再将这样一个参与性事件与《西方》这个CD-ROM作品链接在一

---

❶ 佚名. 施勇、石青新媒体艺术作品的文化评论功能[EB/OL]. 今日艺术网，2009-11-16.
❷ 李振华. 李振华vs邱志杰：关于西方的访谈[EB/OL]. 邱志杰博客，2016-12-05.

起，成为一个社会调查或文化研究类属的作品集合。

从《西方》我们看到新媒体艺术作品的创作"起意"有时并非源自技术或媒材的新鲜，而是深层次的地缘文化认知与互动。当网络新媒体更适于表达这种互动时，作品才会有意地向特别的媒介（网络）靠拢。这里，创作观念驱使着新媒体艺术的技术选择。

作为继印刷、广播、影视之后兴起的第四媒介，互联网于1995年前后进入中国，在世纪之交迅速膨胀。早期的网络媒介依托个人电脑，在交互性领域（BBS、即时通信、社交媒体、E-mail等）、文学领域（网络文学）、音乐领域（MP3等）较传统媒体在信息传递上有相当的优势。而影像领域中，由于早期拨号网络受到频带宽度限制，运动图像的传输速率尚缺乏流畅性。网络表达中迫切需要一种结构简单、逻辑运算速度快、传输体量小的动态影像格式。于是，以"矢量"为技术特征、包含可动态影音效果、构图简单、操作方便、适于交互性指令传输的新型影音格式"Flash"诞生。它充分发挥着个人电脑的多媒体结构性征，最初被应用在综合门户网站的页面动画或动感广告制作中，实现了静态网页传播效果的升级。2000年前后，Flash的应用开始向艺术化方向挺进。国内出现专门收集、传播Flash音像作品的网站（如闪客帝国等），并推出了脍炙人口的Flash MV作品，如老蒋的《新长征路上的摇滚》《强遗的天空中》、贝贝龙的《东北人都是活雷锋》（雪村演唱）、皮三（王波）的《赤裸裸》和《连环梦》等。一跃成为互联网于新媒体艺术结合的典范。

来自吉林的Flash作者朱志强在Flash MV说唱潮流的基础上，尝试影像叙事，以"火柴人"小小为形象的Flash作品风靡全国，推出《过关斩将》《小小3号》《小小特警》《小小8号》等经典作品。2002年诞生的《小小特警》是"小小系列"Flash作品的第四部，作者引入了三维互动设计，使网友可以坐在自己的电脑前用鼠标参与网络作品的第一人称射击等交互体验。网页技术的变革将矢量动图推向艺术表达的范畴。互动只是其中一个显著的特性，真正的意义在于形式的心意为观念的生发带来久违的快感。

在《Flash及其精神》一文中，笔者曾这样阐释其观念性创作魅力：Flash发展到今天，推动它前行的，并不是技术，而是一种精神、一种发展了的后现代精神。在安东尼奥尼的批判现实主义时代，《红色沙漠》建构起一个中心性的、带有二元体系特征的电影思维模式，它用重新建构的正统方式来反击主流社会的物质"异化"，这种痛苦的宣泄很快被认定为"自我折磨"。而随后的后现代主义兴起，着实给了宣泄一个突破口。后现代主义采取了一种比现代主义更极端的形式，打破一切进行价值重估，以消解一切"深度"为由，走向"平面"。Flash画面的荒诞、简洁，音乐的媚俗与喧闹便昭示于此。以自己无价值的毁灭显示世界的荒诞。一时间文学、艺术紧随哲学的脚步，踏入了解构的殿堂，而影像就成为艺术的先锋队。从《迷墙》到《大话西游》再到《罗拉快跑》，后现代艺术一直在为运动影像寻找新的消解工具，但从MTV到"唐僧"再到游戏精神，都只能在真实影像的范畴内，围绕形式逻辑做文章。然而后现代越来越需要"彻底"，于是影像的真实性被打破，动画的"高度假定性"（即动画画面及声音的假定真实性）成了后现代的新贵。Flash作为中端动画产品，迅速被后现代精神引领，成为一种具有鲜活生命力的解构武器。它抄着反叛的姿态，宣扬着荒谬的论调，消解着不确定的意义，表面上极度快乐着，然而骨子里却极度痛苦着，只是这痛苦失去了真本性，代之以夸张的漫画并加以嘲弄式的炫耀而已。后现代不是如它所标榜的那样是现代主义的中断，恰恰相反，它是现代主义的回波余绪。❶ 这一悖论式的症候便造就出一副后现代悖论式的Flash精神——"痛苦着且玩味着痛苦又对这痛苦和玩味感到无聊；忧郁着而且自我意识到忧郁又对这忧郁和忧郁意识加以表面化的笨拙表演；焦虑着而且迷失在焦虑中，又对这无底的焦虑咬文嚼字，形式上演绎出奇制胜的游戏。"❷

今天看来，互联网的力量仍旧庞大，Flash只是早期的一个缩影，一个网络艺术传播中的初级体验。"网络艺术的可能性尚未真正被发掘。大众媒体的过分介入，则在某种程度上使之过早地面临了商业化的诱惑。技术将会不断推进，并且越来越使国内外作者处于同一条起跑线。对它的前景我们还须拭目以待，但可以肯定的是，真正起决定作用的，归根到底还是人们的想象力。"❸

面对技术的快速演进，中国的新媒体艺术创作者们有着足够的警觉，并在艺术上进行集体反思。2001年盛夏，邱志杰、张慧、宋冬、乌尔善、吴文光等共同创作的《新潮新闻》在藏酷新媒体艺术空间（北京）展出。"新潮新

---

❶ 骆增秀，姜申．Flash及其精神[J]．北京电影学院学报，2001(4)：84–85.
❷ 王岳川．后现代主义文化研究[M]．北京：北京大学出版社，1992.
❸ 邱志杰．新媒体艺术的成熟和走向：1997～2001 [EB/OL]．爱思想网站新媒体艺术专栏，2010–07–12.

闻"是一个融合集体参与的多媒体事件。作者们将真实的新闻事件混杂在戏剧、行为、音乐、录像、直播等艺术元素之中，透过Visual Jockey（影像骑师）——类似音乐DJ的视觉切换合成器，将影像、动画等视觉元素做即时的剪辑并添加特效。最终形成一组记忆与现实观感交融，集娱乐性、新闻纪实性、游戏性、虚构性以及现场感于一身的艺术快感体验。作品的结果是荒诞的蒙太奇拼合，但观念上却有着反思的意味。邱志杰后来回忆道："这可以被看作是新媒体艺术边缘化倾向的一次结晶——不是用新媒体造反，而是造这个渐渐道貌岸然起来的新媒体的反。"❶作品中，影像与现场纪实性穿插变换，与音效编织在一起，于冷笑与幽默中消解着元叙事承载的媒介话语。影像切换间洋溢着游戏精神，界限中原有的概念变得模糊、混淆，使观众陷入一个充满随机感的现场。过程性的荒诞让人自然放松，艺术的新媒体性便顺畅地融入大众生活的领悟。

至此，在世纪之交的时刻，录像与装置已无法涵盖媒介技术跨度所带来的艺术巨变。面对数字化、网络化的日新月异，新的创作思路随着技术的触角拓展出更为广博的外延——观念性、装置性、游戏性、参与性、在场性、交互性、虚拟现实、元宇宙，乃至于生物、生命与基因形态等——蓬勃迸发出新的活力。新媒体艺术范畴迅速膨胀，策展愈加频繁、多元，新艺术观念随之出现，进而促进了艺术范式的转换。我们对艺术观念的观察也将由历史的沉淀步入嘈杂而异彩纷呈的当下。

---

❶ 邱志杰. 新媒体艺术的成熟和走向：1997～2001 [EB/OL]. 爱思想网站新媒体艺术专栏，2010-07-12.

第二篇

当下：
新媒体艺术
嘈杂的指向

在时间线上，今天的新媒体艺术脱离了历时性演进中漫长而厚重的积淀，进入一个可谓"当下"的时空表达之中。其分水岭大致出现在世纪更迭的前后，因此第二篇的讨论范畴聚焦在21世纪初至今，人们意识中的"现在时刻"。这个时期的新媒体艺术正是我们身边所经历着的、媒介变革的方方面面所带来的审美机遇与观念性挑战。可以用以下的词汇来概括其宏观意象上的变化。

"成熟"：最近的20年，是新媒体艺术真正成熟的时代，艺术创作者们不再纠结于创作媒材的多变与装置形态的奇异；他们学会用艺术与媒介的融合去反思"媒介"、反思"媒介与人"以及"人际与自然"的关系。他们意识到，新世纪中艺术所要探讨的不是媒介本身，而是运用各种媒介参与生活的人及其精神取向。为作品赋予审美价值固然重要，媒介的审美异质亦突显出这样的魅力；但艺术内涵中所孕育、散发出的观念价值更为可贵。这一点亦表现在观众认知的进化——虽然，新媒体艺术很难归结为纯粹的"观念艺术"，它还没有像杜尚所畅想的那样摆脱有形的实物；不过观众已经开始习惯于从它的形式感背后汲取作者的灵感并融合自身的阅历、感悟与经验来消解元性观念对个体接受的灌输。艺术观念的真正生长点应该在观众那里，这是新媒体艺术成熟的重心。从中国乃至整个世界语境中看，这个生长点正在稳步形成。

"正名"：在21世纪，我们对媒介或跨媒介的讨论终于有了一个相对宽泛的类属名称，即"新媒体艺术"。虽然这个名字在历时性和共时性上都具有相当的模糊性，其指涉并不精准甚至不时伴有歧义；但其囊括的艺术表达前景，较之于录像、装置等单一属性已有了相当的提升。在材质因素与小环境构型以外，新媒体还融合了媒介表达中的数字特性、网络特性、远程互动性、沉浸性、虚拟性，甚至生物属性也被囊括其中。泛指意象上的宽阔，使新媒体艺术实践在崭新的时代具有了广博的天地，这有利于艺术探索的锐意进取，也利于艺术观念的革新。

"普遍"：当下是一个新媒体艺术创作与接受遍地开花的时代。新媒体作为展示活动中的重要一环，正日益博取观众的青睐，文博、考古、科普甚至园艺中的科技展示策略正逐渐成为展览环境中吸引观众目光的标配。媒体技术应用外延的拓展正在反哺人们对新媒体艺术的兴趣，使艺术的新媒体性获得普遍认知。这一时期，以新媒体艺术为名的展览活动亦蓬勃发展，为谱写新时代艺术观念之歌开辟了共时性空间。新媒体艺术空间在中国的拓展是迅速而普遍的，它不仅植根于北京、上海、广州这样的一线城市，同时亦向杭州、武汉、成都、西安、青岛、大连、厦门等二线城市拓展。展览的繁荣正培育出全国各地对新艺术形态的参与热情，新媒体艺术不再只是艺术家们的孤芳自赏，不再只是博取国际瞩目的波普效应，而具有了广泛的地缘意识与受众基础。

"加持"：技术的加持在最近的20年里尤为明显。录像技术的数字化、便携性与非线性编辑的普及使得影像的创作成本大为降低，草根阶层参与艺术的门槛相对降低。装置环境中对计算机、编程、交互、网络、虚拟现实技术的引入使艺术在声、光、电表达的形式张力有了巨大飞跃。当然，技术加持的结果亦体现出高科技在艺术中孤立的一面——它发展出一套独立于观念性和审美性的技术吸引力，以技术的光泽吸引着观众的目光。但酷炫的背后，仍需要提升内涵的深度以加强观众黏性。

"嘈杂"：媒介的成熟使其惯于搭乘技术演进的快轨，不断前行。新媒体使这前行的探索脚步永不停歇，技术语境的不断变化使得艺术观念的趋向愈发迷离而嘈杂。而当下语境的整一性，又很难再透过线性的时间轨迹，来梳理新媒体艺术瞬间的百花齐放。因此，在"当下"部分的讨论中，不得不放弃线性历史回顾，转而突出新媒体艺术观念于共时性"横断面"的纷繁复杂。讨论将以不同的观念类属为区分，对新媒体艺术整体发展格局做平行探索。这些平行类属包括（但不局限于）：观念性策展的喷涌积聚、与主客体二元论的商榷、环境意识的增强、对交互性的倚重、跨越空间的遥在、沉浸式时空重构、观念性戏仿对传统的变与不变、剧场观念的新媒体性、审美取向中的内容与观念融合、文化遗产的数字化阐释、技术影响下的艺术观念前驱。

第六章

观念性策展——新媒体艺术语境的开拓

在20世纪90年代，艺术作者们尚普遍将展览作为一个纯粹的艺术呈现空间来看待。但到了21世纪，艺术观念的生发已不仅仅源于单个作品的独立性，它已发展到透过作品的集群式展映来扩大其观念性价值的声响。这个阶段，"策展"（展示策划）成为艺术观念表达的一个崭新而重要的层次，呼之欲出。观念性策展，意味着艺术的观念性需要从展览的创意、规划、实施与成效出发来摄取。而单个作品或独立艺术家的某些风格，则成为观念性构成的局部。观众在展场看到的内容，本身具有独立性，它反映着观念性细节的内涵；而当观众从整体视角把握展览（抱持"作者间性"的融合视角）时，观念性的生发便上升到客体集成与主体间性的层面。换言之，策展成为创作以外，艺术观念生成的一个新的领域和机会。策展的意象绝不是作品观念的简单相加，而是实现"1+1＞2"的表达性跃升。当然，对于观念性策展的认识并非一蹴而就，它需要经历一个逐渐领悟的过程。

第一节　藏酷新媒体艺术空间

在2000年，王功新与林天苗在北京朝阳区三里屯附近的工体北路开办了"藏酷新媒体艺术空间"（简称"藏酷"）。这是一个兼具消费潜力的固定展示空间，为新媒体艺术的展示与观念交流提供了绝佳的场所。艺术创作者和观众们开始聚集到这里，透过展览、集会、讲座、放映活动等，进行交流。"新媒体艺术"在这个民间艺术机构的推动下传入人们耳畔，面对媒介技术在艺术中应用的快速发展，大家终于为其找到一个可以进行综合概括的称谓。这同时是展示空间的策划者影响当代艺术走向的直接证据。在艺术漂泊者们尚聚集在圆明园旁的小村落、798艺术区还未形成气候的那几年里，藏酷成了位于首都核心商业区的艺术中继站——这个以藏酷酒吧和粉酷餐馆为实体支撑的艺术空间无形中促进了新媒体艺术理念在中国的传播。由于地理位置临近首都机场的优越性，藏酷亦成为国外艺术创作者们的栖身之所。国外艺术家来京，经常会被请到这里做讲座、放幻灯、展示作品和创作观念。甚至广州当代艺术三年展之类的国际新媒体研讨会也在这里举办。忙碌的时候，几乎每天都有艺术短片或录像作品的放映会，有时艺术家、策展人和导演们也会到现场参加讨论。这个常设的空间为新媒体艺术的日常交流提供了良好的平台。虽然那时的圈子仍旧很小众，观念的呈现亦算不得公开展示；但它私密而不排外，逐渐聚拢起创作人气（图6-1）。邱志杰、宋冬、吴文光等人共同创作的多媒体作品《新潮新闻》（2001）便酝酿于此。

藏酷这个名字，音同"仓库"，因为这个当时地址为工体北路4号院、原属于北京市机电研究所的房子正被租用做仓库。林天目租下这个空间，最后决定把它改造成酒吧，为这个空间做整体设计的，是他的姐姐和姐夫——林天苗和王功新夫妇。夫妻二人九十年代中期从美国回到中国，想把美国的一些视觉印象和操作方式在北京实现，他们把空间改造成了极具现代主义风格的大工业场景：裸露的砖墙钢架布满管线的天花，成排悬挂墙面的黑白电视监视器屏幕，大型幕布上反复映放的黑白电影，不锈钢明式四出头椅子和同样木椅的混搭摆放，将参天大树一一引入室内的巨型玻璃"盆景"，故意将水泥柱敲出凸凹坑洼后拧上玻璃用灯光打出肌理效果，深灰丝绒包覆的线条夸张的大型沙发，水泥与实木地板还有令人心悸的二楼玻璃地板，奢侈的洗手间，北京最大的玻璃发光椭圆吧台，北京首家开放式大型西餐厨房，红砖和钢架都请工人用打磨机细细地磨出人工的痕迹，砖墙上甚至略带纹路，砖墙和钢架上再刷上漆，藏酷酒吧一时成为北京时尚生活的新坐标。在酒吧的后面，还有一间绘图室和一座公厕，林天苗即向弟弟要求，作为他们夫妻设计酒吧还有林天放落实投资的回馈，把这里

图6-1　新媒体艺术圈的活跃者们在"藏酷新媒体艺术空间"21世纪初

辟出一个推广当代艺术的空间，艺术上由他们说了算。❶

今天，我们回首"藏酷"，最值得敬佩的是它的启蒙作用。王功新夫妇汲取海外艺术发展的经验潮流，能够较早地抽离出艺术作品的微观范畴，站在观念集聚的宏观视野上，为新媒体创作者的聚拢、作品的争鸣提供公共空间。这使得新媒体艺术的发展得以"开化"，人们意识到策展所带来的观念聚拢效应要强过单一作品唱独角戏。

藏酷同时也成为那个时候中国艺术家们和国外同行交流的据点。2000年，梁洁华基金会赞助的卡塞尔文献展策划人之旅的北京站就落脚在这里，一顿豪华的正餐，一瓶一万多的红酒，策展人被震惊了，这完全不是他们想象中的社会主义中国，他问藏酷的经理是美国哪个大学的MBA，经理说"我是高中没毕业，自学不成才"。侯瀚如回到中国的讲座和活动也全部在这里举办，比如介绍"移动中的城市"项目。巫鸿、高名潞也是这里的常客。当然，交流中也免不了冲突，林天苗还记得一位国外评论家在和他们吃饭的时候说"你们所有新媒体（艺术）的东西全是跟西方学的"。但皮力的一句话让林天苗印象深刻，"我们不是跟你们学的，我们实际上是看着王功新和张培力的作品长大的"，一下就给老外噎回去了，皮力的意思是说我们有自己的系统。❷

几年以后SARS病毒来袭，餐饮和娱乐场所的经营受到重创。位于藏酷东北方向的酒仙桥一带（原国营华北无线电联合器材厂）兴起了798艺术区。它借鉴了藏酷的经验，以宽阔的工厂空间作为艺术工作坊，举办展览、发布会、艺术研讨等活动，逐渐探索出一条新的文创产业模式，在功能上取代了藏酷。从另一个视角看，藏酷的隐匿也呈现着某种断裂——"随着商业的力量不断进入艺术界，全体艺术家都出席一个展览或活动的场面越来越难以再现，艺术界共同体不复存在，没有了激情澎湃的土壤，藏酷也最终成为记忆中的那个乌托邦。"❸

长久以来，艺术源于作者内心的表达。但当代艺术对激浪式的、过程性

---

❶ 李明. 藏酷：最后一个乌托邦[EB/OL]. Hi艺术网，2014-08-19.
❷ 李明. 藏酷：最后一个乌托邦[EB/OL]. Hi艺术网，2014-08-19.
❸ 李明. 藏酷：最后一个乌托邦[EB/OL]. Hi艺术网，2014-08-19.

的、互动参与效果的追求，正逐渐剥蚀作者内心的真实感受和绝对权威，使作者意志与观众参与走向新的平衡。新媒体艺术中，创作一旦产生往往就会逐渐脱离作者，出现主体间性的对话，主体性面临时空的危局。这时，艺术便普遍需要在更大的场域中明确方向，例如透过集群策展重建失控语境的回归之路。也就是一种超脱于微观创作层面的、隐现于某种内心表达之外的呈现机制。世纪之交，当代艺术于全球范围再次掀起展出狂潮，一方面策展机制的日益成熟，使艺术作品在个案的基础上，得以向展览的层面跃升，各种趋向、观念与问题焦点得以融汇，达成策展主题的"共识"；另一面，各种双年展、三年展机制的形成使得艺术展示具备了四维时间性的"延异"。历时性踪迹的延展，让展览本身披上一层受到风格洗礼的时间面纱，策展则具有"历时"之魅力。

这种情况下，策展人的地位逐渐提升，成为艺术观念塑造中关键的一环。他们应具备鉴别的能力，判断艺术创作的观念趋向，从而给作者以创作的自由。相应的，一位视野开阔的艺术家在关注自身的同时，也会把自己的观念性诉求与社会环境或文化状态相联系，从自身视角来阐释世界。创作思维的一贯性，是作者视角的坚守；其所散发的观念性，作为展览集群的一部分，也体现出作品与展览之间的有机结合。

反面的情况是，策展机制的灵敏性也会带来一些随声附和的情形。有时，展览主办方不依据创作观念的延展来邀请创作，而是遵循展览主题的需求去临时挑选作品，这就带来些许片面性。少数作者为了参展，可能放弃自己的观念性追求，而急功近利地迎合展览的品位。久而久之，就丧失了创作的根基。为了展览而创作、为了"附和"主题而创作，偏离了观念原初的思想脉络，是当代艺术自我阉割的吊诡。这个困局正因策展而一步步弥散到当代艺术的整个创作领域。王功新对此充满忧虑，他主张新媒体艺术创作的走向应是一个策展工作者对艺术创作者的长期关注，应着力了解作者们的背景、经验的特殊性、创作心绪以及工作状态，尤其要把握其早期的、创作风格成熟前的观念性朦胧阶段。❶要尊重作者的本真体验，就要不断更新对于作者的理解，总结出每个人的观念性风格，看到其创作长期的、内在的规律与惯性。策展人与作者之间的关系是平等的，不是法律合同中所规定的甲方和乙方。

---

❶ 佚名. 这里，或那里：王功新、林天苗访谈[J]. 艺术世界，2003(2).

契约精神应体现在观念的沟通中，而不是利益或消费里。中国的新媒体艺术人能够较早地意识到这个层面的隐患，是难得的幸事。

第二节　威尼斯双年展的中国视野

策展人机制的形成，在艺术家之间起到一个观念性协调的作用。协调，绝不是控制或诱惑，而是一种引导与观念聚合。同时期的海外策展经验亦有新变革，策展已慢慢摒弃"核心观念"的取向，而向着"单元形态"发展。这验证了费孝通先生的一句话——各美其美，美美与共❶。

海外的革新性策展意识，充分体现在2003年第50届威尼斯双年展的策划中。那一年，总策展人弗朗西斯科·博纳米摒弃了"策展"作为核心主体对展览观念的全权把握，在欧洲展览界开创性地推出"主题单元"概念，消解策展权威的同时，为展览注入了作者观念的多元、自由和参与属性。博纳米一语中的，指出新世纪的展览与传统组织观念的不同：

20世纪的大展——诸如双年展和文献展——从策划人/作者的单独的观点发展而来。当它结束时，我们这一代被迫构想一种新的展览结构和策划实践……一个承认他或她自己的局限的策划人，应该对一个由在千差万别的观念中固有的矛盾连接起来的世界给予理解。21世纪的大展必须允许在一个展览结构内部存在多样性、差异和矛盾。它必须反映当代的现实、幻想和情感的这种新的复杂性。20世纪的大策划反映了对待展览的一种几乎是基督教的态度，好像企图对世界进行精神上和文化上的征服，今天策划人的态度，必须更加是异教的。今天的展览，像希腊悲剧一样，必须处理不可调和的因素和矛盾。❷

由单一策展人"独裁"的策划时代已渐趋终结。为了不把个人观点强加于展览，博纳米特地邀请了不同国度的十一位策展人，请他们分别负责威尼

---

❶ 1990年12月，在就"人的研究在中国——个人的经历"主题进行演讲时，社会学家费孝通先生总结出了"各美其美，美人之美，美美与共，天下大同"这一处理不同文化关系的十六字箴言。
❷ 王镛. 目击第50届威尼斯双年展[J]. 美术观察, 2003(7): 105.

斯双年展的十个主题单元展。策展的独立性，既体现出艺术观念表达的自由与活力，又使作品的有机延展性得以充分释放。每一位策展人都有独立的决断权，都为特定的主题而奔波忙碌。当代艺术的多样性就此展开一段新的历程。

具有中国背景的艺术活动家侯瀚如，也加入威尼斯双年展的这批策展人之中，独立策划了其中的一个单元展"紧急地带"。这部分展览邀请了不少中国艺术家参展，也获得博纳米的首肯。这也是世界艺术盛宴中大规模引介中国艺术作者参展的一个重要开端。中国的装置、影像已具有国际参与意识。"紧急地带"的主题围绕"亚太地区的都市化和都市空间的爆炸性扩张"展开，揭露现代性的后果致使人们所需面对的种种问题。

2003年的情况是曲折的，初春时节广州、北京先后遭遇SARS病毒侵扰，物资与人口流动受到极大限制。威尼斯双年展的中国项目亦受到干扰，最终被迫取消，这削弱了侯瀚如的策展规划。不过，威尼斯方面还是将中国参展作品的图文资料收录在官方展览介绍中予以承认。欧宁是2003年威尼斯双年展主题展"梦想与冲突：观者的专政"参展艺术家。当年侯瀚如负责的那个展览板块"紧急地带"中，安排了一个叫"广东快车"的项目，介绍珠三角地区的艺术工作者们。欧宁和曹斐也参与其中，一起拍摄了《三元里》（视频艺术作品）。类似的情况还有很多，那是不少国内青年艺术家参与威尼斯双年展的开端。❶

侯瀚如不是新媒体艺术的创作者，却是较早投身于国际艺术策展领域的社会活动家。1963年他生于广州，18岁考入中央美术学院，7年后取得硕士学位（1988）进入中国艺术研究院美术研究所短暂工作，1990年开始在法国生活。❷侯瀚如较早地参与了艺术策展工作，且具有中西双重背景下的丰富展览经验。1989年他于中国美术馆参与了"中国现代艺术展"的策划活动，翌年赴欧洲随国际策展人费大为在法国南部策划了首个中国当代艺术展。自此，侯瀚如逐渐积累出一连串的策展履历❸：1994年在芬兰策划"从中心出走"，1997年于英国策划"巴黎人"，赴南非参与"约翰内斯堡双年展"，1999年来到中美洲参与"墨西哥国际摄影双年展"，同年在意大利执掌"威尼斯双年

❶ 成都当代美术馆，Widmer R. 历史之路：威尼斯双年展与中国当代艺术20年访谈集[M]. 北京：中国青年出版社，2013.

❷ 佚名. 国际策展舞台上的侯瀚如[EB/OL]. 新浪网艺术收藏专栏，2015-06-10.

❸ 陈磊. 侯瀚如：顶级华裔策展人[J]. 南方人物周刊，2006(10)：32-33.

展"（法国国家馆），2000年回国参与"上海双年展"，之后又在韩国连续组织
"釜山艺术节"和"光州双年展"，2003年再赴威尼斯参加双年展策划项目。

那时，侯瀚如所关注的议题集中在世界语境中的多元流动对中心文化的
冲击与和解。2002年他发表英文论文集《在中间地带》（*On The Mid-Ground*），
其中提到艺术如何面对城乡发展做出应有的反映。这与一年后他在威尼斯双
年展上组织呈现亚洲都市化的爆炸性扩张相呼应。艺术所反映的中国文化的
本土属性之根本，并非审美本身的问题，应拓展到社会观念与价值评价的讨
论之中。城市与农村的关系，恰恰是当代艺术在公共空间及其观念领域中的
核心矛盾体。中国当代艺术的问题在于都市性的开放生产方式，和农耕文化
的保守生存方式的博弈，这是社会分工不同所导致的观念价值的疏异。❶侯瀚
如提到，新中国的发展之路也是一条蜿蜒曲回的向都市文明迈进的探索之路。
当意识形态的方向在某种乌托邦式的农业热忱鼓舞下被过度理想化，在几度
冒进、矫正、反思后，人们对于都市产生了更为执着的迷恋，却打破了城乡
与精神文化之间的均衡。对这个过程，生于20世纪60年代的侯瀚如有着切身
的体会。在激进浪潮与反复矫正的意识形态中度过青少年时代的他，在20世
纪80年代来到北京，又于20世纪90年代展开旅欧生活。自身对于环境与文
化境遇的认知，激活了他对地缘中心与边缘地带的思考。广州，作为南方典
型的经济探索型都市，经历着观念价值、文化景观、人文气质等各方面巨变。
在如此巨大的变革背景下，个人经验所累积的影响，使侯瀚如的策展观念较
为宏大并充满人文思考。

在博纳米那里，承认策展人的局限性，是对策展工作的一种"包容性"
再认识；但在侯瀚如那里，策展是一种超越了作者和作品理念的观念性再思
考与再创作。策展不再是简单的拼凑与集合，而是具有单个作品所不具备的
观念性耸立。侯瀚如不完全属于新媒体艺术领域，但这种策展趋势的观念铸
就，却是新兴的新媒体艺术所亟须的行动指导。

---

❶ 侯瀚如. 当代艺术·策展人卷: 在中间地带 [M]. 翁笑雨, 译. 北京: 金城出版社, 2013.

第三节　策展与释展

策展，在功能上除了具有组织性和创作观念性以外，还需面向观众具有"阐释性"，即桥梁作用。

在传播学的早期研究中，人们就已发现信息往往不是由媒体向公众的直接联系，而是经过了某种中介。1940年，保罗·拉扎斯菲尔德等人通过"伊里调查"发现，信息从大众媒介到受众，经过了两个阶段。首先从大众传播到舆论领袖，然后从舆论领袖传到社会公众。他们提出的假设被称为两级传播理论。两级传播论认为人际传播比大众传播在态度改变上更有效。在展示策划的过程里，这种"两级"的情况更为明显。一方面，观众与艺术作品之间并不构成绝对联系，中间需要由展览策划者搭建具体的空间展示平台，供人们参观和欣赏。另一方面，还要引导观众相对准确地把握展览的目的与作品的内涵。这形成了展览策划实践中的功能性分野。在西方通常把前者称为"策展人"，后者为"释展人"。❶

策展和释展的区别是：策展更关注于展览的外在形态，如空间设计、展品的整合传播；而释展则关注于展览的内在诠释，从内容入手，挖掘展品的内涵、进行内容策划。释展人，相当于两级传播中的"意见领袖"，对作品观念传达起到引导作用。在更进一步的目的性阐释中，释展的目的被细化为两个层面：其一，分享研究成果、确保展览的科学实证性；其二，将艰涩的学术成果/高深的科学知识转化为通俗易懂的展览形态。

在传统的理解中，释展的需求经常来自考古或科普博物馆，只有跨越时间的阻隔，透过释展角色的引导才能揭开文物或科学原理的面纱。而传统的艺术展示则往往具备直观的视觉审美亲和力，对释展的需求并不明显。

以上的原因导致西方展示策略中的"释展角色"在中国往往处于缺失状态。这一缺失常常要求中国的策展人扮演从研究者、展览内容策划到展览图版文字写作的全部角色。但就当代艺术范畴或观念性艺术范畴而言，对释展的需求正日益提升。艺术表达的观念化和去审美化倾向，使得普通观众对装置性、概念性的认知趋向模糊——美其名曰"理解上的留白"。在当代艺术"把理解交给观众"的意念倡导下，观众反而沦为"无头苍蝇"，面对作品久

---

❶ 沈辰，何鉴菲. 释展和释展人——博物馆展览的文化阐释和公众体验[J]. 博物院，2017(3)：7.

久惊叹却不知所云的情况屡屡发生。在观众具象化的求知欲与作者开放式的观念表达之间，矛盾日益突出。释展的缺席，是中国新媒体艺术发展在展示环节中的"不幸"。

第四节　策展实践：以"新媒体艺术"的名义

自1999年邱志杰与吴美纯等联合策划《后感性：异形与妄想》展览之后，引起一定的社会反响。这是一次对观念艺术立场的背离性实践，"后感性"的概念有三个观念性渊源，即身体经验的延异、想象的记忆性构成以及情境的整体性震颤。展览强调体验的聚身性、在场性、多感官特性以及不可复制性。参与的作者包括朱昱、杨福东、展望、王卫、琴嘎、蒋志、冯倩珏、陈文波、孙原、彭禹、乌尔善等。而到了21世纪，跨媒介艺术展便一下子多了起来。2000年在上海，邱志杰牵头实施"当代艺术提案"；2001年在北京电影学院，他做了"后感性：狂欢"展览；同年在北京，于藏酷参与筹划"北京数码艺术展"；2002年在广东，于广州当代艺术三年展开辟了"录像专题策划单元"；2003年在北京，他又策划"后感性：内幕"展；2004年在杭州、北京、重庆、长沙等地组织"眨眼"录像艺术巡回展；2005年在南京策划"未来考古学：第二届中国艺术双年展"，在横滨参与"横滨三年展"；2008年在维也纳TBA艺术中心策划"证据的质疑"；2013年在纽约大都会美术馆组织"水墨艺术：当代中国的过去作为现在"特展；2015年赴威尼斯军械库指导"全世界的未来"双年展专题；还有2019年在中央美术学院组织举办"公共文化策划与展示——高级研修班"等。邱志杰在接受凤凰新闻采访时谈道："所谓策展就是在历史的关键时刻去做对的事情，策展最重要的就是要有一个正确的历史观。"策展工作，因其巨大的能量与价值，而愈发受到社会的重视，今天的艺术观念传播已经很大程度上由艺术创作者的历史和艺术作品的历史衍变成了一种"展览史"。❶

李振华是另一位活跃的策展工作者。2000年冬在北京当代美术馆，他策划"声音"装置与录像艺术展；2001年夏在北京芥子园，与邱志杰合作推出

---

❶ 邱志杰. 策展最重要的就是要有一个正确的历史观[EB/OL]. 凤凰新闻, 2019-05-21.

电子音乐艺术展"声音2",以及"报应"系列艺术展。这些展览实践为丰江舟、FM3等一批实验电子乐工作者参与新媒体艺术创作提供了早期平台。2002年在昆明,李振华又参与"非记录—实验影像节",同时为柏林三月音乐节策划影音艺术装置项目《雷云计划》。2004年,他又参与北京、首尔、东京三地"窗外—散漫的空间"多媒体艺术展。此后他一直保持着每年两三个项目的节奏,探索新媒体艺术与商业空间价值的融合。2014年起,李振华持续担任香港巴塞尔"光影现场"的策展人,并成为上海新时线媒体艺术中心的创办人之一。2019年底他又在深圳推出大型当代艺术展"共时",展览将新媒体艺术与心理学前辈荣格提的"共时性"观念相融,通过瑞士艺术家罗曼·西格纳(Roman Signer)父女以及国内经历过"85新潮"的"60后"艺术创作者们,如胡介鸣、汪建伟、吕胜中、邱志杰和"80后"年轻艺术家徐文恺等的创作集合,共同探索社会时代发展大潮中,艺术所焕发出的共情力。

此外,独立策展人顾振清在2001年开辟成都双年展系列,2003年任上海多伦现代美术馆总策展人,2004年任中国当代艺术奖(CCAA)艺术总监,2006年任《视觉生产》杂志主编,同年推动英国利物浦双年展独立项目"中国馆",2008年策划波兰首届波兹南双年展,2011年赴法国参加第二届留尼汪艺术双年展,2012年参与"心动上海"一汽大众奥迪艺术展,2012年参与策划"任我行"新媒体艺术展,2019年主持策划"反应堆:荣毅国际艺术展""物演:科学观与艺术观"主题展览等。

一时间,与"互动媒体""综合媒体艺术"相关的实验机构、艺术项目或创作团体破茧而出。人们迫切希望能够拓宽展示自己作品的平台。

然而,从史论的角度评价,新媒体艺术的策展在当时仍举步维艰。2004年以前,中国尚缺乏以"新媒体"命名的艺术展览。或许,新媒体艺术在中国还欠缺独立运作和呈现的魄力。事实上,无论对观众还是学界,意象中的"新媒体"仍缺乏清晰的定义与边界,人们尚未积攒足够的勇气,将这个词作为一个新兴的艺术形态,而赋予独立思维的运作惯性。2004年成为一个分水岭,是因为个人电脑和互联网在中国城市与高校中的普及已形成相当大的规模和趋势,观众的兴趣亦推动着青年一代新媒体艺术创作群体的发轫。21世纪以来,网络数字媒体的突飞猛进已不仅仅是技术层面的表征,更是消费层级的跃升。高技术背景下的艺术及其体验给传统的创作思维带来挑战,继而促进着观众对艺术产生新的理解、构建创新型印象。

　　与既有艺术类型（如绘画、戏剧、音乐、电影等）相比，新媒体艺术具备鲜明的特征和独到之处，这使其能够独立于传统艺术而存在，即：新媒体艺术是以数字化编码为基础，结合参与性、沉浸感、网络化、多媒融合于一身，强调信息的遥在与即时性互动，注重过程性体验、消解单向传播的结果化特质，亲近日常生活表达与审美的独立艺术形态。❶

　　但是，新媒体艺术形态既已确立，却不见相适应的展览策划体系来运作支撑。在当时，这一现状着实令人尴尬。在2004年以前，这种迷茫体现在四个方面：其一，国内与新媒体或数码艺术相关的交流平台不足，这可能在很大程度上迟滞了新媒体艺术的创作活力；其二，国内已有的艺术展览活动中，数字艺术品的创意表达形式有限、创新力不足，大多数还停留在网页制作及CG插画的探索中，交互性、沉浸感并未充分实践；其三，国内从创作者到观众，普遍欠缺对新媒体艺术领域经典作品、形态及观念的认知，与国际发展动向亦无接轨或观察的机会，创作中对艺术和技术趋向上的焦点问题缺乏共识；其四，业界、学界尚缺乏对"新媒体"的理论梳理和系统认知。

　　有感于这样的缺失，人们越来越意识到新艺术形式给展览带来的空前挑战和机遇。技术、媒材的新应用使传统展示经验难以全面支撑新媒体艺术的观念性创新。中国日益需要某种——学术研讨与展示实践相结合的探索形式，以在观念和感观上合力给观众带来革新式的领悟。

　　2003年，任教于纽约帕森斯设计学院的张尕回到中国做短期访问，经老艺术家袁运甫先生牵线，他结识了清华大学美术学院教授鲁晓波。二人都曾于德国学习造型与设计，有感于国内的新媒体艺术与信息化时代的差距，决定合力将欧美新媒体艺术探索引入中国，在北京搭建具有国际视野的新媒体艺术平台。那时中华世纪坛世界艺术馆初具规模，其数字艺术馆率先具备了信息化展示能力。各方面因素的碰撞与聚合，使"新媒体艺术"首次成为艺术展览的核心付诸实施。

　　2004年5月下旬，"引领前沿——首届国际新媒体艺术展暨论坛"在中华世纪坛开幕。活动由清华大学美术学院、卡尔斯鲁厄艺术与媒体中心、荷兰V2新媒体中心共同主办。与以往艺术展的审美或观念性气息不同，活动具有浓厚的互动氛围，当时的媒体报道："几块绿色的围板围成一个空间，站在

---

❶　姜申. 新媒体艺术的异质与传播思辨——作为新的艺术形态而独立存在[J]. 吉林艺术学院学报, 2019(3): 66.

这个一无所有的空间里，面对一米开外的大屏幕，伸出你的手，屏幕上就会出现一只虚拟的手，做按下按钮的动作，随意做出各种姿势，对面屏幕上就会出现你在水里、空气中等不同状态下的姿势，让你体验到一种真实空间与虚拟空间合为一体的奇妙感受。这是首届国际新媒体艺术展中一个虚拟互动演示。"❶可见，装置的交互性为当时的观众带来前所未有的观展兴致。同时展览又具备浓厚的学术意味，国际新媒体艺术展暨论坛由全国九所美术学院及欧美近二十所大学参与协办，形成一个中外媒介艺术表达的融汇之地。其目的是创造一个建设性的对话机制，以促进中国艺术工作者在数字艺术的创作和理论建设等方面，同世界新媒体发展的前沿趋势形成动态的交流和互动。

翌年，鲁晓波、张尕携手中华世纪坛再次组织"飞跃之线：世纪对话——第二届北京国际新媒体艺术展暨论坛"（2005），使之成为一个延续性的新媒体艺术品牌盛会。这次活动有更多世界顶级的新媒体研究机构加盟，如奥地利电子艺术中心（Ars Electronica）、澳大利亚NOVAMEDIA新媒体艺术社、日本交互媒体中心、加拿大班夫艺术中心以及西班牙媒体艺术与设计中心等。与第一届主题的"历史回顾"相比，第二届更加注重新媒体艺术创作的当下演绎，展览在资金、筹备、规模、观众认同度等各方面有了相当的提升。❷人们开始认同"新媒体艺术"这个模糊的概括性词语，其数字交互形态开始博得国内的普遍认同，在征集作品时国内很多艺术家及高校的参与热忱超过了主办方的想象。作品方面逐渐摆脱单一的二维数字化呈现，着力于互动装置的探索。展览中，西方作品的引领和启迪，与中国作品的附和与学习交相辉映，使人为之一振。

随着经济的高速增长，中国的数字技术应用已逐渐与世界同步，信息产业的不断壮大，孕育着社会发展和艺术创造的巨大机遇。中国的艺术将不可避免地像世界其他地区一样，面临数字时代的挑战。在此背景下，"飞越之线"就成为一种可能性、一个多重化的机遇、一个开放的拥抱以及一个超越的起点。展览围绕"飞越之线"这一主题展开，其意旨聚焦于最富创意的艺术视

---

❶ 顾淑霞.首届国际新媒体艺术展暨论坛开幕[EB/OL].清华新闻网，2004-05-28.
❷ 鲁晓波，张尕.飞跃之线（世纪对话2005第二届北京国际新媒体艺术展暨论坛）[M].北京：清华大学出版社，2005.

野，映现出时代的急迫，检讨文化及社会之整合与分异的全球性趋势，揭示出在重显活力的人文传统之下崭新的审美尺度及其潜能。展览不仅吸引了大批国际知名的艺术家、高校（如哈佛大学、MIT等）和前沿的媒体艺术机构，也同时受到国内高校和新闻媒体的广泛关注，引起一定反响。❶

　　紧接着，2006年第三届北京国际新媒体艺术展再次启幕。有了前两届的学术普及，人们似乎对"新媒体艺术"的概念有了些许积淀，故主办方尝试弱化学术论坛，从而强化作品和展览的魅力。这次展览主题鲜明，围绕"代码：蓝色"试图寻求中国古代"郑和下西洋"所拥有的海洋意识和在当今日渐交融的国际框架下积极介入并参与全球文化交流之间的内在联系，体现一种以蓝色为精神象征的开放、透明、宽容和超越的姿态。通过引介海内外新媒体技术所带来的艺术生发，"着力审视日益强化的全球信息、媒体与艺术的融合，反思21世纪在新地理文化图景与新经济群体出现的环境下社会与技术网络的重组，探求网络时代中新的艺术创作路径。"❷

　　从2004年到2006年，连续三年的"新媒体艺术"洗礼，对中国当代艺术创作与受众参与的影响是深远的。这不仅激起艺术创作者和观众对新媒体艺术的热忱与兴趣，也在观念认知上为国内新媒体艺术的生发提供了展现和讨论的平台。此展览在很大程度上增进了中国在国际新媒体艺术交流中的参与度，中西创作观念开始碰撞、融汇。清华大学美术学院的全方位介入，带动了全国艺术院系参与新媒体艺术的热忱。中央美术学院、中国美术学院、广州美术学院、中国传媒大学、北京电影学院、北京航空航天大学、中国人民大学、北京林业大学、北京科技大学、北方工业大学、北京服装学院、中国戏曲学院、北京印刷学院等陆续响应，开启了学界、教育界对新媒体艺术的理论思考、探索和批判，并各自布局、筹建自己的新媒体艺术科研力量。

　　遗憾的是，由于资金调配问题，"北京国际新媒体艺术展"在连续举办三届之后偃旗息鼓。张尕和鲁晓波又各自开辟了新的策展领域，为新媒体艺术在中国的呈现做出新的贡献。

---

❶ 姜申. 中国的数字媒体艺术展示及其传播简史——写在首届北京国际新媒体艺术展十周年之际[J]. 艺海，2013(10)：106.

❷ 鲁晓波，黄石. 新媒体艺术——科学与艺术的融合[J]. 科技导报，2007(13)：31.

第五节　新的征程

2008、2011和2014年，张尕受范迪安邀请，在中国美术馆连续策划了三届"国际新媒体艺术三年展"，成功地延续了"新媒体艺术"的中外展示与交流平台。如2008年6~7月，中国美术馆主办的"合成时代：媒体中国2008——国际新媒体艺术展"（策展人：张尕；制作总监：李振华；顾问：张培力、马刚、鲁晓波等）就反映了国际新媒体艺术发展前沿的观念性，有来自30个国家和地区的40多件新媒体艺术品参展。为此，中国美术馆动用了9个展厅，4500平方米的室内空间和近3000平方米的室外空间，体量巨大、规模空前。❶展览内容包括四大主题：①身离其境——试图描绘在拓展物质身体方面，艺术努力的多种途径。以跨基因的幻想以及生物电子的来世，重新定义人和机器的共生现象，展现出当代艺术对主体性反思的观念趋向。②情感数码——探讨数字化生活中，机器装置与自然之间的情感和互动。酝酿出艺术与生活、数字化与人类之间的彼此交融、和谐沟通。③现实重组——经由技术的渲染，虚拟现实、混合现实以及光学环境向我们揭示出现实的艺术新思维，现实重组被逐渐证明是因超越现实而拥有其确切感。④无处不在——网络化状况已成为深入现实、包裹社会一切元素的联结之膜。艺术作为对这种复杂关系的某种质询，将思考带入公共与隐私、控制与背叛、执行与漏洞……之间敏感的语境之中。

由于本章探讨的是策展观念的生发，有关具体的作者、作品阐释，我们在此不做赘述。张尕于2008年中国美术馆展览期间，接受《装饰》杂志采访时讲"新媒体是一个很广泛的概念，以前我们说录像媒体、绘画媒体，都很具体；而新媒体的定位方式就不同，它是相对于'旧'而言的，是一个不稳定的、变化中的概念。在今天这个时代，所谓的新媒体就是数字媒体。但它的概念还在延伸，以后的新媒体可能会是基因媒体或是生物媒体——我们现在的新媒体就会具体化为数字媒体，新媒体的概念就变化了。"❷由此我们看到策展人视野中的新媒体艺术观念并未形成"闭合"的取向，而是秉持某种模糊、开放的姿态，迎接它的不断蜕变。当被问及新媒体艺术在西方艺术史上是一

❶ 张尕.合成时代：媒体中国2008——国际新媒体艺术展[EB/OL].中国美术馆专题网页，2008-05-25.
❷ 朱亮，李云.新媒体艺术的冲击和境遇——合成时代：媒体中国2008国际新媒体艺术展展人张尕访谈[J].装饰，2008(7)：63.

个怎样的位置时，张尕又说：

其实新媒体艺术的概念是20世纪90年代中前期才开始的，因特网出现以后才出现的。它的前身是电子艺术，甚至可以追溯到20世纪初电影的出现，也可以追溯到20世纪20年代的无线电广播艺术、60年代的录像艺术、70年代的卫星艺术，这是一条脉络，是利用技术、传播媒介作为表述的形式。还有很重要的内容是其中"互动"的概念，现在我们是用技术条件来实现人跟机器的互动，而当初在20世纪50~60年代激浪派出现的时候，他们提出的概念是社会互动，就是艺术家和公众的互动，艺术家和观众之间产生了一种新的关系，这是我们现在技术条件下互动的基础。因此可以说，新媒体艺术是前卫艺术的延伸，如果说前卫艺术还存在的话，那它就是前卫艺术的最新表现之一。

其实，新媒体艺术在西方还处于一种边缘状态，它不是在博物馆系统里面，也不是在艺术市场里面，它甚至是被排斥的。而在中国的国家美术馆里面，却举办这样一个十几年来世界范围内最大的新媒体艺术展，这本身就说明很多问题。❶

张尕的话验证了21世纪初，中国艺术展示机构在财力、组织能力上的文化前瞻性，从一个侧面说明当时中国的新媒体艺术策展并不比国际落后，甚至在展示规模和组织能力上占有明显的优势。而谈到中外新媒体艺术整体观念的比较时，他又说：

相比较的话，中国是一个实践的传统，西方是一个实验的传统，反映在具体的作品上，中国艺术家比较重视效果，西方艺术家注重研究，注重过程。中国艺术家的作品可以很漂亮，注重审美。但西方艺术家更注重如何达到一个实验的目的，甚至没有目的，就是为了做实验，这里面体现他们的一个思辨的传统。

中国艺术家针对一个社会问题、文化问题进行反思，而不是思辨，反思很直接，对某一个事件发出议论，而西方人不针对具体的问题，而是在认识

---

❶ 朱亮，李云. 新媒体艺术的冲击和境遇——合成时代：媒体中国2008国际新媒体艺术展策展人张尕访谈[J]. 装饰，2008(7)：63.

论或本体论的角度，在一个大的哲学框架里面来进行思辨。我出国比较早，知识系统是在国外建立起来的，职业生涯是在国外开始的。这次策展的角度也不是针对一个具体的文化现象，而是在认识论层面上，探讨人在当今社会中的生存状态。❶

这段话说明，中国的新媒体艺术从策展观念构建的一开始，便具有某种类似西方的宏大框架或思辨视角。新媒体艺术观念中本体论、认识论的切入角度，是由张尕等人带入并逐渐在创作观念发展中获得释放，最终逐渐与中国艺术作者的文化反思相融汇。西方的宏大框架，集中体现在上面谈到的"合成时代"中所设置的四个不同的主题，即"身离其境""情感数码""现实重组"及"无所不在"。它们分别关注技术条件下人自身的概念延伸、人与机器的联系或关系、人与现实的关系（如虚拟、沉浸或混合共存状态）以及人与社会的关系——探讨新兴的网络时代中社会空间的变革与挑战。因此，总的来说"合成时代"就是要探讨科技带动文化飞速递进之时，人会走向何处？这是一个何其宏大的时代议题！这种主题框架形态，我们在侯瀚如参与威尼斯双年展时已谈到——它是一种策展态度由作品集成向观念集合的转型趋向。中国的新媒体艺术，由于张尕的介入，在策展的层面上较早地具备了宏观思辨与微观反思之间的对话契机，冥冥中促进着中西创作意识的碰撞。

而对蒙昧时刻的新媒体艺术，策展人又抱着乐观的期待：

中国现在还刚刚起步，那就意味着有很大的可能性，如果是成熟了，那可能就意味着面临衰退。萌芽状态是美好的，我也希望这个展览能对国内的艺术家有所触动，激发他们的想象力和创造力，摆脱单纯的二维平面的表现。我也希望它能对目前中国的艺术界有一个好的触动，因为现在艺术界还是比较浮躁，这是相当可怕的一件事情，似乎都想一夜之间成为大师，大师不是那么容易做的，它需要非常严谨的态度和探索、钻研精神。❷

三年后，张尕如约而至，"延展生命：媒体中国2011——国际新媒体艺术三

---

❶ 朱亮，李云. 新媒体艺术的冲击和境遇——合成时代：媒体中国2008国际新媒体艺术展策展人张尕访谈[J]. 装饰，2008(7)：63.
❷ 朱亮，李云. 新媒体艺术的冲击和境遇——合成时代：媒体中国2008国际新媒体艺术展策展人张尕访谈[J]. 装饰，2008(7)：63.

年展"再次于中国美术馆启幕。盛夏中，展览囊括了23个国家和地区的53件作品。面对环境恶化、气候变化以及生态污染等问题，人类的生存环境日益受到严峻挑战。张尕在"延展生命"中融入了观念性策展的意图，尝试透过独特的生命视野与哲学参悟，展开对人与自然关系的主体性法则的批判与反思。展览通过艺术想象唤起观众的参与意识，并从中领悟自然为主体的人文理念。

在2011"延展生命"中，除13件"天气隧道"特别项目作品外，剩余40件作品被分为三组，呈现于相互联系的三个主题之下——惊异之感、临界之境、悬迫之域。"展览以层层递进的构思，将对于感官世界的新发掘所揭示的认知的扩展，延伸到因多种生命形态的涌现所带来的有关生命的新的含义的解读，进而对以生物多样化为基础及物种共生为条件的生态重塑理念给予启示。同时展览也试图对导致生态和环境危机的历史缘由和哲学背景进行思考，就现代主义运动所催生的主体性以及由此所孕育的人类中心论提出质疑。"❶展览的同时，还在尤伦斯当代艺术中心举办了三场与展览主题相对应的学术论坛，由张尕领衔主持，并邀请作品创作者或新媒体艺术机构的负责人发表演说。论坛的主旨聚焦于类似的观念性"问题意识"，即"人类是自然的中心么？如何认识周边的生态环境？人工生命与其他物种有何关系？生命是否可以得到延展？生态和环境危机是由什么造成的？其历史和哲学背景是什么？人与自然的命运永远是人类文化中难解的主题。"❷面对日益严峻的生存环境与气候污染，面对生态危机的全球蔓延，艺术家们透过展览给出了各自的反思。

又过三年，"齐物等观——2014国际新媒体艺术三年展"继续前行，于2014年6月10日在中国美术馆亮相。从2008年的"合成时代"到2011年的"延展生命"，再到本次的"齐物等观"，六年间我们可以窥探到策展团队在三年展系列中所灌注的心血与观念性延续。

时任中国美术馆馆长的范迪安可以自豪地讲："中国美术馆作为全球第一个将'新媒体艺术'列入学术视野，并成功实现三年展规模的美术馆。"❸进而他讲到观念性命题的核心："新媒体艺术"不仅仅是媒介技术在物化工具上的更新，它更是艺术媒介语言的拓展。透过新技术、新媒介、新的语言形态，艺术作者们敏锐地驱动着思维的触角，将观念引向新的命题。

---

❶ "延展生命：媒体中国2011——国际新媒体艺术三年展"策展人语。
❷ 佚名.惊异之感——延展生命：媒体中国2011——国际新媒体艺术三年展论坛[EB/OL].论坛专网，2011-07-11.
❸ 范迪安所作"齐物等观——2014国际新媒体艺术三年展"展览前言。

2014年的"齐物等观"新媒体艺术展尝试由表及里、由现象逐渐深入本质的思路，引导观众在高技术条件下展开对"物"之含义的哲思。在物之存在中了解世界，是人类思维之惯性。视觉之思亦联系着观看的主体，人由"物"透露出自我的心绪与心境。展览在"齐物"主题之下又分为三个部分进行阐释——"独白：物自体""对白：器物之间"和"合唱：物之会议"。这体现出物在不同维度间的关系与张力以及人与物之间的原始联系。人们有机会刺探生命体的微观世界，体验不同于"自我"的客体性存在感；也可以参与艺术创作的过程，体验不同作品形态对自然的参悟与互动意识。"齐物"还联系着西方的高技术审美观与东方传统中人与自然的和谐统一，对挖掘艺术观念中的中西合璧有着重要的启迪。

张尕在策展人语中这样描述"齐物等观"：

世界是个物的世界。假如没有了物，也就失去了表述，解读及评议，将不再有激发想象，编织表象的意指，也将没有了社会和文化。世界是个物的世界。汉语里，"物"即为"东西"，是华人意念中"东"和"西"这横跨想象中地理两极间的无限。"物"即"一切之所有"。

本次展览以三个相辅相成的分主题展开。"独白：物自体"揭示在技术条件下，物以其栩栩如生的形态呈现自在之意；"对白：器物之间"则将物与物间的相互依存，彼此作用的内在逻辑看作意义萌发的新场所；"合唱：物之会议"进一步展现一个囊括万物的大千世界，在此，物的范畴扩展至历史，宇宙，生态，数据，记忆等构成世界的有形与无形之存在。展览以物，器，人贯通一体的"齐物等观"的视野，并以技术媒体独有的潜力触发物之能动性，回应目前知识界对于包括非人类主体在内的多重主体的反思，为庄子"齐物平等"的大同理念注入当代解读与启迪。新媒体艺术所揭示的自在、自创、自生及自主的活力，对于摆脱媒介工具论的固有思维并颠覆被符号及语义解析垄断的艺术评价系统，拓展艺术想象新的可能，构建美学的新表述提供了契机。❶

通过策展的方式，张尕将自己对新媒体的思考融入更为宏大的艺术呈现

---

❶ 张尕."齐物等观——2014国际新媒体艺术三年展"策展人语[EB/OL].中国美术馆网站，2014-06-09.

和组织行为之中，带来系列化的哲学思考和意念延伸，使人意识到"策展"本身也可以成为某种"创作"实践，并具有与艺术观众更好的沟通潜力。可叹的是，由于种种原因，2014年以后，这个系列三年展没能延续下来。张尕随后受聘于中央美术学院，继续着他的"策展创作"。

而另一位展览组织者——鲁晓波，则更具坚守和延续性。他早年毕业于中央工艺美术学院，后留校任教并被派往德国深造。设计艺术学出身，使他对工业科技的进步更为敏感。1999年中央工艺美术学院正式并入清华大学，也让科学界与艺术界有了高等学术碰撞与融汇的契机。

那时正值清华大学90周年校庆，由物理学家、诺贝尔奖获得者李政道和著名艺术家吴冠中倡导，清华大学决定在中国美术馆举办首届"艺术与科学国际作品展暨学术研讨会"。李政道讲："科学和艺术的共同基础是人类的创造力，它们追求的目标都是真理的普遍性。"而吴冠中说："科学揭示宇宙的奥妙，艺术揭示情感的奥妙。"这次展览声势浩大，在2001年5月底开幕后，党和国家领导人以及来自国家各部委、科技界和文化艺术界的著名专家和学者，先后到现场参观。该活动的意义非凡，它使人们将原本分立的艺术与科学观念汇集起来，认识到艺术和科学是一个硬币的两面，二者不可分割。艺术与科学虽然研究的角度不一样，但都是在追求真理。活动也为科学界与文艺界的交流搭起桥梁，李政道、吴冠中牵头的学术委员会中，囊括了杨振宁、钱学森、贝聿铭、吴良镛、季羡林、张仃、靳尚谊、平山郁夫、常沙娜等40多位国内外著名学者，充分显示了21世纪中外科学家、艺术家联手探索和谐发展的信念与理想。❶ 在首届艺术与科学作品展中，参展作品还多是以科学、实验现象所衍生的艺术表达作为创作灵感，那时虽然在技术与媒介进化特性方面，和今天的"新媒体"尚有相当的距离，但它毕竟表达了技术与审美在观念上结合的可能。

到了2006年冬，第二届艺术与科学国际作品展时，情况就大不一样了。已经在中华世纪坛组织了连续三届"北京国际新媒体艺术展"（2004~2006），鲁晓波带领的清华策展团队在眼界上已开阔许多，国际联系也大为拓展。这次艺术与科学展览集中了来自21个国家60余所高等院校及研究机构的212件作品，艺术形式拓展到计算机交互艺术、虚拟现实艺术、动画艺术、网络

---

❶ 佚名. 第一届艺术与科学国际作品展暨学术研讨会——历史回顾[EB/OL]. 清华大学艺术与科学研究中心网站，2009-06-17.

艺术、生物艺术以及体现艺术与科学相结合的其他衍生设计及美术形态。其中交互作品成为一个重要的增长点，如奥地利艺术家克里斯塔·佐梅雷尔（Christa Sommerer）与法国艺术家劳伦特·米尼奥诺（Laurent Mignonneau）合作呈现的 *Life Spacies II*（《交互式生物模拟装置》）、日本作者卡尔·威利斯（Karl Willis）创作的 *Light Tracer*（《参与式光轨绘画》）、新加坡作者带来的 *Periphery*（《悬挂屏幕互动装置》）等。数字交互性艺术装置的介入，使这个展览系列开始作为重要的新媒体艺术展示平台而示人。也就是在2006年前后，数字化程序介入的可视互动形态开始跃入普通观众的眼帘，人们对艺术的认识开始脱离表象化的科学可视化，而进入到某种参与式的、过程性探索之中，这是"新媒体艺术认知革命"的第一次跃升。

而第二次跃升则发生在2011~2012年，以张尕策划的"延展生命：媒体中国2011国际新媒体艺术三年展"和鲁晓波倡导的"信息·生态·智慧"为主题的"第三届艺术与科学国际作品展"（2012）为推动力。新媒体艺术认知的进化具体表现为由交互的行为过程层面，上升到对艺术所联系着的人与环境之间的观念性层面的认知。也就是说，交互不再局限于耀眼夺目的表层光鲜，它的内在观念具备"可解释性"并引起人们在本体论或认识论范畴中广泛而深刻的共鸣。

例如，在第三届艺术与科学国际作品展上，德国费斯托公司带来一只翼展2米、重量却只有450克的白色"机器鸟"，它能像真的鸟一样翱翔于天际；又如以象鼻为灵感设计的工业抓取机器人能实现多维度灵活操控。这些作品在表面上看起来只是现代工业的"仿生"之作，但背后却预示着人与自然关系的某种改变。在现代工业社会里，以理性知识为基础的人早已走出蒙昧、建立自信，将地球打造成一个工业化的世界；然而作品也提示出人的智慧是有限的，向自然界虚心学习，使人重新成为自然的一部分，甚至依靠我们的智慧来反哺自然，才是和谐人居关系的未来。

另一个来自荷兰的作品"海滩怪兽"全身由塑料管搭建，可完全依靠风能驱动在海滩行走，足底末端的塑料管触角可以感知沙滩的湿度，自主确保沿海岸线行走。如果只把其看作"风动雕塑"就过于表面，当作者分享"海滩怪兽"的经验时，提及它在荷兰海滩遇到大风，被吹到很远的地方，当地居民热情地拿着各种工具试图修好它却无从下手时，观众才会意识到这个作品的"生命价值"以及其在工具理性中缺失的哲学微光。瑞士互动作品"点燃我的激情"可由观众尝试在墙面擦燃火柴，瞬间绽放出十米高、绚丽多彩的数码烟花。在它背后，深层次意象在于验证视觉文化生产力发展到虚拟阶段能否顺畅地与人的情感相对接。又如中国作者黄石、李敬峰的作品"空窗子"，使体验者戴上脑电波感应器，透过意念操控脑波引导的蝴蝶影像在动画竹林中上下飞舞。意念互动中所体现的中式山水动画意境，使交互的层次由脑电科学实验上升到中华文明在传统意蕴中的精神回味。

到2016年，鲁晓波继续主持第四届艺术与科学国际作品展，策划思路是以"与达·芬奇对话"的方式展开对新媒体艺术前沿的探索。策展团队精心从国外引进列奥纳多·达·芬奇的60幅《大西洋古抄本》手稿真迹以及按照手稿所复制的模型装置，并将这些珍贵的资料与当代国际艺术与科学领域最新的艺术创作并置呈现在一起。文艺复兴时期著名艺术家对科技与艺术结合的奇思妙想在今天以模型的方式复活，充分证明艺术创作中的技术视野和科技理想早已深植人类文明探索的血脉之中。这一构思"跨越时间与空间界限，探寻物质与非物质因缘，激起东西方文化思潮碰撞，启迪人类文明时代方向，用'穿越'的勇气和眼光去寻找和发现其中隐秘的哲学意义和现实思考。"❶展览用"历时性回溯"的形式将媒介装置艺术的灵魂推演至古代，尝试在新媒体艺术的共时性层面以外做纵向的时间延展，这也是策展观念上的一次前卫性尝试。

鲁晓波在新媒体艺术策展方面的贡献，一个很重要的方面在于时间上的持续性，即观念性的持久延续。2019年11月第五届艺术与科学国际作品展在中国国家博物馆开幕，这时我们的观察研究虽几近结束，已来不及对它进行全方位的细细品味，但仍能从其主题"人工智能时代的艺术与科学融合"一窥其观念性进化的趋向。在展览进行的同时，多位世界顶级的新媒体艺术创作者或学者参与了论坛讨论。如奥地利林茨艺术大学教授克里斯塔·佐梅雷尔（Christa Sommerer）在主旨演讲《艺术的相互作用——创造全新的交互场景》中提到如何"通过自动化创作和开放创作，呈现智能生命和人工智能创造互动性艺术作品的多种可能"。另一位著名新媒体艺术家雷菲特·阿那多（Refik Anadol）在其主旨演讲《机器视角中的空间：用数据和人工智能创造艺术》中谈道："数据作为创作的重要元素，与空间体验的紧密联合"。凡此新近之种种，使我们

---

❶ 佚名. 对话达·芬奇——第四届艺术与科学国际作品展[EB/OL]. 清华大学艺术博物馆网站，2017-03-20.

想起鲁晓波在第五届艺术与科学国际作品展开幕式上提到的观念"或许在不久的将来,艺术也不再是人类专属"❶。的确,策展不只是对观念的引领,更是对观念性未来的开放式预判。冥冥中,这也是当下的策展实践对于本书所讨论的新媒体艺术趋向的一个观念性佐证。

当然,新媒体艺术策展的舞台,是宽阔而泛在的。在邱志杰、李振华、顾振清、侯瀚如、张尕和鲁晓波以外,在最近的二十年里还有很多策展人默默耕耘、精心维系着新媒体艺术这个新兴的创作群落。

如在高校层面,北京电影学院刘旭光教授自2006年前后便开始推动学院派在新媒体艺术展示中的参与。在他和同事们的努力下,"北京电影学院国际新媒体艺术三年展"系列展览品牌已举办四届并一直延续至今。2012年广州美术学院在番禺大学城校区举办"新媒体视觉交互体验展"。2015年冬,武汉理工大学于西院(西校区)举办"印—踏:新媒体艺术展"。2017年,天津美术学院(移动媒体艺术系)联合中央美术学院、西安美术学院,于天津共同举办"超形式:新媒体艺术展"。2018年,中央美术学院也在其美术馆筹划"北京媒体艺术双年展"。2019年,四川美术学院在大学城美术馆举办"在路上·中国青年艺术家媒体艺术作品提名展"。

在机构层面,阿拉里奥画廊(北京)早在2007年便推出"可持续幻想·中国媒体艺术系列展览"。2010年夏末,上海中山东路上的"18画廊"举办新媒体艺术周,邀请徐文恺、胡介鸣、颜晓东等国内艺术创作者与比利时新媒体艺术家进行现场交流与展示。2011年夏,宋庄美术馆(北京)在栗宪庭、张海涛等策划下举办"虚实同源——2011北京新媒体艺术年展"。同年12月,阿拉里奥画廊举办"敬我们的时代·无限:冯梦波、缪晓春双个展"。2012年3月,首届"中国广州新媒体艺术博览会"在广州琶洲国际会展中心启幕。同年夏,顾振清联合海峡两岸艺术群体,在北京工人体育场策划"任我行:新媒体艺术群展"。其后,宋亮在北京CBD郎园Vintage创意园区策划"2014无界代码:国际青年新媒体艺术展";翌年又在葫芦岛首创龙湾艺术中心延续了这个系列的展示,名为"无界代码Ⅱ——2015国际青年新媒体艺术展"。2015年起,张尕受邀于李振华、胡介鸣创办的上海新时线媒体艺术中心,联合颜磊举办多场新媒体艺术展。2019年12月,马珏在上海浦东昊美术馆隆重策划

---

❶ 佚名. 共商、共建、共享——第五届艺术与科学国际作品展暨学术研讨会隆重举行[EB/OL]. 凤凰网资讯频道, 2019-11-4.

"www和中国新媒体艺术三十年——美丽新世界：张培力、汪建伟、冯梦波三人展"，在其"策展人语"中我们仍然能感受到"机构策展"对历时性观念的塑形与凝聚之力。

在万维网诞生及"中国现代艺术大展"之后三十年的今天，影像和数字艺术日益成为当今公共文化空间中不可忽视的力量。昊美术馆计划在三年内以三次展览和跨学科论坛及专著出版的方式重访中国新媒体艺术在这三十年当中的重要节点。昊美术馆将联合艺术家、机构、学者等各界力量，以作品现场、文字著述、议题论辩等方式，在不同学科和领域之间，在学术和思想层面对文明的传递和嬗变、中心和边缘的移动和分化、技术与未来与共同体之间的关系等问题展开讨论，期望对媒介和事件给予思想性的解读，以此为基础把握和定义当代生活的本质，以及思想文化的脉络和方向。

在中国当代艺术开始被认知的过程中，张培力、汪建伟、冯梦波的工作具有鲜明的探索性和突出的前瞻性。张培力将话语与信息的传播和控制、私域与公共的错位、意义转移下的观看与被观看等等，以极端现实的手法呈现出来，显现了长时段背景中权力定义下的个体命运。汪建伟通过一系列的影像和剧场表演以及装置和雕塑将中心和语意的漂移、主体性的颠覆和再造以超链接的方式带给观者。冯梦波以电子游戏、互动装置、视频与音乐表演等技术与美学的交叉为当代艺术注入了新鲜的血液，同时与地缘、时代和身份的另类表达相嵌合。在技术、媒介发展进步和相对成熟的今天，他们当年工作的超前性和实验意义才具有了充分显现的条件。而作为对媒介和观念有着深刻自觉意识的艺术家，他们一直持续的创新活动将会产生越来越深远的影响。❶

在地缘方面，新媒体艺术的展览活动也被地方政府用来提升地区竞争力和区域文化软实力。如中国香港自20世纪90年代就开始举办一年一度的"微波国际艺术节"，后来拓展为"香港微波国际新媒体艺术节"，这项活动不断联系着内地、中国香港与国际的新媒体艺术创作力量。又如2010年，武汉市人民政府牵头，指导华中科技大学、武汉理工大学、德国卡尔斯鲁厄国立设计学院联合主办"数字互动设计国际论坛暨2010当代新媒体艺术国际邀请展"。2015年，

---

❶ 佚名.美丽新世界[EB/OL].昊美术馆网站，2019-12-13.

在北京电影学院新媒体艺术实验室的支持下，"本真叙事：石节子国际新媒体艺术展"在甘肃开幕，新媒体艺术尝试迈向广阔的农村，将创作视野投向新型农村及其当代文化生活，讨论新媒体艺术的互动如何深入农业文明与农民现实之中寻找艺术本真。2017年末，重庆市合川区也组织了新媒体艺术节，并尝试将其做成可持续的展览项目。同年初冬，四川美术学院联合意大利罗马市文化主管部门，共同主办的"流动的时光：中国新媒体艺术展"在罗马圣乔瓦尼拉特兰诺广场74号拉开帷幕，尝试将中国的新媒体艺术输送到国外，让中国故事走出去。类似的有关新媒体艺术的策展和传播实践活动还有很多，在此难以一一列举。

总的来说，21世纪以来新媒体艺术的展览实践在中国经历了大致四个阶段：

首先是1999年至2007年的"先锋探索阶段"，以邱志杰、侯瀚如的内外呼应为先导，对艺术展陈形态的数字化做先锋式探索。这一探索很快得到李振华、顾振清等人的响应，在国内燃起星星之火。之后，张尕、鲁晓波等人扯起"新媒体艺术"策展大旗，得到艺术界与学术界的广泛响应，中外交流与互动由此展开。

其次是2008年前后的"概念普及阶段"。两次国家层面的盛会为新媒体概念的普及做出重要贡献，即2008年北京奥运会开幕式以及2010年上海世博会的举办，新媒体技术通过展示和应用，对公众进行了大范围的认知普及。人们开始在展会及其他重大活动中期待一类融合声光电的新颖的视觉文化盛宴。"科技带来惊羡之美"开始深入人心，大众开始对高技术背景下的艺术创作与展示活动抱有热忱。

再次是2009年至2016年的"艺术深化阶段"。这一时期，艺术展示中的新媒体性开始向观念阐释的深度拓展。张尕、范迪安、鲁晓波、刘旭光、张海涛等开始以规模化、系列化策展的眼界来介绍和引导新媒体创作的命题和反思，认识论、本体论的框架逐渐清晰，人们在"浅表互动"之余开始深入作品背后、探索观念性表达的深意。

最后是2017年以来的"市场运作阶段"。在交互已深入人心的时代，以日本新媒体艺术团体Teamlab的"花舞森林与未来游乐园"为代表，近些年来一些艺术机构对新媒体艺术的商业潜力有所挖掘，举办了相关的互动体验展览。市场的热忱使新媒体艺术的展览不再局限于公益性审美传播，而步入商业艺术范畴。于是，2017年这类展览业态陡然升温，在798艺术区的佩斯北京画廊投资百万元进行布展，从日本引进Teamlab的"花舞森林与未来游乐园"，该展览的门票市场标价达150元，而展场门外仍排起长队，可见观众的消费热情。同年夏，今日美术馆与小米公司合作推出一场名为".zip未来的狂想"新媒体艺术展，在商业盈利的同时也探索新媒体艺术与品牌公关活动的融合性体验。

当然，从目前的展示实践来看，"艺术深化"与"市场运作"之间似乎存在着一定的矛盾。如2017年法国策展人卡斯特里在"身体·媒体Ⅱ"新媒体艺术展（上海当代艺术博物馆）上曾毫不客气地批评新媒体五彩斑斓、声光交互的外在形态不应是策展所追求的主要目的。"互动应当让展览变得更加丰富，但很多时候恰恰相反，它让展览变得贫乏无趣。与其靠"幼稚"的互动项目吸引观众，不如给艺术家更多创作的空间。与成熟的创作相对应，观众也需要理性地、专业地审视新媒体艺术作品。"❶卡斯特里的最后一句，实际上是对观众抱有期待的，希望受众的欣赏品味能随着艺术策展的脚步逐渐提升，否则新媒体艺术展览的未来可能会变作一个装饰高档的"游艺厅"。如何面向观众、了解观众、与之展开观念性对话，是新媒体艺术策展未来所需面对的一个崭新课题。

---

❶ 隋永刚，胡晓玉. 走到十字路口的新媒体艺术[N]. 北京商报，2017-07-13.

第七章

观念的"主体性"嬗变

新媒体艺术中对"主体性"的反思,是其本体观念传播的核心趋向。新媒体艺术特征里的很多因素,如参与性、交互性、沉浸性,其背后凝结的观念性价值,都与"主体性"变化密切相关。本章由"前置现象"为开端,通过观察新媒体艺术的表达新意,使其与传统艺术进行比较,指出不同,进而挖掘现象背后——由先验到激浪、由结果到过程、由时空分立到时空统一、由作者主导到观众体验的艺术观念内核的转变。

第一节 观念:烦琐、复杂而混沌的美

步入新媒体艺术展场,我们会感觉到它与传统画廊的不同。很多情况下,它不再直观地表达审美,而是以其观念内蕴示人。观念通达的表象是多种多样的,比如:

有时,作品被安置在一个或明或暗的小隔间里,空旷的环境,安静而诡秘,给人一种"步入现场"的仪式感。它不像生活中偶然所得之物那般随意而普遍,反倒是空间场景的肃穆,营造出"等候"的互动仪式性。这种仪式感迫使观众更加专注、认真地投入精力去与它"相处"。这说明新媒体艺术注重"场域",具有"现场性"。

有时,作品看上去像一架数字化、高科技的机器,各种线路、指示灯密集堆砌——复杂、烦琐而混沌。装置的美,不是外在直观的,必须从技术的视角、由内而外地品鉴。它促使你去尝试、去操控、去把握,只有与它发生关系,按照你的指引驱使它做出运算,才能了解装置的用途、意义和目的,才能体会到艺术背后的观念。这说明新媒体艺术重视观众的"参与性"。

有时,艺术的表达是协作、交流而互动的,观念性的美感不由作者的经

验或程序设定而决定，观展乐趣体现在观众之间的交流与默契。人与人、人与对象、人与时空叠加的印记，呈现出动态的过程性美感，千姿百态、转瞬即逝。这说明新媒体艺术提倡在"过程性"中构建"社交群落"。

也有时，新媒体艺术是"佩戴"、体验而忘我的。它邀请观众佩戴某种设备（如VR眼镜、耳机或失重装置等），体验某种覆盖掉"现时空"的忘我的情境，或将观众置于一个宏大的数字化情境之中（如元宇宙）。这突显出新媒体艺术的"虚拟性"和"沉浸性"。

还有时，新媒体艺术拒绝平庸、拒绝解释，它怪诞、奇异而充满迷惑性，让人不明所以。拒人于千里之外的冷漠感，反倒使人难以释怀，心中惴惴不安、念念不忘，却仍无法准确地捕捉到作品背后的真实用意。作者目的的隐匿，说明新媒体艺术观念中具有"不可通约性"，作者的经验本身成为艺术质疑的对象。

凡此种种，使我们透过新媒体艺术的表现形态，发现其背后所孕育的艺术审美信息传达方式的嬗变。这些变化是我们在观展中经常可以遇见，却又难以与目的性联系在一起的征兆：

其一，作者意志的隐匿。新媒体艺术经常给人带来意象领悟中的"模糊感"，不像传统艺术那般具有明确的作者风格、创作志趣或审美意象。除了作品名称、创作年代、作者姓名、媒介材质以外，新媒体艺术鲜有用文字对内容做详尽描述的情形。至多，不过是对作品的宏观背景做简要地介绍；而作者到底怎样构思、作品如何体现自己的主观意志一类的话语并不常见。甚至，观众看不到作者的存在，作者想说的话都在作品本身中予以呈现。

其二，内容的不可确知。作者将作品的内涵表达由先前的话语"让渡"给了作品本身。因此，内容偏向于"意会"而"不可言说"。习惯于接纳单向信息传递或"填鸭式"知识灌输的观众，面对这样态度模糊、欲言又止的艺术装置不知所措。这不是观众单方面的问题，而是作者意志的隐匿以及符号意象丧失"锚定"以后，能指与所指间意义生发多元滑动的结果。"多义性"未必是作者创作中所追求的目的，但他们似乎并不拒绝这样的歧义，反而对其抱以热情，从而使作品内容的确定性受到影响，即由言语上的不可"言明"到理解上的不可"确知"。

其三，观众接受的开放与自由。作者意志的散漫，实际上将作品意象的表达与领悟"让渡"给观众。借由接受一方的经验、阅历、态度、视角、兴趣去判断艺术所传达的意象。作者只负责提供宏观背景与行动指引，而在感知层面上不做太多干预或控制。其结果导致不同观众对作品的接受、理解与领悟可能出现差异性。而新媒体艺术本身对这种差异并不排斥，甚至追求作品意义的开放性与观众接受的自由。

其四，距离的消解。传统艺术常常进行"它者化"的体外传播，即艺术与观众之间有一道"看不见的墙"，类似戏剧理论中的"第四墙"（即橱窗效应）将观众与作品隔绝开来，形成天然的距离感。距离是"它者化"的基础，是客体化的前提。而新媒体艺术正致力于消解这种距离，这与作者与作品天然所具有的时空优越性相关。对距离的拆解，需要作品在时空上疏远作者或取得与观众的亲近感，这时过程性便起到至关重要的作用。

其五，由结果向过程的演进。过程性体验对单一结果式的替代，使得艺术原本与作者的亲近感弱化，而与观众的黏性递增。先前一个时空内由作者创作一个作品，再于之后的某个时空与观众相遇，作者经由作品的"物化""它者化""客体化"与观众产生某种距离上的呼应，这样的艺术表现传统正在被新媒体艺术打破。新媒体艺术的作者往往担负设计的责任，甚至强于创作。这意味着作者正在避免将自身的某种经验、定论强加于观众，而是去设计一个体验环节——装置也好、程序也好、感知也罢，来邀请观众亲身尝试，在过程里感知自我存在的意义而非它者之先验。

其六，即时性时态。过程性一旦回归，艺术话语中的时空惯性即被改变。现代理性逻辑中原有的"一般现在时"——强调日常行动的惯常性、经验性教条——我们认为自然的想当然，正日益受到质疑和再审视。"现在进行时"则被视为对每一位观众自我存在与行动价值的尊重。体验的即时性，有赖于网络技术与交互技术，将传统中有限的时空统一，拓展至无限。人透过互联网可与几千公里外的事物达成即时性共存，或透过虚拟现实与历史展开互动，置身于不同的时态情境之中。

新媒体艺术为什么要这样做？上述看似关联，却又表面分散的现象背后，有着相类似的行为动因——对"主体性"的再审视。

第二节　主体的傲慢与偏见

在审美呈现以外，艺术最终要传达某种观念，"观念性"承载着艺术与科学对人类社会及整个自然的责任意识。这里所谓"责任"并不针对自然生态或环境地理一类的具体范畴，而是探索人类面对社会与文化演进过程中——主体、客体之间的转换与徘徊，以及新媒体艺术在其中所投射的观念和趋向。

总的来说，我们对事物的思考是以现代"主体性"观念为基础的。这种观念自笛卡尔用"我思故我在"的方式逐步确立（人类自我）意识的主体性以来，特别是在启蒙理性发展到今天，已成为人类思维惯性的一个重要倾向。现代性无疑同主体性捆绑在一起而对晚近之社会文化生态起到长久的决定作用，即以科学精神追求真理、以民主政治建立秩序、以艺术自由体现审美——这正是构筑在认知理性、道德理性、艺术理性基础上的主体性的延伸。现代性的三位一体取决于理智的客观性、实在性和有效性，知识的客体化必然伴随着现代性"树立起自我理解和自我指涉的真理的权威地位"。❶ 也就是黑格尔所指，"现代世界的原则是主体的自由"❷。这自由完全取决于"思考状态下的自我"，即主观理性与整体同一性在思维主体上的反映。思考的自主性对人类的进步起到积极作用，它帮助人们摆脱康德所谓的"不成熟状态"❸；摆脱蒙昧的束缚、破除中世纪神权强加在人身上的奴役与枷锁…… 由此，"主体性"成为启蒙以来贯穿现当代社会发展的一条线索。

然而19世纪末以来，人们对主体性问题及笛卡尔"我思故我在"的普遍理解不断提出质疑。如尼采找出笛卡尔的破绽，说："当进行思考的时候，必定要有一个思考的主体存在，即有行动的主体才会有行动发生。"❹ 这实际上将"存在"问题与"主体性"并置起来。随即，海德格尔将现代的时期定义为人作为主体性的存在——"我们称为现代的时期……是以人成为所有存在的中心和尺度为标志的。人是一般主体，"他取代了自然万物，而成为"所有存在的基础"。❺ 于是，现代性成为所有对象化和再现的基础，即笛卡尔将自我

❶ 张尕. 延展生命[J]. 当代艺术与投资，2011(8): 38.

❷ Georg Wilhelm Friedrich Hegel. Elements of the Philosophy of Right[M]. NY: Oxford University Press, 1978: 286.

❸ Immanuel Kant. An Answer to the Question: What is Enlightenment[M]. Mary J Gregor, trans. Practical Philosophy, Cambridge University Press, 1996.

❹ F Nietzsche. Beyond Good and Evil: Prelude to a Philosophy of the Future[M]. London & New York: Penguin. 1990: 470.

❺ Martin Heidegger. Nietzsche[M]. NY: Harper One, 1984: 28.

意识的主体性确立为所有"再现"的绝对基础。这足以揭示现代性的危险：

一方面，这危险来自"再现"对"在场"❶的剥蚀。张尕曾转述哈贝马斯的话说"存在最终被整个转变为再现在主体世界中的客体，真理被转变为主观的确定性。现代性在本质上是人类主体性的再现。"❷而再现的统治地位预示着整个现代性及其文化环境正日益陷入一个先验的、单向传导的、教条式的危局之中。对此，文艺界与文化学者们面对主体性本质的讨论越发激烈起来。齐泽克洞察到这场运动的深刻之处，他提道："先验的主体性已然过时"，人们倾向于摒弃那些同一的、主体的、先验的刻板观念，"把笛卡尔式的标准主体观置换掉，取而代之的主体须是不统一、不完整的主体观念，一种置身于并非透明，且需随机应变的生活境遇中的主体。"❸

无疑，今天的新媒体艺术正实践着这样的对"主体性"的反思。这首先体现在新媒体试图摆脱传统"再现性"艺术、打破由艺术家向接收者的单向思维传递模式，而建立"在场性"的审美交往。这实际上是用崭新的艺术观念来纠正技术文化后果的偏颇。"再现"，注重表达主体性思维和创作者的权力意志；而"在场"，注重每一个个体的多元存在。尼采说笛卡尔那种"笃信灵魂的历史观"忽略了主体本是以不同声音、不同面目、多种竞争形式存在的。❹从后现代性的角度看，现代性文艺容易借"科技之力"❺铸就作者权威，将其推向高高在上的话语逻辑顶峰。于是，现代性变作脱离大众、曲高和寡的孤芳自赏。笛卡尔对主体性的美好初衷已被现代性演绎为"我思故'你'在"的悲剧，即以少数人（作者）的思维及其单向传递的再现来左右大众的存在。后现代性恰恰致力于填平高雅艺术与大众之间的沟壑。在这点上，新媒体艺术找到了与后现代文化景观的契合。

2011年在中国美术馆举行的北京国际新媒体艺术展上，一个由澳大利亚和美国的艺术家联合创作的新媒体艺术品《无声攻击》（图7-1），正好凸显出这种艺术观念的内在趋向。作品将远在澳洲实验室中的"鼠兔"脑细胞及其所含神经元阵列放大，通过网络与北京展览现场的机器阵列相连，参观者漫步在这个柱形阵列之中，其位置和移动会透过每根柱子上的传感器（带有

---

❶ 文艺上通常将"再现"与"表现"作为一对并列的主体范畴来讨论对客观事物的审美呈现，但这里讨论的是现代性以作者的主体"再现"取代了当下的存在，故此处以自然受众的"在场"参与性予以对应。

❷ 张尕. 延展生命[J]. 当代艺术与投资, 2011(8): 37.

❸ Slavoj Zizek. The Ticklish Subject[M]. London: Verso, 1999: viii.

❹ Friedrich Nietzsche. The Will to Power[M]. London: Weidenfeld & Nicolson, 1968: 487.

❺ 例如现代生产和传播领域的大规模工业复制。

图7-1 无声攻击 2009年

机械滑动装置和圆珠笔）实时地反馈给鼠脑细胞，后者根据这些数据发出生物电指令并传回北京，阵列柱子上的机械装置依据这些指令上下滑动并旋转，过程中带动笔在每根柱子上留下一圈圈螺旋痕迹。

这个作品相对传统艺术观念的表达方式有很大的不同：其一，人不再作为绝对的思维主体对审美的呈现负责，取而代之的是动物神经元细胞的自主映射；其二，作品打破了再现式的结果性艺术，而提倡实时参与中的过程性审美生成；其三，个人在人与艺术品的关系中由完全的创作者或欣赏者，变为置身其中的客体参与者。这些变化本身就是对现代性主体观念的反思。《无声攻击》利用观众在建筑般的空间阵列（放大了的"神经元活动"）中的客体存在来激活培养皿中的生物细胞并获取反馈信息，最终实现交互性审美体验。作为这次展览的策展人，张尕在《延展生命》中写道，"生命不仅受灵魂和理性的支配，也受电脑运算法则和程序语句的驱动。生命的多样化是数字时代中新的主体基础，它摆脱了再现的傲慢。它是一种既不源自文化也不源自自然的生动显现，摆脱了拟人的模仿，摒弃了人类中心论的排他性"❶。这是为什么近来"生命艺术"在新媒体中崭露头角的原因之一。与数字化编程操控为基础的"硅艺术"不同，以各种动植物细胞、基因、生物电、生物芯片为基质的新媒体艺术创作，找到了人类主体性思维以外的、原生于自然的灵感驱动力。这样，不论是由"主体"到"客体"的转化，还是从"再现"的结果到"在场"的参与，都意味着新媒体在艺术观念上具有反思"主体性"的趋向。

另一方面，再现的背后意味着主体性意志的沉淀，以及随之而来的工具

❶ 张尕. 延展生命[J]. 当代艺术与投资, 2011(8): 41.

理性的崛起，这是现代性危机的另一个状况。哈贝马斯指出，"理性"泄露了自己的真实身份，它一来彪炳着客观规律与客体存在的重要性，二来又无可避免地构筑在主体思维之上，这种双重身份使它既是征服的主体，又可能成为被征服的对象。❶现代理性既然能够驾驭客观事物，就无可避免地通向工具统治，并将人类导向功利主义，进而受到利益的驱使转变为物化的奴隶。工具理性将主体的欲望视为现代性的根本目的，形成工具统治的意志。这种意志不仅控制着物，也囚拘着人。现代理性日益使人成为世界的中心，油然而生的傲慢强化了人凌驾于自然之上的主体必然性。这使得现代性解蔽（摆脱蒙蔽）的过程受到阻碍。也就是海德格尔所说，在工具统治的意志下，人依仗自身的中心利益"向自然提出不合理的要求，要求它提供可以提取的一切能源……由此自然成为一个采矿区。"❷而被置于主体性地位之上的人却难以全面认清自身与自然界之间的责任意识。

因此，今天的新媒体艺术认识到——要想真正祛除现代性的阴魂，就必须对主体性进行反思，❸重新审视和思考人与自然、人与其他生命之间的联系。随着数字技术、生命科技的蓬勃发展，新鲜的媒介为艺术提供了新的延展和舞台。新媒体艺术正逐步担负起应有的"生态责任"。这使得当下新媒体艺术观念将不仅仅体现人的智慧和创造力，它更着重于凸显新技术条件下对生命意涵的思考，警示大众自然生态危机的参与意识。

新媒体艺术伴随着后现代文化对现代主体性的反思，力图以大众的在场沉浸与作者的主观再现相抗衡，逐渐放弃长久以来人凌驾于自然之上的制高点，回归到客体的参与之中。如果说新媒体艺术有着某种"超越"，那他必定得益于技术，而升华于艺术所呈现的观念，例如本文所指的对"现代主体性"的反思。这是新媒体在审美功能上能够独立于传统艺术而存在的基点之一。人类也只有摆脱"主体性"的蒙昧，置身于自然的"参与"，并充分意识到他只是生命万物之一种，才能站在艺术与科学的平衡点上，把握自己的未来。

❶ Martin Heidegger. Contributions to Philosophy (From Enowning)[M]. Parvis Emad, Kenneth Maly, trans. Bloomington: Indiana University Press, 1999: 2–4.

❷ Martin Heidegger. The Question Concerning Technology[M]. New York: Harper Collins, 1993: 15.

❸ 张尕. 延展生命[J]. 当代艺术与投资，2011(8): 38.

第三节 启蒙运动的四重危机：艺术背后的观念松动

新媒体艺术无疑也与后现代意象产生关联。为了避免将"新媒体"与"后现代"混为一谈，本书并无意将二者靠拢、混淆在一起。我们尝试将目光锁定在后现代主义发轫以前的某段时期，借用启蒙运动、现代社会以及资本主义的发展所引起的哲学怀疑态度❶，来佐证现代理性铸就的"主体性"观念的松动。

哲学的警惕从不同角度呈现出启蒙运动的渐进给人类社会带来的四个危局，即启蒙理性的危机、对"存在"理解的危机、科学与合理性的危机以及系统哲学的危机。透过叔本华和尼采、海德格尔、韦伯与卢卡奇以及理查德·罗蒂的观点，本节试图揭示"主体性沦陷"在哲学观念中的缘起。

一、理性的危局

在《回答这个问题：什么是启蒙运动？》一文中，康德（1724~1804）曾讲"启蒙运动就是人类脱离自己所加之于自己的不成熟状态。不成熟状态就是不经别人的引导，就对运用自己的理智无能为力。当其原因不在于缺乏理智，而在于不经别人的引导就缺乏勇气与决心去加以运用时，那么这种不成熟状态就是自己所加于自己的了…… 要有勇气运用你自己的理智，这就是启蒙运动。"❷ 但康德或许没想到启蒙运动在19世纪如日中天的时候，他的口号可能将人性的自由掩藏（甚至囚禁）在理性之下，或将人类的稚气与情感淹没在理性之中。与康德乐观的信念相悖，叔本华（1788~1860）批判而悲观地继承了康德的观点，将个体的自由放在哲学的中心地位加以考察，循着康德的思路他指出"现在所面临的问题在于，人类个体可能过于懒惰或过于胆小，以至于不敢将自我从他者的理性之中释放出来——他们缺乏勇气去进行独立地思考。"❸ 正是这点使人们逐渐沉迷于客体的理性之中，并保持着无知（Ignorant）与被束缚（Be in Bondage）的状态。

---

❶ 姜申. 后现代·怀旧：当代中国视觉文化传播[M]. 北京：中国民航出版社，2013：16-51.

❷ Immanuel Kant. An Answer to the Question: What is Enlightenment?[M] // Hans Reiss. Political Writings H B Nisbet, trans. Cambridge: Cambridge University Press, 1991: 54.

❸ Friedrich Nietzsche. Human, All to Human[M]. R J Hollingdale, trans. Canbridge: Cambridge University Press, 1996: 371.

在《作为意志和表象的世界》（ *The World as Will and Representation* ）一书里，叔本华将人们所能认识的世界分为两部分，即物理的外表（Physical Appearance）及其内在的立体内涵（Cubic Content）。这类似于人类思维的两个组成部分：理性思维（Rational Thought）与深度的非理性思维（Thought of Unreason），而西方哲学发展到19世纪，越来越为以黑格尔为首的现象学（Phenomena）❶所主导（它只关心表面现实），因此缺乏对深层问题的认识力。❷另外，叔本华认为组成人类生活的两个基本任务是生存（Survival）——原生态的非理性意愿（Raw Natural and Irritional Will）及附加任务：避免无聊（Doing Something so as toward off Boredom）。❸这使人们将自己的生活填满了各种活动，继而无暇考虑自己的生存环境。于是大多数人不假思索地碌碌无为、终其一生，"好像工厂制造出来的产品一样"❹。在这种状态下，人的能力只能为直接的生存意愿服务，知识与智慧只能被限制在用来实现这些意愿的理性之下。个体陷入理性的危机，变成了他们自己"愿望的囚徒"（Prisoners of Their Will❺）。这可以被看作是人类自我意识到工业社会给自己带来的"异化"及"欲望"问题的开端。

这种悲观的意识被尼采（1844~1900）继承下来。就"质疑的脚步"而言，尼采的贡献可以分为两个方面，一个是在内容上，从古典理论家们的启蒙和自由的进步角度看到了衰微、枯竭和支配；另一个是在其行文的体例上，呈现出一种杂乱无章的、警句式的形式❻，而非现代主义者所生产的那些系统性的宏大叙事。❼这显然对后现代文艺于元叙事的解构倾向具有影响，而其内容上的贡献所包含的意义则甚为广泛。尼采将关注点首先集中于对"理性主体"的排斥，他"拒绝对理智、理性以及理性化过程的强调与积极评价"。❽相反，尼采张扬非理性和各种非理性的力量，并因理性对非理性因素的压制，而对其专制效果大加鞭挞。

❶ "Phenomena" 也就是叔本华在 *The World as Will and Representation* 一书中所谓的 "representation"。Russell Nieli. Wittgenstein: from mysticism to ordinary language[M]. NY: SUNY Press, 1987: 99.

❷ Schopenhauer. The World as Will and Representation ii[M]. E F J Payne, trans. New York: Courier Dover Publications, 1958: 69.

❸ Schopenhauer. Essays and Aphorisms[M]. R J Hollingdale, trans. Harmondsworth: Penguin, 1970: 53.

❹ Schopenhauer. Essays and Aphorisms[M]. R J Hollingdale, trans. Harmondsworth: Penguin, 1970: 53.

❺ 姜申. 后现代·怀旧：当代中国视觉文化传播[M]. 北京：中国民航出版社，2013：22.

❻ 姜申. 后现代·怀旧：当代中国视觉文化传播[M]. 北京：中国民航出版社，2013：22.

❼ 姜申. 后现代·怀旧：当代中国视觉文化传播[M]. 北京：中国民航出版社，2013：22.

❽ Friedrich Nietzsche. The Will to Power[M]. Walter Kaufmann, trans. NY: Vintage Books, 1967: 7.

尼采借希腊艺术的审美经验来比喻西方哲学的当代歧途。他指出，西方哲学所具有的两重性观念可以追溯到希腊艺术的"日神精神与酒神精神的二元性"（Appollonian and Dionysian Duality）。❶希腊神话中的这两个神代表着其艺术的两个不同的倾向。前者体现了艺术中的外露的、明净的美，用来在史诗、绘画、雕塑中传达外在的审美气质或歌颂英雄。而后者体现了艺术所传达的内在情感，带给我们一个沉醉而迷幻（Intoxication）的世界，在那里个性的情绪可以无拘束地尽情宣泄，酒神精神（Dionysian Sprit）是一种情感的陶醉，它缺乏清澈的理性轮廓，通过失去理智的狂欢与个性情感产生深度的共鸣。因此它多为音乐及悲剧艺术所表现。尼采认为这二者应该是相辅相成、平行（和谐）共处的关系。❷然而不幸的，希腊艺术中的这种平行共生的关系被柏拉图哲学的出现所打破。❸柏拉图哲学侧重于对外露的、理性审美的思考，因此他迅速地巩固了日神的崇高地位而对酒神形成主导。结果形式和美感超越并抑制了非理性情绪的抒发，曾经为希腊文化带来活力的感性精力烟消云散。❹启蒙哲学也走向了理性的形而上学之路。

此外，尼采又提及另一概念——无名怨愤（Ressentiment），即通过谴责他人和采取虚构的复仇来使他人所承受的东西富有软弱的意义和倾向。其谴责的对象主要是那些"强者"，那些内部动力还没有被抑制和驯化的人。❺换句话说，这种谴责行为导致了一种以普遍社会观念为基础的行为、道德、审美以及思维的准则，无名怨愤对那些还未被驯化（Domesticated）的人形成压迫，因此他们的异样，或者说个性的差异无法得到发挥。按瑞泽尔所说，由于这样一些人的被迫服从，这个世界就成为由弱者及其道德所统治的世界而非有才能的人所统治的世界。这个观念对后来的福柯有着决定性的影响，他在此基础上拓展了对边缘群体（那些被理性规则排斥在外的人们，例如精神病患者、囚犯及同性恋者）的研究。❻尼采认为苏格拉底、天主教以及启蒙运动都对无名怨愤所引发的弱者道德具有贡献。这种道德不仅被用来削弱个性，它同样也被用作削弱更大的文化。❼也就是后来利奥塔所谓合法性话

---

❶ Friedrich Nietzsche. The Birth of Tragedy[M]. Walter Kaufmann, trans. NY: Vintage Books, 1967: 33.
❷ Friedrich Nietzsche. The Birth of Tragedy[M]. Walter Kaufmann, trans. NY: Vintage Books, 1967: 33.
❸ Friedrich Nietzsche. The Birth of Tragedy[M]. Walter Kaufmann, trans. NY: Vintage Books, 1967: 34.
❹ Friedrich Nietzsche. The Birth of Tragedy[M]. Walter Kaufmann, trans. NY: Vintage Books, 1967: 91.
❺ 姜申. 后现代·怀旧：当代中国视觉文化传播[M]. 北京：中国民航出版社，2013：22.
❻ Stuart Sim. The Icon critical dictionary of postmodern thought[M]. Cambridge: Icon Books, 1998: 6.
❼ Dave Robinson. Nietzsche and postmodernism[M]. Cambridge: Icon, 1999; Gregory B. Smith[M]. Nietzsche, Heidegger, and the transition to postmodernity[M]. Chicago: The Universioy of Chicago Press, 1996.

语（Discourses of Legitimation❶）所构成的控制力。"国家开始对文化实行管制，并且成为无名怨愤的所在地"。就资本主义国家而言，与其相伴的"平等思想"正不断侵蚀着社会的差异性，这种社会的均质化力量（the Homogenizing Forces of Society）正成为导致文化枯竭的一个重要因素。❷而艺术，特别是新媒体观念似乎正为这一颓势做出某种努力，力挽狂澜。这也就是为什么很多艺术作品不愿为驯化者或被驯化者写下只言片语来表达自身——这原本便与"无名怨愤"视野下的行为准则相矛盾，而被隐匿。

二、理解的危局

与尼采的"虚无"主义相呼应的是20世纪初期海德格尔对现代（the Modern Age）的看法。海德格尔将其称为"圆满的无意义时代"（the Age of Consummate Meaninglessness）。❸这个结论主要源于他对西方哲学的理解方法的质疑。

首先，海德格尔展示了从柏拉图到狄尔泰的解释学的历史，指出解释学在现代变成了关于探讨理解规则的学说。❹

其次，他不赞成那种将现在进行状态（Being）与"一般存在"（Existence）相混淆的方法。也就是想当然地把一切理性的表述及其固化规律看作是对现实状况的终极解释，并不可信。同时称这种思考"存在"（Being）的方法有着根本的缺陷。❺这是因为西方哲学传统在试图考察世界的本源的同时忽略了对"存在"本身的思考。海德格尔提出了传统哲学有关"存在"的两个悖论：其一，传统哲学总是把"be"放在研究对象及其定义之间，用来解释某种概念，这个行为就已经默认了一个事实，即我们已经掌握了"be"的概念。但实际上我们无法客观地解释"What 'be' is"。因为"be"自身表示一种存在的状态而非客观事实。❻因此其二，海德格尔指出存在不能定义为"存在是什

---

❶ Jean-François Lyotard[M]. The postmodern condition: a report on knowledge[M]. Geoff Bennington, Brian Massumi, trans. Minneapolis: University of Minnesota Press, 1984: xxiii.

❷ George Ritzer. Postmodern Social Theory, MC Graw-Hill, 1997: 22-23.

❸ Martin Heidegger. Nietzsche III. The Will to Power as Knowledge and Metaphysics[M]. David Krell, trans. San Francisco: Harper Row, 1997: 178.

❹ Heidegger. Ontology—The Hermeneutics of Facticity[M]. John Van Buren, trans. Bloomington: Indiana University Press, 1999: 10, 92.

❺ Michael Drolet. The Postmodernism Reader[M]. London: Routledge, 2004: 17.

❻ M Heidegger. Being and Time[M]. New Jersey: Wiley-Blackwell, 2000: 123.

么"，如果定义为"存在是什么"，那么必然会把"存在"当成某物，也就是把"存在"当成了"存在者"（存在的东西）。从而把存在客观化，而忽略了"the Being of being, especially 'dasein'"，即"此在"。❶

最后，正由于对存在本身的忽略使传统的形而上学陷入了对表象世界进行说明的"根据律"圈套。这个规律的基本定式是"……是（is/are）……"这个定式无非是依靠存在者给出判断，提供根据，作出这一判断的是人这一主体。那么，世界便人为地划分出认识的主体——"人"和被认识的客体——"对象世界"。主体与客体由此分立。对世界的认识就成了一种"A是B""B是C""C是D"……的不断的判断传递活动。正是这一根据律，使科学自觉地投入到了一个永不疲倦的追问"为什么"的运动中。❷ 其结果，科学越发展，说明人的思维越来越被这种"根据律"强有力地统治着。科学，本是人手中的工具，可现在人越来越被这种不断追问"……是……"的工具所控制，被强迫进入非自然的（客观的）存在，逐渐丧失本性，并被异化。❸ 根据以上的三点论述，海德格尔对当代艺术观念的生成有以下几点启示：

其一，提出了对解释学的绝对客观性的怀疑，提倡将人类自身的存在融入对存在者的解释当中。这为伽达莫尔的新解释学以及"视界融合"提供了启示。这也是当代艺术中作者把对作品的阐释让渡给观众的缘起。

其二，怀疑认识的主体"人"与被认识的客体"客观事物"之间的绝对对立关系，主张在主体的、各自的存在中思考、认识，而非站在存在者的对立面。这个立场对新保守势力有很大启发，从而对指引后结构主义和解构策略的"向自身的结构和语言深处挺进、从内在寻求突破"影响深远。这体现了当代艺术的自我反省与自我消解。

其三，反对对象化的原则，从根本上讲，是反对普遍化、整体化的原则，主张研究当下各自的此在，体会当下各自的意味（停留于此，专注于此，不逃避，不从此处跑开）。这为当代艺术所倡导的反普遍性、反一般性、不确定

---

❶ M Heidegger. Being and Time[M]. New Jersey: Wiley-Blackwell, 2000: 172-210.

❷ 海德格尔认为，传统形而上学总是专注于存在的根据，如B、C、D……而遗忘了"是"这个词，以为这是不言自明的（It has been treated as obvious），而这"是"（系词 to be）恰恰就是指存在者在自然实践中的"存在"，而不单指"being"（实在之物）。"通过从不定式到动名词的转变，不定式原有的空泛被限死，存在成了严格的对象，存在本身也蜕变成存在者。"（赵一凡. 欧美新学赏析[M]. 北京：中央编译出版社，1996：40.）

❸ 这并不是说海德格尔反对现代科学的发展，而是认为科学只关心事实、数据、操作和应用，遗忘了崇高的哲学思考与伦理目标，无益于对人的价值规范的探讨，失去了对人类生活的总体把握，取消了对精神的探索，断绝了与心灵的联系。

性、差异性、多样性观念带来启示。

其四，主客体的分离使得人们对世界的认识范围由存在退化到了存在者（存在着的东西）。强调这是近代以来，"科学"倾向于为自然科学所主导的根本原因。那么艺术与科学的"重新融合"势必打破这一主导关系，回归"存在"原初的过程性本真。

三、合理性危局

哲学的发展还将焦点引向社会和人的状态。马克斯·韦伯（Max Weber, 1864~1920）首先指出了现代理性的工具化倾向。他继承了黑格尔关于理性是事物的本质和内在规律性的思想，将哲学的"理性"（Reason）概念改造成为社会学的"合理性"（Rationality）概念。所谓的"合理性"是指人们逐渐强调通过理性的计算而自由选择适当的手段去实现目的。韦伯将合理性分为两类：一种是工具（合）理性（Instrumental Rationality），即一种强调手段的合适性和有效性而不管目的恰当与否的理性；另一种是实质的（合）理性（Substantive Rationality）或称价值理性（Value-rational），即一种强调目的、意识和价值的合理性。[1] 在韦伯看来，科学技术构成了工具理性的基础，或者说，它本质上就是一种工具理性。[2] 科学研究最初是针对某种实质理性而发的，或者是为了游戏、好奇，或为了反对宗教迷信，或为了更好地了解和控制自然，改善物质条件和提高生活水平；但是科学技术发展到一定程度，便取得自主性，逐步将目的、价值和意识一类的东西放在一边，而单纯追求工具、控制的手段。原初追求真理，创造福祉的科学技术一再被用于邪恶的目的。它将人类社会变成钢铁的牢笼，把人变成机器上的螺丝钉。[3] 科学技术只能保证手段的正确，却不能反省、批判其追求的目的。随着科学技术的迅速发展，工具理性日益扩张，实质理性日益萎缩，工具理性取得胜利，其结果则是一种缺乏目的及意义的"非理性"。因此，韦伯主张平衡工具理性与实质理性的关系，把价值、目的、意义一类的东西重新引入科学范畴，对科学技

---

❶ Max Weber. Economy and society: an outline of interpretive sociology[M]. California: University of California Press, 1978: 85-86.

❷ Max Weber. Economy and society: an outline of interpretive sociology[M]. California: University of California Press, 1978: 86.

❸ Alan Scott. Modernity's Machine Metaphor[J]. The British Journal of Sociology, 1997,48(4): 561-575.

术在工业社会及其文化系统中的角色加以重新定位。

而卢卡奇（Ceorg Lukacs, 1885~1971）则将理性的歧途引向人类自身。他在《历史和阶级意识》特别是其中的《物化和无产阶级意识》❶这篇长文中展开了对形式理性或科学理性（即所谓工具理性）的批判。从马克思主义的"商品拜物教"中卢卡奇推导出"物化"（Materialize）的范畴，"the Materialized"用以表示原初不具有物的形式的东西如意识、理性等转变成为物，表示物与物的关系掩盖着人与人之间的关系。这种物化了的关系正成为一种意识形态并主导着当代资本主义社会。❷卢卡奇发展了韦伯对理性的忧虑，认为科学理性已渗透到社会生活的各个领域，渗透到人的身体和灵魂，成了组织化的统治原则，它造成了资本主义的种种异化现象。❸他用物的关系来诠释人际关系，使工人同自己的劳动、自己的生产品相异化。人作为劳动力被归结为一种抽象的量，一种没有多少价值的机械化和合理化的工具。其后，韦伯与卢卡奇的观念被法兰克福学派继承，并发展为对工具理性的文化批判。

四、哲学的危局

到20世纪70年代，整个哲学体系的发展正历经一次危机。在《哲学与自然之镜》一书中，理查·罗蒂（1931~2007）通过对18、19世纪西方哲学的简要回顾，指出传统哲学系统的建构，那种"用来确认或否定文化其余部分之各种主张的一种纯粹理性的法庭"或"为各种知识'立说'的基础性学科"的观念❹，正越发地将自身引向歧途。哲学变得越来越精确、排他、中心化、科学化及自我指涉，在此过程中它逐渐脱离了与其他文化现象的关联。

罗蒂将人们对这种理性法庭及基础认知的整体性信仰称作"系统的哲学"（Systematic Philosophies），与其对应的是类似维特根斯坦、杜威或海德格尔的思维体系，被罗蒂称作"教化/启迪哲学"（Edifying Philosophies）。❺后者对前者的主张持有怀疑的态度，人们可以结合当代文艺策略与现象，并由如下几

---

❶ George Lukacs. History and Class Consciousness: Studies in Marxist Dialectics[M]. Boston: MIT Press, 1972: 83–222.

❷ George Lukacs. History and Class Consciousness: Studies in Marxist Dialectics[M]. Boston: MIT Press, 1972: 197.

❸ George Lukacs. History and Class Consciousness: Studies in Marxist Dialectics[M]. Boston: MIT Press, 1972: 101.

❹ Richard Rorty. Philosophy and the Mirror of Nature[M]. Princeton: Princeton University Press, 1979: 4.

❺ Richard Rorty. Philosophy and the Mirror of Nature[M]. Princeton: Princeton University Press, 1979: 5–6.

个方面来尝试理解教化哲学的内涵：

第一，教化哲学在形式上具有标新立异的灵活性，提供各类"讽喻、戏仿、和警句"（例如尼采或德波似的文体风格）。新媒体正好为艺术提供了新颖的形式化标签。

第二，教化哲学家们知道"当他们所反对的那个时期过去之后，他们的著作就将会失去自己的意义"。他们并不期盼真理的永恒，而只注重于当下的此在。因此，艺术将重拾过程性，并尊重过程中每个个体的领悟。

第三，他们特意（Intentionally）使自己边缘化（Peripheral），这一点可对应艺术中"作者的让渡"。

第四，教化哲学对理解的开放性或对新奇感留有很大的空间，"承认世界上还存在着某些（至少是暂时地）难以解释和描述的事物"，而非像系统哲学那样"将自己的主体放在绝对理性和科学的大道上"。这一点可对应艺术中解释性边界的模糊。

第五，教化哲学不喜欢维持某种固定的观念、道路或方案，试图避免"拥有某种观点的立场"。因为在它看来，"不存在一种描述现实的正确方式"。因此，当代艺术并不尝试言明自我。

第六，教化哲学的目标并非要发现真理，而仅仅是要"把对话继续下去"。科学总是通过发现答案来结束对话，而教化哲学根本不承认有最终答案和真理的存在，只是趋近于真理。"教化哲学以使一场对话得以继续而不是以发现真理为目的。"[1]这也是为什么我们在当代艺术中崇尚"对话"而非"结论"。

无疑，罗蒂对教化哲学的归纳使人们将对哲学的兴趣延展到当代社会、文化与文艺之中。教化哲学对新媒体艺术观念的勃发亦起到催化的作用，甚至对艺术的形式、风格以及展示策略都具有相当的启迪。

形而上的观念转变，对把握新媒体艺术实践中的思想性、目的性及作品价值，都具有核心指导意义。在前文中，将新媒体艺术现象作为"前置"，是为了不偏离艺术观念探讨的主题。但显然，这里的研讨重心并不在艺术本身，而在于人的"主体性"观念转变的趋向，即不在经验中思考定式，而在过程中汲取变化；不将主体意志凌驾于客体之上，而将观众的参与融入创作的意

---

[1] Richard Rorty. Philosophy and the Mirror of Nature[M]. Princeton: Princeton University Press, 1979: 369–385.

义之中；不用"一般现在时"，而提倡"现在进行时"；不以创造它者化距离为己任，而以消解客体化结果为宗旨；最终，打破主体性意义诠释的锚定，倡导艺术指向性的多元化、过程性、可重塑。

第八章

交互的回归

　　主体性与交互性有着不可割裂的渊源。交互性（Inter-subjectivity）包裹了"主体间"互相联系的意蕴，也可转义为"主体间性"或"互为主体性"。在艺术表达的范畴里，"间性"指涉主体与主体之间的连接性。在本体论看来，"主体间性"意指"存在或解释活动中的人与世界的同一性，它不是主客对立的关系，而是主体与主体之间的交往、理解关系"。[1] 在此，我们透过对交互理解的延展，进一步领悟主体性变革的状况。

　　交互，自人类文明诞生起，就一直陪伴着社会文化发展的脚步，构建起人与人、人与社会、人与自然、人与物，甚至是物与物之间的信息勾连。从"以人为本"的观念看，交互的发展经历了（或正在经历着）三个不同的阶段（或层面）——"人本交互阶段""体外化交互阶段"以及"类智能阶段"。

　　人本阶段中，主要依靠人的本体器官功能来达到交流和互动的目的，例如依靠声带震动的发声运动传达听觉信息、依靠视网膜成像的视觉信息观察、依靠表皮神经触点的刺激性感受来获取触觉信息、依靠大脑海马结构来存储和记忆信息及思维等。但从"结绳记事"起，人类对体外化信息记录与表达的倚重便逐渐加深，这就是"体外化交互阶段"。这一阶段里，人们逐渐依靠技术性变革，将语言转化成文字符号、将声音转化成电磁脉冲、将视觉转化成照片或影像，无形中信息的传达与记录更加精确，拓展了信息关联的时空范畴，但即时性体验被弱化，先验的元叙事开始盛行。在"类智能阶段"中，模拟信息被极大地转换为数字化信息而具备了程序的广延性，人们开始依靠电脑程序来进行运算、判断、传导、交流，并且这种运算越来越具有自主性，向着人工智能的未来挺进。复杂的是，这三个阶段（层面）并非相互取代，而是叠加共生的局面。交互性在其中沉浮、反复，伴随着媒介化，不断推演、

---

[1] 杨春时. 本体论的主体间性与美学建构[J]. 厦门大学学报, 2006(2): 6.

变幻。但无论怎样，在新媒体艺术中，交互性的核心主题是"回归"。

第一节　回归艺术的本真

交互是人类生活中用以交流信息及情感的信息传递方式，是传达个体体验的沟通过程，是人与人、人与社会、人与环境相结合的必经之路。今天我们说到交互，总是带有某种"高技术"观感或刻板印象，习惯于将其与电脑程序、智能化体验并置在一起，构成内在的联想。但其实，在艺术视野里，交互性不是当代艺术的专利，也不是新媒体艺术的阶段性成果；"而是长久以来伴随着人们对美的发现、对自然的领悟而生发的。"❶黑格尔在他的著作《美学》中曾提到一个经典的生活案例：有个小男孩在乡间寂静的水潭边，捡起一粒石子，奋力投向水中，水面与小石头触碰的一瞬间，泛起阵阵波澜。这使得男孩感到惊讶和欣喜——惊讶于大自然的馈赠，欣喜于这奇妙的反馈体验。马克思主义美学将这样的情形称作"人的本质力量的对象化"。他们认为什么是美呢？美应该是"人作用于自然并在与自然的交往中获得审美感知的过程性体验"。❷因此，艺术的本真体验是以交互为基础建构的。

在漫长的人类审美交流与演进史中，可以试着选择几个里程碑式的呈现方式，即口头艺术、书画雕刻艺术、电子媒介化艺术，来简略地勾勒"交互性"在不同阶段的艺术表征中所扮演的角色流变与疏异。

口头艺术是人类艺术发展中最为原初的方式之一，所谓动情而发声——它最显著的特点就是人际往来间、面对面的在场式互动。口头互动伴随着动作、表情、态度等因素，得以声情并茂地传达信息、促进交流。山歌、小调之类的民间口头文化遗产仍广泛活跃于乡土之间。在云贵高原之上，男子长久、热情而高亢的歌声能引起对面山上女子的注意，从而发展成"对歌"的艺术形态。然而，口头交互亦有明显的局限性，即受到空间与时间的极大限制。在空间上，口语化交流必须保持近距离在场，稍微远一些就听不到了。在时间上，谈话的内容稍微久一些，对其的记忆就变得越来越模糊。可见原始的艺术框圈在有限的时空在场之中——交互性真切、情感充沛，但信息表达范围极小。

---

❶ 姜申, 鲁晓波. 展示传播在文化遗产数字化中的交互性及其应用[J]. 现代传播, 2013(8): 20.
❷ 姜申, 鲁晓波. 展示传播在文化遗产数字化中的交互性及其应用[J]. 现代传播, 2013(8): 20.

随着人类文明的进步，体外化传播逐渐延展。青铜铭文、竹简、纸张的应用使艺术的表达在时空上极大拓展，书写篆刻极大地扩宽了艺术表达的距离、信息传递的精确性并使艺术内涵在时间上具备耐久性与收藏价值。不过，与口头艺术相比较，体外化传播的不同在于丧失了信息交流的"双向在场性"。作者与观众被割裂于时间或空间的藩篱之外。毕竟，与口耳相传相比，书写传播在双向互动方面不具备优势，慢慢铸就了艺术单向传递的元性话语秩序。体外化传播的结果，经常是"作者在先前的一个时间或空间中进行文字创作，其后单向地将信息传递给另一时空中的读者（受众）"❶。单向传播的桎梏在于过程性的丧失与结果意志的强化。不约而至的不幸还在于启蒙理性不断伸展、蔓延之中，现代社会发展出的绝大多数传播形态，如博物馆、书报杂志、电报、广播、影视等，大多趋于信息的单向输出与单向接收。艺术表达的即时交互性在大众传播中逐渐沉沦、消弭。

到了数字网络时代，新媒体科技的迅猛发展又为艺术表达带来诸多可能，交互性得以回归，使观众得以沉浸在过程性的互动之中，自我生长出对审美或观念的兴趣和领悟。数字化、网络化、智能化的技术应用使电子媒介艺术兼具了口头艺术的即时性互动和体外化单向传导的遥在性、跨时空性、精确性等诸多优势，实现交互艺术体验的跃升。观众在找到自我的同时，回归到艺术本真的"审美追求"之路——充分发挥着"本质力量对象化"的主导性，探索艺术审美的新思路。此间可以意识到"交互性"于艺术表达上并非一帆风顺，而是历经起落、上下沉浮、不断演进的。

新媒体时代，艺术传播的传受关系由于数字化网络媒介的发展产生了新层次的质变。新媒体艺术的先驱罗伊·阿斯科特在《未来就是现在——艺术、技术和意识》一书谈到，今天的艺术已经不再像传统意义上的"艺术"那样关心外表与含义，而转变为关心互动、转换和出现的过程。建构在数字化技术与网络化传播基础上的新媒体艺术，具有立体化的传播特征和多元化的传播渠道，艺术信息的传播更加强调共享，艺术作品与艺术欣赏之间更加强调心灵的互相融入，由此改变了传统艺术中的艺术家、艺术作品和接受者三方的关系。

---

❶ 姜申，鲁晓波. 展示传播在文化遗产数字化中的交互性及其应用[J]. 现代传播，2013(8)：20.

在新媒体时代，传播者从群体性向个人性、从受约束性到自主性、从显形到隐性、从专业化到非专业化转向。新媒体艺术传播的现实改变了传受分离的状况，主体间性得以全面实现，"受众"一词也失去了原本的意义，艺术传播也从理论层面到实践层面建构了真正意义的交互观念。❶

从交往理性的视角，也能看到"主体性嬗变"对艺术交互性的深刻影响，如按哈贝马斯的理解，"以交互为基础，主客体之间的工具合理性要从属于主体间的交往合理性"❷。而体外化艺术表达中的单向惯性思维往往导致"主体—客体"二元论的极化现象（即体外化"中介"成了时间、空间延异的藩篱），艺术传达中原有的双向"交往性"被演化为"它者化/对象化"的单向性传导。这强化了主客体间的不平等，助长了创作与消费行为中的"目的与手段"。于是"主体把自己的认知、态度、能力及行为目的等人的本质力量作用于客体对象，以影响乃至重塑客体的行为及过程"❸。而交互显然成为主体间性回归平等、重塑艺术交流、促进双向互动的核心手段。主体间性是主体与主体的交流，亦即"主体之间具有平等的地位，可以进行直接的交流，具有交互的性质"❹。在此，主体间性的哲学理念与艺术交往的原初状况之间，达成了观念与实践的融合。

回归艺术的本真，就是回归艺术中人际交往的理性，促进主体间的沟通，而非主体对它者、对象、客体的凌驾。

第二节　交互：作为艺术的媒介化

作者与观众的线索一旦被关注，在主体之间所构筑的桥梁——媒介便成为交互施展的重要节点。艺术自诞生起，始终难以脱离中介而独立运作。当代媒介所铸就的艺术则更突显出其"中介"意义的深刻影响。王方在其《数字时代艺术媒介化研究》中谈道：

---

❶ 倪万. 新媒体时代艺术传播观念回归的理论阐释[J]. 现代传播，2017(5)：108.
❷ 曹卫东. 交往理性与诗学话语——论哈贝马斯的文学概念[J]. 文学评论，1998(4)：107.
❸ 倪万. 新媒体时代艺术传播观念回归的理论阐释[J]. 现代传播，2017(5)：106.
❹ 李欣人. 传播关系的哲学思考[J]. 当代传播，2005(4)：33.

数字化的艺术媒介使得艺术作品从"绘画平面"转向"屏幕平面",从空间转向界面,从现实延伸到虚拟现实,从单一感知到全景感知,传播方式从跨屏幕、跨媒介到多媒介的矩阵传播。海德格尔预见到了今天这个"世界被把握为图像,而人成为主体"的时代。苏珊·桑格塔说:"现实已死,影像与媒体全盘胜利"。而保罗·莱文森却欢呼媒介技术正在"让人成为完整的人"。媒介化的艺术对传统艺术形式的改变,不同艺术形式的"通约"特征正在消失,边界正在模糊,交叉和融合可能产生新的艺术表现形式。新媒介艺术通过科技释放了艺术更多的能量和可能,艺术家正在从现代主义的"人人都是艺术家"向艺术家的虚拟化、非人格化和非个人化发展。❶

这些讨论把我们拉回到艺术媒介化的历史情境之中。谈到传媒艺术,胡智锋等曾将现代理性萌生以来的艺术媒介发展分成如下几个阶段:其一,摄影术的诞生将图像从传统绘画中分离出来,媒介技术的演化超越了艺术创作的手工工具阶段,而进入以照相、电影为代表的机械影像时代;其二,依托于电波传输和模拟存储介质的广播、电视将审美探索推向电子媒介时代;其三,以数字网络为基础构筑的新媒体艺术时代。显然"媒介"在艺术的当代演化中扮演着重要而不可替代的角色。❷与传统艺术(音乐、美术、歌舞或文学诗歌)相比,这些新的媒介艺术在思想感情的投射、表达与幻想方面与传统艺术有着诸多共性;而在媒介形态、审美形式、观念呈现方面却又有很多不同于传统的地方。这些新颖之处与技术主导下的媒介有着千丝万缕的关联。艺术媒介化,实际上强调了艺术与传播之间融会贯通的过程。其结果,当代艺术的部分载体已由体外化的物质层面转向电子信息化、数字网络化、智能数据化以及虚拟沉浸化,甚至是趋于回到生命体本身,而具有某种生物、生化特征。总之,媒介技术的属性在艺术创作的演化中显得越来越重要。大致的趋向是由媒介技术性向媒介融合性以及媒介交互性演变。

其一,媒介技术性。技术无所谓深浅,人们总觉得古代依靠碳枝在洞穴岩壁上作画与现代照相术之间有着技术运用层次上的本质差别。但就科学技术史的角度看,古代艺术所运用的技术并不一定完全落后于现代认知,中国古代的青铜冶炼技术和榫卯结构、古希腊的石质建筑工艺、古罗马的玻璃烧

❶ 王方. 数字时代艺术媒介化研究[D]. 南京:南京艺术学院,2017.
❷ 胡智锋,刘俊. 何谓传媒艺术[J]. 现代传播,2014(1):72-76.

制工艺等，已经取得了很高的技术造诣。媒介技术差异的真正体现，在于对信息的大规模精确复制和工艺成本效率。从这个意义上讲，毕昇的活字印刷术或古登堡的印刷机便只是现代理性文明开启前微弱的星光。

人类进入大规模的文字印刷时代大约要从19世纪30年代的"便士报"算起，媒介技术的普众化消费吹响了人类知识水平跃升的号角。民众被聚焦在公共信息知识场域中，第一次凝聚了目光而成为"公众"。报刊、小说在那个时代亦逐渐成为普众化阅读和消遣的重要手段，使文艺进入大众生活视野。与这些极具想象力的媒介进步相比，艺术从绘画到照相之间的变化似乎反其道而行。照相术给人们带来的更多是对人的境遇的现实还原。或者更具批判色彩地讲，照相就是刻板复制——这与绘画带给人们的遐想空间并不在一个层面上。即使这样，新闻摄影中的框选（类似于框架理论）仍旧可以突显出摄影师的价值或其个人的权力抉择。到了电影时代，诸多艺术本体（如构图、色彩、用光、剪辑、景别、景深、场面调度等）可供作者选择的时候，艺术在技术的支撑下重新具有了想象空间，或者说是作者的观念表达。当然，这也将作者主导的单极化主体意志推向高潮。一时间，"技术即观念"的提法非常流行，这当然会使一部分"操控技术的人"获得艺术释放，甚或绽放。但站在技术背后的如果只是摄影师或导演之类的一小撮，那么它终究会走向偏执的歧途。

其二，媒介融合性。这里的融合一方面指媒介数量上的叠加共生。好像杂志在文字的基础上添加漫画和图片，或者是电影在黑白的基础上叠加色彩和声音（甚至还有震动、吹风和气味），或还有一帧帧的图像（胶片）融汇在电影中形成流动的时间体验。在这个变化过程里，单一媒介的某些特性被融入"多聚合系统"之中，最终凝聚为"多媒体技术中的艺术呈现"。当然，媒介技术的服务对象也在不断融合、汇聚。个人电脑刚刚诞生之时，只是单打独斗的个体；很快互联网的出现将计算机终端连接在一起，继而联通了电脑前的人们；这些人很快按照各自的兴趣形成社交群落，不断演化。而电脑终端的微型化也随着智能手机的发展被迅速普及，网络与社交被日益拓展到生活的每个角落，他们的足迹被后台捕获，形成数量可观的大数据，用于指导人们的生活实践。云计算和物联网的兴起，又把人的数据拓展到物的层面，使物与物之间实现了信息连通。最终5G时代与传感器的到来，让人、物、云联系在一起，构成了媒介融合的复杂纠缠。媒介融合大大推进了人与人之间的沟通，让主体间性的表达空间大为拓展。

另一方面，我们看到媒介演进使艺术表达的内涵由原初的扁平化聚合为立体而生动的多维时空。例如王方提到的：

从"绘画平面"向"屏幕平面"的转换是一种承载媒介从物质性的介质向信息化介质的转换，在这个转换中"文"转向了"图"，文字印刷的字号转换为图像的像素，图像化更便于受众直接接受信息，直观而易懂。而当"图"转化为动态的"像"时，由于引入了时间，于是有了叙事结构。而在数字互联网时代，从"屏幕平面"转向互联网"界面"后，文字、图像、影像之间不同的表现方式在网络界面上可以自由切换，由不同的"界面"通过超链接等手段组合成了一个多维度的平台。在这个平台上阅读、观看和社交都可以完成。❶

此外，随着VR（虚拟现实技术）的发展，"界面"转向"虚拟现实"的三维沉浸，人类的触觉、视觉、听觉都全部被媒介调动起来。AR（增强现实）则再次将虚拟世界与真实世界叠加呈现，景观增益的信息叠加将会给世界带来别样的精彩。

其三，媒介交互性。技术无疑拓展了人与人之间的交流场域，但交互性显然不仅于此。在媒介交互范畴中，至少有两个层次的交互可以延展。第一是"社交"，它实现了人际间的信息广延性。社会化媒体的出现，让媒介直接服务于人的沟通与交流。这是一种高度互动的平台，人们可以在上面发布信息、回帖、留言、即时互动，也可以组织各种社交活动、建立各种"群落"。欲望又将人们的购物、交通、娱乐、饮食等生活层面的需求嵌入新的社交媒体之中，构成大数据支撑的媒介化社会，其核心是需求与供给的快速交互式匹配。第二是"参与"，即除社交以外，技术在媒介活动中为主体间性的勾连所提供的直接参与机会。例如流媒体视频（或短视频）放映过程中的弹幕，新浪微博中的评论、点赞，或者电子商务环境中的"众筹"等。与社交不同，"参与"面对的环境是某种虚拟生活中的仪式或场景，这些场景为用户与用户之间的交流搭建了简便而顺畅的平台。相对于社交中的"面对面互动"，参与

---

❶ 王方. 数字时代艺术媒介化研究[D]. 南京：南京艺术学院，2017.

式的交流让人更为轻松和随意，相比社交中的责任感和压力要小很多，而娱乐感和投入性更强。参与，践行了主体间性的艺术交流，回归到各美其美、美美与共的全民艺术生产机制之中。

第三节　交互形态的演变

与传统的艺术展览相比，新媒体艺术展览在形态上一个明显的不同，就是其倾向于作品与欣赏者之间的沟通和互动。这种艺术审美的交互参与性至少在三个方面对传统艺术形态构成颠覆性的挑战。其一，参与意味着对过程性的开放，艺术家不再闭门造车，而是将艺术生成的部分（或所有）过程展现给欣赏者；其二，交互意味着艺术结果的不唯一，不同的参与者在过程中所获得的结果可能并不一致（相异），这与传统印象中由艺术家全权控制的结果性艺术相悖；其三，艺术品所呈现之审美结果的不唯一，导致对艺术家作品风格的把握难以持续。

综上所述，如果艺术家不能对艺术作品的全过程及其艺术结果予以绝对的控制和主导性塑造，而把一部分主动权让渡给了欣赏者，那么我们是否还能称其为艺术家？丧失了结果的唯一性和作者风格的艺术品还能不能称其为艺术？还是否有能力散发出"美"？站在现代性艺术的角度上，我们不禁发出疑问。

然而将时间向前推移，当我们回到艺术的起源，无论是德谟克利特的"模仿说"、席勒的"游戏说"，还是毕歇尔、希尔恩的"劳动说"都未曾强调艺术是专门的艺术家创造的。"模仿说"认为艺术活动是对自然物构造方式的模仿，视"模仿"为人在艺术活动中对自然事物及其现象的学步，我们临摹飞鸟走兽的形态有了岩画，又从天鹅、黄莺那里学会了歌唱。这里认为艺术源于自然对人类的综合影响，而非某个特殊才能的人。"游戏说"强调人具有三种冲动，即感性冲动、形式冲动和游戏冲动，而艺术审美发生的直接精神动力正来自这些冲动的外化表现。冲动体现了审美活动与人的自由本质之间内在的必然关系，如若将艺术的创造使命交由一小部分艺术专门人才，而抑制大众的审美冲动，显然也违背了艺术的初衷。

就"劳动说"而言，劳动被认为是原始艺术最主要的表现对象，恩格斯讲：劳动创造了人本身，原始人将劳动体征和被狩猎的动物的动作衍化为舞蹈，劳动时的号子与呼喊发展为诗歌，而劳动时发出的各种声音和节奏，则为人们提供了音乐的灵感。这些艺术的早期发生与发展显然是在群众化劳动基础上形成的。原始社会中忙碌了一年的人们到了秋天迎来丰盛的果实，每个人都抑制不住丰收的喜悦，夜晚大家围在篝火旁载歌载舞感谢自然的恩赐。那个时候，并没有绝对的分工，一部分人跳舞，一部分人歌唱，一部分人做观众……艺术的过程从来都具有大众参与的基础。

只是到了近现代，这种参与性在人类发展的过程里逐渐趋向消沉或式微。人类的工业化、现代化进程加剧着这个情形。简单地说，一方面社会分工的出现造成艺术生产和艺术欣赏之间的距离增大。宗教在审美领域的提纯向着专业化的方向发展也加剧了"美"在生产与欣赏之间的分隔。另一方面，消费社会形态的兴起使文化对"欲望"的生产超越了物质生产成为社会第一要务，"占有欲"使"结果性艺术"出现井喷式的增长，对艺术及其结果的价值追求屏蔽了艺术生成过程的大众参与性。最终导致纯粹的"作者艺术"在现代性社会里的如日中天。

如今，新媒体技术为艺术带来新的可能性，数字化媒介有着实时性和交互性的优势，为参与性的"回归"奠定了基础。同时，艺术观念上对"作者艺术"和"结果性艺术"的反思也成为新媒体艺术创作上的一个内在取向。

这里我们试着总结出新媒体艺术的四大交互体验方式——触控交互、体势交互、感知交互以及物联交互，并结合展示环境中的艺术作品予以阐释。

一、触控交互

触控交互是指在展览中参观者用手或身体的其他部位与作品的人机界面发生接触，艺术品随即做出各类相应的动态审美呈现的交互方式。

互动装置作品《有限》由基思·阿姆斯特朗创作于2011年（图8-1）。整个装置作品是通过物理透镜折射的影像和立体声的变化，勾勒出一个可

图8-1 《有限》 基思·阿姆斯特朗 2011年

以触碰的奇幻画面。

《有限》在空间（无光源、遮光、隔音的小屋子）中的视觉表现，是通过透镜折射完成的，人在触碰透镜玻璃（透明物理触摸板规格为105cm×127cm×1.2cm）时，声音和空间都会随之变化，体现最终的人和抽象空间环境的互动。

这个作品曾参加在北京举办的第三届艺术与科学国际作品展，起初由于特殊的交互方式，而令观众有些望而却步（参观者需要走进黑暗的房间并躺在床上双手向上触摸屏幕进行交互）。人们毕竟习惯（看惯）了传统展览中静态呈现的艺术结果，导致对交互展品的过程性参与有些不知所措。展览主办方随即安排了专门人员对参观者予以正确的参与方式引导，收到良好的展览效果。其实在展览前夕作品安装调试时作者便有这样的顾虑，他讲《有限》在澳大利亚展出期间当地观众就曾面对暗室中一堆精密的仪器不知从何下手，也不知"美"在何处。这一方面反映出受众对新媒体艺术"互动特性"的认知心理上准备还不充足；另一方面也给新媒体艺术创作以启示，即如何引导观众更方便地参与到作品中去，这也是创作中交互参与性所需考虑的重要环节。

另一个例子是来自法国的互动装置作品《灯光触摸》[格里高利·拉瑟尔（Gregory Lasserre）与安尼丝·安克丝符（Anais met den Ancxt）共同创作]。这件艺术品的主体是一个小型可互动的发光球（图8-2）。第一个人受邀将手放在发光球上。当他和球接触时，他的身体变得敏感并开始对其他生物体产生感应。如果他保持独自一人的状态，什么互动也不会发生。因此他必须邀请另外一个人触碰他，使肌肤互相接触。他们可以选择握手、抚摸、亲吻等接触方式，每种接触会产生不同的声音。根据互动者的距离变化，声音的震

图8-2　《灯光触摸》　2011年

频也会不同。这种"触摸"可以连接到一个特定结构内的RVB探照灯上，或者结合到展览空间里。这样，每个触摸装置之间也可以根据颜色和光的强度进行互动，由此连接更多的参与者。利用这个"灯光触摸"的概念，可以根据展览空间的特定尺寸设计不同的展示（灯光）效果。作品邀请观众的参与并引发出或亲密，或有趣的场景。情侣们亲吻或互相轻抚，不认识的陌生人尴尬地握手，或者很多人一起参与游戏。在这件作品里，人身体之间的能量流（静电）被转化为"音乐+环境光效"被参与者感受。

织布机在工业化生产的历史发展上有着重要的意义。其按卡上小孔的排列来编织花纹的方式，与电脑读取开关（0和1）以合成图像的方式如出一辙。香港艺术家伍韶劲的互动多媒体作品《音乐织布机》（2010）将一台来自法国北部具有250年历史的古董织布机，配合新媒体技术，变身成了编织光影旋律的乐器（图8-3）。手工操作的"织布机"也是人机交互在生产实践中一种趋近原始的状态。作品通过对传统的人与机器间"协调互动"景象的重塑，有意唤起今天的受众回归到与自然的密切交往中。这个寓意（艺术观念）甚至要比作品实际的交互效果重要得多。

作品《音乐织布机》由镜子、数字投影机、扬声器、Z型接口的遥测感应器、红外LED、B/W针孔摄像机、红外滤波器、电脑等设备组合而成。透过一面镜子，一块完整的屏幕被投射到纱线上，而红外摄像机和超声距离传感器则用来跟踪。参观者可以一一坐下来与"织布机"互动。一根光条被吸附到参观者的手部，跟随着人手一起移动，让参观者能够生成机械的音响幻景，也可以根据互动随意唤来音乐表情达意。参观者既可以在纱线上弹奏（如弹奏竖琴），也可以用手在空中弹起四声和弦。这场互动不仅可以让观者领略久远的织布机声音并奏出心中的曲子，还带动他们思考人类与"机器"之间协调互动的历史联系。

通过（手柄）摇动作品产生的机械或物理旋转也可以被认作是一种触碰交互体验。旋转力是早期工业动力应用的一个典型代表，不论是往复式蒸汽机、水轮机、电动机，还是各类螺旋桨、齿

图8-3 《音乐织布机》 伍韶劲 2010年

轮、传动轴，其最终的动力驱动模式都离不开旋转力。因此，借助手柄的摇动所创作的新媒体艺术作品就明显体现出工业时代般机器灵感中的怀旧体验。由艺术家组合克里斯塔·佐梅雷尔和劳伦特·米尼奥诺创作的交互作品《逃离》便借用了复古的手摇方式与最新的电脑投影相结合，生成出旋转动力与人类生存法则间完美的寓意（图8-4）。

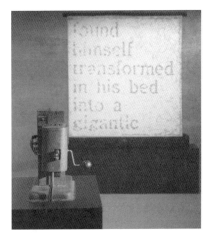

图8-4 《逃离》 2012年

《逃离》选用一台20世纪40年代过时的欧洲（手摇）胶片投影机和一张特殊尺寸的白色电影屏幕。投影机经过改装后，能够容纳一台现代的小型数字投影仪并支持一些机械传感技术。当参观者走进展览空间（一个黑暗的小房间）会看到一只飞虫停在（被投影在）屏幕上，当人们用手开始转动投影机手柄时，飞虫逐渐疯狂地在屏幕内乱转。持续地摇动手柄，越来越多的飞虫会慢慢聚集成一团，都好像在寻找逃出屏幕的出路。当飞虫的数量越聚越多，手柄仍在转动的情况下，屏幕上就会组成可以识别的一段出自弗朗茨·卡夫卡《变形记》中的文字内容——主人公一夜梦见自己变成了一只巨大的虫子……在参与者不断加速旋转手柄的时候，不曾有一只飞虫逃出这个世间（屏幕），而当人们突然停止手柄的运动时，所有的虫子连同它们的烦恼都烟消云散了，表现出人类生存法则中"释怀"的美。

二、体势交互

体势交互与触控交互稍有区别，它不需要参与者与作品有任何实质性的"触碰"，而只需要一些特殊的感应装置（如图像识别摄像头、红外装置、体感交互感应器等）来识别人的手势和体态变化，使艺术品随之做出相应的动态审美呈现，以完成交互体验。

体感交互装置作品《放风筝》是来自清华大学的研究生的集体创作（图8-5）。这个作品将风筝文化进行技术创新，使人们在一定距离上通过自身的手臂上举、双手胸前摇动等不同的体势控制投影屏幕上虚拟风筝的施放、

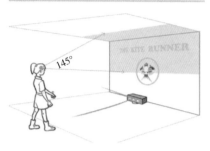

图8-5 《放风筝》 2011年

挑高、收线等动态，在展览空间内完成"放风筝"的娱乐体验。作品使风筝这一濒临失传的传统文化焕发青春活力，同时也在新媒体艺术领域中探索非物质文化遗产的数字化保护。

《放风筝》使用了Kinect体感交互系统的通用模块。这个模块最初是微软公司为其游戏硬件XBOX360推出的周边外设装置，是一种3D体感摄影机（开发代号"Project Natal"）。同时它导入了即时动态捕捉、影像辨识、社群互动等功能，使玩家可以体验体感游戏的乐趣。

随后，2011年6月微软把Kinect移植到视窗平台，推出了Kinect for Windows SDK Beta。这不仅为程序技术人员开启了无限宽广的世界，让他们可以轻松地在视窗系统中发挥Kinect的技术潜力而创造出更自然、更直接的计算机操作体验；同时也为Kinect参与大众化艺术创作提供了可能，人们可以利用Framework等相关软件来配合体感系统进行交互艺术品的开发。

对于艺术创作来说，硬件系统及其程序包的模块化商用模式至关重要。新媒体艺术的创作者能够直接利用高技术传感器（如Kinect）取得距离传感、彩色摄影感应以及四单元麦克风数组的原始数据流，并以其为基础进行交互艺术的应用实践。各类体感硬件可以追踪摄像头视野内一位或两位用户的骨架影像（骨架追踪），便于建立以体感操作为基础的交互应用程序。了解程序开发的艺术工作者只要购买标准的体感套件，就能在短时间内立即上手使用。在创作以外，模块化交互组件的应用使新媒体（交互）艺术在布展中的布置和组装难度大大降低，也成为高技术与艺术呈现相结合的一个可行的趋势。

新媒体艺术家金江波创作的体感交互作品《自然的另种状态》体现了另外一种体感交互的美（图8-6）。作品由两个巨幅投影机水平并列拼接成长方形银幕，在银幕中央下方放置一个高分辨率的电子摄像头，该摄像头可对银幕前走过的参观者形态进行实时捕捉，并将人体形态虚化并随时传入电脑内，通过程序特殊的算法与事先生成的计算机水墨动画结合，最终呈现出人与山水之间自然共存的艺术画卷。

图8-6 《自然的另种状态》 金江波

今天的中国，变化不停。人们已习惯栖居在钢筋水泥的高楼丛林中，而离"传统和自然"越来越远。子曰："智者乐水，仁者乐山；智者动，仁者静；智者乐，仁者寿。"东方美学始终将宇宙和自然作为主体，而使人成为"道法自然"的追随者——仰望宇宙的广袤无限。怡情传统自然的精神又反过来成为当代大众遥不可及的梦想。如今，新媒体艺术给我们带来亲近自然的新机会。作品试图通过新媒体的水墨影像进行时空转换，让古意中的水墨山水影像成为宇宙信息的载体。随着观众的不断介入，让丝丝墨痕与悠扬的琴声渐起，而跟随着观众的身影在虚拟影像的空间里泛起层层的涟漪，让身体的舞动肆意惊动水墨山水的视觉演绎。水墨意境随着观者的飘影进入，使人在虚拟景象中找寻自我的身影、忘怀于自然的化境。作品巧妙地把中国传统艺术底蕴与当代媒介技术发展的最前沿结合在一起，将既前卫又赋以传统内涵的审美意象宣泄得淋漓尽致。《自然的另种状态》不仅在技术上下功夫，而且在观念和艺术构思上堪称精湛，为交互艺术中艺术与科学的融合提供了范例。

三、感知交互

感知交互分两类，一类是艺术装置本身感知周围各种环境因素的变化而产生动态的艺术反映，称为装置感知；另一类是艺术品作用在人的各种感知力、神经、感觉器官之上所形成的互动体验，称作人体感知。

1. 装置感知

装置感知指艺术品本身，通过传感器的探测与信息传递，具备了感受外界环境的某些特点，并随之产生或随机，或规律的动态审美变化。这样的感知力虽然不直接来自人体的感觉器官，但其互动变化的根源却经常是参观者对作品的各种诱发。

以牛淼的感知互动装置作品《光与烛》为例，作者在一个房间内的上、前、左、右四个墙面上各均匀排列54个锥形亮白色LED灯管（剩下的两个墙面分别为反光板铺成的地面及背面入口），房间中间安置一个中空的黑色方盒子。盒子内四周也如房间四面一样装有点阵式的感光探头，其中央安放一支点燃的蜡烛。当参观者吹气或用手扰动烛光时，盒子中与房间内对应（灯管）位置的探头会随着烛光明暗远近的变化而驱动灯管做忽亮忽暗的动态交互呈现（图8-7）。

图8-7 《光与烛》 牛淼

《光与烛》实际上体现出传统而渺小的"烛光"与外在人造环境之间的"蝴蝶效应"。而展览中参观者的"参与"为作品提供了一个环境扰动的因素，使观者意识到自己的一挥手、一口气都在为世界的巨大改变积累着能量。更重要的是每个人每一次对作品所施加的影响以及他/她所获得的（明暗）美感体验都不会完全相同。这就是交互艺术瞬间的即时性、过程性体验的魅力所在。

由瑞士人费洛里安·皮泰（Florian Pittet）和艾瑞克·莫泽尔（Eric Morzier）创作的新媒体作品《点燃我的激情》让观众通过在作品面前划动火柴所瞬间改变的环境光热与作品交互（图8-8）。作品由两台纵向悬吊拼接的投影仪及电脑、墙面、音响、红外感应器等装置组成。在投影墙面的正下方约1.45米高度处，从左至右设置了一长条火柴摩擦皮，观众走近墙面时可以手持火柴与摩擦皮接

图8-8 《点燃我的激情》

触将火柴点燃，在点燃的一霎那，位于墙面垂直顶端的红外摄像感应器会捕捉到火柴的光热，随即计算点火位置并从电脑内随机选取一个"电子"烟花动画（及其音响效果）投射在墙面上。

另一个感知交互装置作品《莲花》出自荷兰艺术家丹·罗斯加德（Daan Roosegaarde）及其工作坊（图8-9）。作者制作出一个由特殊金属箔片排列组成的艺术墙，其中每个正方形箔片被由四角向中心呈十字形划开。墙背后装有感应器和红色灯泡。当人体（手或其他部位）接近墙面时，感应器会察觉到观众的靠近并驱动灯泡点亮。灯泡及人体所散发的热能使金属拨片均匀而缓慢地向外张开。墙面上被手轻轻掠过的地方像花朵一样绽放，与人形成交互，但实际上并不需要观众实际触碰到作品表面。装置对人体靠近时的感知与回应成为这个作品成功的关键。

来自奥地利艺术家卡特琳娜·米舍（Katharina Mischer）和托马斯·特莱斯特（Thomas Traxler）的《集体作品》也可以感知人体的靠近（图8-10）。但与《莲花》不同，它所感知的对象并不需要有意识地靠近作品，而是在参观者无意识的情况下长时间地对群体的疏密进行感知。《集体作品》可被视为一台自动编织机，它使用24毫米宽的橡木条一圈圈地逐渐向上盘旋而起编织出篮子，并以马克笔在编织条上绘制深浅有别的图案。通过安装在机器框架中的传感器，作品能探测到观众的来往频率和聚集程度。某个时刻，观看的人越多，篮子外侧的马克笔的标记也越深，最多的时候可以同时启动4支笔将橡木条涂黑。因此篮子的花纹样式取决于前来参观的观众，每个篮子的生产都成为独一无二的对观众兴趣的记录。如果没有人对这个篮子的生产过程感兴趣，机器就会完全停止生产，也就编不出篮子来。这种生产方

图8-9 《莲花》

图8-10 《集体作品》 2011年

式可以被称作应兴趣而生产。

《集体作品》质疑了人与机器之间的关系。历经工业时代洗礼的观众们被重新转换成了劳动者，尽管他们所付出的只不过是停下来观看的时间——然而今天的我们最缺少的便是时间。

与《集体作品》相类似，这两位奥地利艺术家还推出了另一个系列的作品，叫作《源于树的灵感》。同样也是一个由天然材料与机器生产流程相结合的自主生产过程。只不过这个过程所感应的不是参观人流的疏密，而是太阳能。也就是通过一套机械装置将太阳光的强度转换成一件物品。

作品《源于树的灵感》反映了创作当天不同的日光条件，如同一棵树受到阳光的照射而获取能量（图8-11）。作品从日出时开始生产，到红日西沉时便停工，日落时分就可以"收获"完工的"产品"了。产品慢慢地"生长"，通过一台上色装置和一只胶水槽而抽出纱线，最终把它们绕在一只模子上。它的长度和高度取决于当天日照的时间，卷绕每一层的厚度与颜色则取决于太阳能的多少——日光越多，绕层越厚、颜色越淡；日光越少，绕层越薄、颜色越深。

图8-11 《源于树的灵感》 2008年

这套过程还不只对不同的日照条件做出反应，还对机器周边环境中出现的阴影做出反应。每一朵云彩、每一道阴影对成品的外观都有重要的影响。将"天然"要素引入系列"生产"的观念为人们开拓出新的思考视角，即工业化所需重视的，并不只是地方文化、劳动力成本、工艺或资源问题，实际上它也需要应对生产过程周边的气候及环境要素。人们能从这件作品所生产出的不同物品上分辨出它们的生产地点。例如在赤道上物品的高度/长度始终都一样，而在北欧和中欧，季节对物品的形状就会产生不同的影响。在雨水丰沛的地区，物品的颜色更深、绕层更薄；而在阳光明媚的地区，物品颜色更淡、绕层更厚。《源于树的灵感》从理想主义的角度来看待机械如何与自然相"感知"并生产出了不起的成果——某种囿于自然韵律之中，沐浴日光的"工业环境"所产出的理想。

2. 人体感知

除了艺术装置自身的感知能力以外，人也具有与生俱来的各种感知力。这在"感知交互"的讨论中属于另一类作品，称为人体感知，即艺术品作用在人的各种感知力、神经、感觉器官之上所形成的互动体验。

这里要强调的是，一直以来艺术的美感总是经由物理介质（光波或声波等）作用于人的视觉、听觉或其他感官，才得以使人对绘画、舞蹈、音乐等的"美"产生认知。但这些传统意义上的美感大多源于静态的艺术"结果"（如画作）或预先经过编创而固定下来的规律性程式（如乐谱或舞台剧本），而非这里所谓的"过程性"互动体验。这里的交互性，意味着在新媒体艺术中人体感知需要参与到艺术的生成之中，成为艺术过程的一部分。没有人体感知的参与，这类艺术品就不完整，亦无法生成结果。传统绘画或音乐艺术则不同，没有人参与或欣赏时，它们仍旧摆在架上或印在乐谱或唱盘中，因此每个作品的艺术结果在客观上是唯一的。而新媒体交互艺术的"结果"会因每个观众对作品的参与过程及反馈的不同而千差万别。因此，本文中的"人体感知"特指结果性艺术范畴以外的、融入参与过程中的感知交互。

日本艺术家三上晴子的作品《重力细胞》是一个典型的人体感知交互实例（图8-12）。作品由投影仪、屏幕、位置接收器、重力传感器、特制钢板地面、电脑等组成。

在一个空旷而黑暗的室内空间里，《重力细胞》在空中和地面展开。正方形展场由无数块特质的钢材料方砖铺就，每一块方砖下都藏有重力感应装置，方砖的四周上空吊装着可透光的幕布及投影仪。没人踏足展场的时候，吊装的投影仪会将平行的光线条纹投射在地面及上空的幕布上。当观众走上方砖参与到作品之中，电脑就会根据被踩踏的某一或某几块方砖所传来的重力感应数据及其位置属性，使相应位置的投影画面由平行光线变作

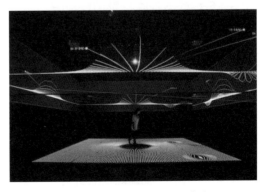

图8-12 《重力细胞》 三上晴子

扭曲的曲线并伴有音响效果。该作品在视觉和听觉上夸大了观众踩踏时的重力效果，使人从感官上体验到自己的重力所带来的"回馈"。这种感官体验最终作用于人体内有关重力感应的神经细胞，使其出现暂时的紊乱，好像陷入自己重力的作用包围之中。

作品的成立基于这样一个原理，即重力在没有反作用力即阻力的情况下就无法体现。艺术家设置了一个动态的混合现实，在其间，观众可以体验到重力和阻力间力的磨合。这种自然现象的破坏改变了人们对于重力的习惯性感受，从而改变了人们对于身体在空间中的认知。本作品借助特定的设备和感应器提供一个假设的动力空间，在现场自由走动时，参观者能感受到通常不宜察觉的重力以及其阻力，或是来自别的参与者的影响。参观者的所有移动及位置变化均通过感应器被转换为声音、光线和几何图像，因此，整个空间在这个互动装置的环境中发展、变化。

同样是借用了观众的视觉和听觉感官，但《重力细胞》所阐释的体验与传统绘画或音乐艺术中所谓的"美"的结果是不同的。《重力细胞》需要参与，而且每个参与者必须通过自己的重力触发作品为自己提供专属的反馈，以获得个性化的感知体验。这是无法替代的、身临其境的、交互的"美"。

在"重力细胞"以外，还有其他的人体感官也可以参与到新媒体艺术的交互领域。中国艺术家黄石和李敬峰的《空窗子》通过观众佩戴在头上的无线蓝牙脑电仪，可以探测到人脑发出的 α 波与 β 波，继而实现人与作品的互动（图8-13）。

《空窗子》有一个背投的浅黄色屏幕，镶嵌在展览空间的外墙上，配合着中式窗框设计散发出古朴典雅的味道。观众将电波探测器带好后，作品即启动。一只蝴蝶出现在投影的窗棂中，并按照观众脑电波的状态数据在竹影中上下飞舞。观众可以通过调节精神来控制蝴蝶的飞行轨迹，让蝴蝶穿过层层花丛。观众的注意力集中程度和眨眼频率也会对蝴蝶飞舞产生影响。一旦蝴蝶到达终点，一切画面将烟消云散。"庄周梦蝶，焉知是梦？"这是作者要表达的纯净意念中虚无的冥想与沉思。

图8-13 《空窗子》 黄石 李敬峰

像《空窗子》一类的人体感知交互

模式目前还处于艺术尝试阶段。装置需要观众佩戴一些与其身体接触的昂贵探测仪器，这有可能导致交互装置在实际展览中的不稳定。例如《空窗子》的脑电波探测仪需要观众像戴大型耳机一样佩戴在头上，并且有另外两根金属探测端子分别联通其额头、耳朵或指尖。当展览的日接待人次超过一定数量时，由于仪器的频繁使用，观众身体上的油脂、化妆品即可能对探头逐渐产生绝缘效果，最终导致交互作品失灵。展览后期该作品只能以演示模式做静态陈列。这突显出艺术创作对高技术设备的疲劳性验证不足、准备不充分的问题。随着新媒体艺术装置的不断发展，越来越多的技术因素将渗入艺术表现之中，艺术在探索"呈现之可行性"的同时，也不得不考虑（技术）可靠性因素所带来的困扰。探索和解决这些困扰也将是新媒体艺术研究的一个重要课题和趋向。

但不论怎么说，《空窗子》毕竟是实验性艺术作品，它所具有的观念启发性是无可比拟的。不少与作品完成交互的观众都对这个创意赞不绝口，认为它在医学、神经科学、心理学和缓解疲劳的日用保健等方面都具有实际的应用潜力。这也从另一个侧面证明，新媒体艺术的实践反过来对科学技术的发展，特别有关其应用范畴的拓展也能发挥出自己的作用。

四、物联交互

物联交互主要指展览中借助物联网交互形态的艺术呈现方式。

物联网，简言之就是"物物相连的网络"。这个概念可以有两个层次的诠释：其一，物联网以互联网为基础，是互联网的延伸和扩展；其二，物联网延伸、扩展到了任何物体与物体之间，它通过物物之间的（智能化）信息联络达到服务于人的目的。1999年，国际移动计算和网络会议在北美召开，会上首次提出：物联网（Internet of Things，简称IOT）是新世纪人类面临的又一个发展机遇。从那时起，物联网已走过了相当长的发展历程。在这个过程中，我们越发意识到物联网已成为信息时代不可或缺的组成部分，它是互联网的应用扩展。可以说，"创新"是物联网发展的核心，以用户体验为基本出发点的交互应用是物联网发展的灵魂所在。

物联网技术主要通过RFID电子射频装置、蓝牙通信、二维码识别等手段实现交互。物联网交互模式并非直接通过人与机器之间发生数据交流，而是通过与人相关的——物体与物体之间的感应联系来反映人本身的智慧，造福于人类的生活。在物联网技术进入艺术创作和展览形态以前，它就已经开始商用化了。我们现在使用的各种门禁卡、车库进出识别装置、高速公路的电子不停车收费系统（ETC）、公共交通一卡通等，都有物联网技术的身影。物与物之间的信息联通不仅可以作为身份识别或商业结算的方式，也可以传达智慧、娱乐生活，这成为物联网与新媒体艺术"交互性"相融合的契机。

图8-14 《智能积木》 MIT媒体实验室

典型的物联交互作品之一是MIT媒体实验室的《智能积木》项目（图8-14）。作品中的每一台智能积木都配有一张全彩LCD屏、多种运动传感器和一节可充电电池，这一切都包含在1.5英寸大小的牢固方块中。每块积木可以感应自身的倾斜，积木之间可以相互感应位置、交换信息，还可透过蓝牙与电脑相连，通过电脑下载新的程序而拓展出新的功能。

例如，当屏幕上显示不同的英文字母时，可以用这些积木来练习英语单词拼写，根据结果的对错会发出不同的提示音。同样也可以用这种方式来练习算数，只不过这时屏幕所显示的内容又都变成了数字和运算符号。而由于积木中加速计的存在，参与者还可以利用积木来进行"调色"，如将三块积木并排放置，左侧屏幕显示黄色油漆桶并向右倾斜，而右侧积木显示蓝色油漆桶并向左倾斜时，中间的积木就会显示偏"绿"的黄蓝混合色；色彩勾兑过多时还可以将中间积木的颜色向左右倒回，做反复调配。

物联网并不是对互联网的挑战和取代，而是"信息沟通体系"在通信与互联应用（及其扩展）方面的重要延伸。工业和信息化部科技司司长闻库曾指出，在互联网飞速发展的当下，感知、识别技术与智能装置正不断地使物理世界参与到信息交流过程中，它们自动地使物体与物体之间具备信息传递与沟通的可能；并透过网络的传输、互联、计算、处理与存储，拓展物与物、物与人、人与人之间的互联互通，使世界进入到一个真正的全知全能的崭新时代——物联网时代。

从历时性的角度说，物联网的历史可以追溯到"传感器"行业的兴起。工业化发展到一定阶段，机电自动化的程度越来越高，其趋势就由发展仪表行业的"人机"控制逐渐向发展传感器行业的"自动化"控制转向。之后，随着电子科技的出现、普及与完善，传统意义上的"机电"传感便逐渐让位于我们今天所谓的RFID（无线电子射频识别）等技术。目前，RFID已经广泛用于物流、交通和身份识别领域。可以说，物联网是建立在射频技术基础上的一个新兴概念，是对物的感知、识别、控制的网络化互联体系，是一种代表着尖端科技的高智能化信息形态。

在RFID以外，二维码识别技术也被划入物联网范畴。条形码的"一维"特性决定了它只能局限于识别少量的数字或字母。最近的十多年里，二维识别码的发展异常迅速。与条形码相比，二维码的信息容量大大增加，并且可以同时被多种扫描设备（红外、激光或普通的可见光摄像头）识别。而二维码的印制成本与传统的条形码无异，因此推广的阻力很小。近年来由于可识别二维码的智能手机日益普及，二维码技术逐渐趋向于日常应用。在各类展览及会展中经常可以看到艺术品或展出的产品标牌上出现各类二维码，这有利于观众通过自己的识别装置（如手机或平板电脑）来读取作品或产品的相关介绍、购买链接或信息等，省去了用笔和纸记录信息细节的麻烦，这也在宏观上成为新媒体技术在展览中的一个越发重要的应用形态。

第四节　交互艺术的新业态：内容互动

长久以来，互动艺术在"内容"层面上的幻象令人期待。人们总希望按照自己的意志来驾驭（或参与）影像、故事或人物角色的走向与结局。近来，互动影视作品出现在消费级流媒体平台上，让我们看到了"新媒体互动影视艺术"发展的曙光。

2018年12月28日，一部具有里程碑意义的单集网络影视剧《黑镜：潘达斯奈基》在北美Netflix影视平台上线公映。这部影片独特的"观众参与式影像互动"体验，瞬间燃爆了欧美流媒体视频播映市场的圣诞档期。Netflix的访问量实现近千万级跃升，全球用户数在元旦之际已突破1.2亿。观众必须在线观看这个影片，视频播映过程里既没有进度条，也不提供下载；随剧情演进，屏幕会不时跳出几个选项，邀请观众来决定主人公下一步的行动。面对突如其来的选择，观众激动不已又犹豫不决——激动的是，他们有史以来第一次拥有了参与剧情的机会；犹豫的是，面对一个个神秘的选项，他们不知道自己放弃或错过了什么，也不知道触动选项的一瞬是否会引发蝴蝶效应，甚至将剧情的发展引向翻天覆地的歧途。实际上，影片中的每一步选择，都有可能推动故事向不同的方向延展。为此，制片方为该剧筹备了一年半，投入两倍的制作成本，设置了十几个结局和近70个选项，各支线共计312分钟的剧情总时长。

《黑镜》（*Black Mirror*）原本是由英国电视4台与美国Netflix公司联合出品的系列迷你电视剧，自2011年底开播以来，已陆续推出数季。该系列多以构筑于现代科技背景的独立故事为蓝本，表达科技进步对人性的利用、扭曲与重构。该剧一经播出便好评如潮，但2015年以后Netflix开始独立承担制作。那时起，该剧的互联网电影数据库评分（IMDB）及豆瓣评分有所跌落，剧集口碑不断下滑。Netflix高层希望有新事物能提振观众的热情，于是2017年5月《黑镜》的编剧查理·布鲁克及制片人安娜·琼斯被请到洛杉矶，与公司的互动设计小组会面，随着探讨的深入，交互影像——一个全新的视觉消费产物即将到来。

2018年圣诞节上线的《黑镜：潘达斯奈基》，讲述20世纪80年代一位年轻的程序员在编制电子游戏时，将现实世界和游戏世界混为一谈，最终走火入魔的故事。故事发生在1984年，幼年丧母的程序员斯蒂芬根据小说《潘达斯奈基》尝试改编出一款交互式游戏，玩家只要不断参与选择，就可以使游戏发展下去。这个创意使斯蒂芬赢得了游戏公司的赞许，老板准许他在家中独立完成创作。但在游戏编写中，斯蒂芬逐渐沉浸在失去母亲的旧忆与悲痛中迷失自我。他开始埋怨父亲，童年时正是父亲藏起了斯蒂芬的玩偶，才致使母亲错过一班火车而罹难。更糟糕的是，小说《潘达斯奈基》的作者本人在写这个故事时也陷入了同斯蒂芬类似的迷失——创作中他们逐渐怀疑自己受到了"潘达斯奈基"（英语里某种存在于幻想中、无形的邪恶力量）的控制，丧失了自主意志与选择权，在疯癫中一步步迈向毁灭的深渊。

自影片的一开始，观众就会不停地陷入抉择，无论是让主人公吃麦片还是听音乐，都需要观众的参与。但真正对故事有重大影响的，是那些与剧情内容紧密相关的互动环节，即主人公的存活、死亡或入狱，以及如何面对自己的迷失——选择退缩、与世界对话或弑父等。每条支线的平均放映时长不等，为60~90分钟，这与一部普通电影的播放时间相当。

从历时性角度看，交互影像有着悠久的历史。1967年蒙特利尔世博会上，捷克馆曾展出一个名为"自动电影"的影像装置，其外观类似于自动贩卖机——观众投入一枚硬币，然后通过"红/绿"按钮选择自己中意的剧情。这是早期的交互电影形态，人们可以自行决定情节的发展，选择他们想要看的故事。20世纪60年代，国际民主运动风起云涌，艺术创作也得到空前自由的发挥空间，"自动电影"所提供的选择性自由度，便是那一时期社会文化思潮的映现。1990年代初，西方电影院曾尝试在座椅上安装"摇杆"供观众选择剧情，无奈众口难调，只好不了了之。到21世纪，YouTube推出"Choose Your Adventure"栏目，率先在视频网站上开创交互影视先河。近几年，游戏产业在角色扮演类（RPG）的基础上，逐渐发展出一个"互动电影游戏"分支，创作出《直到黎明》《底特律：变人》《奇异人生》《行尸走肉》《暴雨》《超凡双生》等互动情节游戏。它们多以蝴蝶效应为主题，玩家的每个选择都会对剧情走向产生一定影响。互动电影游戏的剧情分支已设计得相当复杂，给玩家提供了多元化结局和足够的选择空间。但这些游戏的玩家群体相对小众，尚未形成足够的文化热度。

这里"互动影像"艺术指：在观影过程中，可提供即时选择性与多线程剧情脉络的影视作品。它区别于传统的单线程影像创作与播映模式，观众可透过互动环节参与到剧情的发展中去，情节也随着观众互动的结果而改变走向，故而产生了多线程的情节结构。

当然，在互动影像的定义中尚需厘清一些复杂性问题。例如，互动影像与游戏交互之间的界限相对模糊。人们经常会将"参与"和"操控"混为一谈，毕竟看电影与玩游戏在娱乐行为上仍有显著差异。传统影视以"看"为主，而电子游戏则以"操控性介入"为主，即使到了互动影像初露端倪的今天，它与游戏之间在生成娱乐快感的机制上仍然有所分别，前者主要靠情节、情感与情绪延展的个性化把握，而后者则依靠人体外在触控所得到的即时性影音反馈。即便是即时战略或角色扮演类的游戏，在其故事性、角色幻想与影视更为贴近的情况下，游戏所具有的操控可视性、策略性、竞技目的性以及团队合作性也比互动影像所触发的"外在交互感"要强烈得多。因此，互动影像的真正卖点绝不在于触控快感或操控策略，而在于影视剧内在的互动式情节创新。如果说，游戏的快感来自竞技目标的达成性体验，那么互动影像的快感则来自情节目的性的多元游移。情节的多样化选择打断了故事的线性延续，目标的模糊使结果的一致性不再；互动影像不会像游戏那样围绕目的而施展手段，而是痴迷于未来的不确定性。

以未知的情节延展为核心，打造内容迷局，将会成为互动影像主导下新媒体信息生产的下一个主场。回顾过往，自互联网诞生起，数字时代使信息渠道与受众间的传播黏性逐渐加强，从门户网站的平台意识，到兴趣群落的社交意识，到基于地理位置信息的共享意识，再到如今的两微一端❶和短视频，新媒体已牢牢占据媒介传播的主阵地。当前，人工智能算法、虚拟现实及高速移动网络的飞速发展，正进一步推动新媒体在媒介技术中的锐意革新。当人与人、人与世界、人与机器，甚至物与物之间的信息渠道被打通以后，媒介的工具属性和渠道属性将让位于内容。个体思维的深度与多元化拓展，将弥补数字时代内容生产注重人际传播而轻人内传播的现状。视觉影像作为沟通人内思考的重要一环，将在内容互动领域有一番作为。

在此趋势下，关注互动影像的创新与突破便有特殊的意义：

首先，互动影像打破传统影视剧在故事维度上的单一性，剧情维度与角色维度上的多样化选择使影像内容在"量"的生产上有巨大的扩张性需求。互动导致情节有多样化的拐点与结局走向，同一个故事亦可透过不同的角色视角进行多元化阐释。受众的选择性增加需要建立在影像内容的增量基础之上。在未来，互动影像对导演、编剧、表演、后期制作的需求将急剧扩张，制片成本将会上升。

其次，单线程播映模式被多重互动回播所撼动，观众逐渐摒弃"快进""倍速播放"操作，转而流连于不同情节与视角的反复回播之中。人生如时间一样不走回头路，人生轨迹无法重来，但交互影像却可以重来。互动所带来的回播效应，使观众对故事的全局意识增强、对人物的角色认知更为饱满、对结局的多重性有所期待，最终会提升视频影像与受众的消费黏性，成为注意力经济的重要增长点。

再次，互动影像将原来构筑在银幕与观众之间无形的屏障（第四墙）打破，使观众进入故事中来选择剧情、改换视角、参与叙事。互动影像中的受众不像游戏玩家那样被赋予角色属性，而是被直接赋予了作者权限，对故事的走向予以决断，甚至可以反复"试错"。这使观众与影像间出现了某种吊诡

---

❶ 两微一端指微博、微信及新闻客户端。

的情形，如果说互动促进观众走进了故事，拉近了他们与银幕的距离；那么作者角色的担当，又使观众清醒地意识到自己的参与和故事发展的全局，而难以沉浸其中。互动给观众的感受到底是沉浸还是疏离，还有待未来的影像实践予以确证。

最后，互动所形成的参与机制，使反馈得到前所未有的充实。互动影像的播放端会积累大量的用户数据——这些有关用户选择的信息，在微观层面上可用于改善互动内容的适配度、促进与用户兴趣相关的广告精准投放；在宏观层面上可参与和情节、角色及受众倾向相关的大数据分析，背后可能蕴含着巨大的娱乐及文艺所带来的互动效益。

总之，在消费业态中，交互影像的出现将带来巨大的颠覆效应。内容生产与传播渠道的变化最为直接。从影视产品的交互策划，到互动构架的搭建，再到剧本编写、角色视角的拓展、制片成本的控制、分众化广告的前期介入等，互动内容生产的模式都有待创新型探索与实践。在传播渠道方面，2019年初主流的消费级流媒体播映平台（如腾讯视频、爱奇艺视频、优酷视频、哔哩哔哩弹幕视频等）尚不具备互动影像放映机制；而主流的短视频平台（如快手、抖音等）在"主播互动"领域建立了强大的用户反馈机制，但在内容互动领域却未有太多尝试。以上两类平台聚拢着中国影像消费的中青年群体，庞大的用户体量是它们未来厚积薄发的基础。

在艺术设计领域，交互影像时代的破晓可能导致交互设计的重心由"界面"转向"内容"，即由浅表信息的指令性反馈向带有思维深度的内容性反馈转变。这里权且称其为基于交互影像的新媒体内容设计。这个"内容设计"并不能代替"影视编剧"，它是构筑在交互内容与新媒体互动基础之上，着力解决多线程剧情脉络如何应用于新媒体视频平台并获得良好互动体验的系统性思路。换句话说，这里探索的不是如何编剧，而是如何让互动故事带来更好的交互体验、提升视频用户黏性。

传统意义上的"界面交互"强调人机互动过程的自然性，往往是"瞬间触控"结合"瞬间反馈"形成一个完整闭合的互动体验并循环渐进。而随着交互影像向流媒体及深度内容互动的拓展，原有的界面设计理念已难以满足新媒体发展的需求，原本突出视觉吸引力的局部要素——如形状、颜色、文本、图标等，甚至可能分散用户对内容的注意力。因此，确立基于交互影像的内容设计原理与原则就显得十分必要。

这个原则应建立在对界面设计与内容设计于交互体验中目的性差异的理解上。目前，交互影像的内容容器异于传统界面之处有：

首先，流媒体在时间维度上的极大拓展，使交互影像突破了界面原有的三维空域，呈现为流动的四维时空域。原有三维图像的界面交互，目的在于与用户注意力的释放相吻合，注意力、醒目度、网格均衡度、框架完整性、空间布局及线性引导力、触控点设置等成为设计所需关注的焦点。但在四维的交互影像中，由于时间流的导入，空间注意力的瞬间印象可能会让位于图像的动态变化，这个客观嬗变与受众主观的接受流畅性契合度、互动衔接的顺畅性、对内容的推动力、思维的流畅度、情感的延续性等成为设计的新焦点。

其次，交互设计与内容之间的关系更加紧密。原有的界面交互与界面内容之间的关系是相对分立的，分工明晰有利于确保设计效率。并且，内容方案及创作进度往往先于界面设计，其后才嵌入交互模块。交互影像则不同，如果缺乏一个适当的交互容器，那么故事的延展会处处碰壁、难以施展。《黑镜：潘达斯奈基》在没有展开创作之前，编剧就需要与视频交互团队保持密切的沟通，预先了解流媒体交互的系统构架、分支的极限，以及情节通路的闭合、循环与开放潜力，即交互内容的构架要先于内容本身。反过来，内容创作的过程里，对交互的需求也在不断地变化、迭代，情节的延展本身也需伴随交互意识。流媒体互动将是一个内容与设计的糅合体，不再是两个分工明确的步骤。

再次，内容设计区别于浅表信息加工的可视性，其传播原理是以影音刺激为肇始、故事延展为诱导的神经感知过程。认知神经传播的系统研究才刚刚起步，尚处于生理反馈的实验阶段。但从审美到生活、从哲学到思辨、从文学到影视，人类的内容实践从未停歇。神经认知有其复杂性，每个个体对美的追求、对心性的把握却总饱含着独一无二、实实在在的体悟。在娱乐消费的推动下，交互影像的内容探索何去何从，或许尚不明朗，但其对流媒体设计的需求却是具体而真实的。对未知的好奇心，是提升用户黏性的重要吸引力；内容在认知层面上的深度、厚重与复杂性，正是巩固设计黏性的坚实基础。

从次，时延性为时空缠斗创造条件。流媒体内容具有时延性，长久以来由于大众媒介（如广播、电影、电视、网络视频等）单向传播的特性稳固，时间维度的扩展被固化在"线性"的轨道上"矢量"前行。但交互影像的媒体流，随着内容选择性的嵌入，越来越突显出"非线性"征兆。用户的个性化参与，使内容在时间上可能有平行、有跳跃、有分支、有回播。原本基于瞬时性的空间界面设计，就无可避免地陷入内容交互的时空缠斗中，后现代文化在时空上的戏仿、拼凑、杂糅、重复将进一步施展。

最后，向真实的"反馈"靠拢。交互一定有反馈，但界面交互的瞬间响应机制大多构筑在设计师预先设置的"超文本模块"基础上的程序设定，属于"作者反馈"。而交互影像的容器设计应具有"用户反馈"的雏形，即实现用户与内容之间的反馈、用户与用户之间的互动以及用户兴趣与媒介推荐渠道的精准适配。反馈实时体现个性化内容需求，其背后是用户的需求数据与喜好偏向的积累。就像微博的评论、优酷的弹幕、淘宝的兴趣跟踪、今日头条的算法推荐等，影像中的交互在未来应围绕内容开启更深层次的社交互动与兴趣推荐，以此提升用户黏性、赢得商机。

综上所述，拓展四维时空容器、确保影像流畅性、促进流媒体内容与设计的糅合、增强深度认知层面的用户黏性、提振非线性时空策略、挖掘和沟通真实的用户反馈，将成为新媒体交互影像时代内容设计的原则和起点。

第五节 人工智能阶段的交互性延异

技术发展到最近的"人工智能"阶段，新媒体艺术的交互性似乎又面临深刻的变局。

人工智能（Artificial Intelligence）的英文缩写为 AI。它是"研究、开发用于模拟、延伸和扩展人的智能的理论、方法、技术及应用系统的一门新的技术科学"❶。这是最近一段时期里计算机科学分支中被人们普遍关注的一个技术焦点议题——人们企图透过机器（或者训练机器）来了解智能的实质，从而进一步衍化出带有人类智能判断与行为方式的类智能机器。目前其研究重点聚焦于机器人、图像识别、语言识别、自然语言处理、深度学习、计算机视觉等方面。自诞生以来，人工智能从理论延展到技术应用正不断演进、日益

---

❶ 见"百度百科"词条：人工智能。

扩展。人们可以在可期的未来，看到人类智慧的技术化。人工智能可以对人的意识、判断、思维进行模拟，在某些方面替代人的精力劳动和脑力劳动。

然而，重新夺回主体间关系的艺术交互性，在人工智能面前又陷入将"交互的际遇"拱手相让的危局。这体现在两个方面：

一方面，人工智能可能导致"无意识交互"，即其发展的目的是让人少一些操心。在未来，很多现在需要我们面对交互界面发出指令控制的复杂交互，可能会逐渐被智能行为所简化或替代，人类将不再为这些细碎的操控、触摸、点击、驾驶、滑动手势、语音、眼动等动作所拖累。人们在无意识中可能就实现了自己的意愿，比如目前正被不遗余力发展的"脑机接口"（Brain Computer Interface，BCI）技术。但"无意识"的享受或许意味着，人的"本质力量"向自然的"对象化"投射的大幅度减弱。人的交互性需求一旦丧失了意识，并不见得会"随心所欲"甚至可能因沦为"无欲无求"而意志消沉。艺术若不在互动中获得本质力量的对象化投射，其交互性的未来趋向并不十分明朗。

另一方面，当前的人工智能在"机器学习"的背景下，依托算法对个体的艺术个性化参与并不完全支持。或许这只是人工智能发展阶段中的小问题，抑或是新媒体艺术采纳人工智能应用手法上的小缺憾，但却需要我们足够的警惕。例如下面的这些例子：

算法出现在生活里，是艺术的前奏。消费被淹没在"互联网口碑"中无法自拔。从生活消费的视角来看，获得良好的网络口碑已成为线下店铺最重要的营销手段之一。大众点评上的好评比率与线下的消费效果直接挂钩。打开地图，人们发现自己已生活在一个由网络评价与星级连接构成的半虚拟世界里。一个小小的早点摊都可能因为一条差评而让人放弃消费的念头。这说明人类正依赖网络点评来降低购买风险，点评的推送、数量、好评率都和成交量呈积极相关。人们在做出消费决定前，往往会查看自己手机上的点评。负面的点评对于产品的产销量具有巨大的摧毁效应，负面的评价甚至会被放大为产品或服务的缺陷，使消费者失去信心。当然，这其中不乏"虚假评论"的影响。例如2018年9月，《泰晤士报》的一项独立调查中显示：全球旅游评价网站"猫途鹰"有三分之一的评价疑似伪造。❶但评论的"真假"并不是这

---

❶ Andrew Ellson. A Third of TripAdvisor Reviews are Fake as Cheats Buy Five Stars[N]. The Times, 2018-09-22.

里的重点，人工智能初期阶段的艺术就像互联网口碑一样，其致命的问题在于——用他人的先验替代（或诱导）了观众个体的存在，使主体性沦陷，而间性赖以生存的空间则变得更加困难。2019年夏，奥地利维也纳的旅游服务行业在当地旅游局的支持下举行了一次声势不小的示威活动，他们将网络口碑中筛选出来的"差评"投影在艺术馆的外墙上——"这里的画让人恶心（一星）""淫秽裸体（两星）""没有Wi-Fi（两星）"等。同时拉出横幅质问游客——"谁来决定你的选择？——发现只属于你的维也纳"。

类似的问题延展至2019年冬"第五届艺术与科学国际作品展"上，在中国国家博物馆内，这个主题为"AS-Helix: 人工智能时代的艺术与科学融合"的展览声势浩大，邀请了来自中国、美国、英国、法国、德国、加拿大、意大利、瑞士、荷兰、奥地利、澳大利亚、土耳其、俄罗斯、波兰、日本以及印度的艺术家创作的一百多件艺术品参展。其中的很大一部分是以"人工智能"为题进行甄选的新媒体艺术作品。"算法"被广泛地、成规模地运用在这次展览之中。但算法所产生的"用户共识性"在很大程度上替代了观众的"临场存在"之感，从而使艺术创作的主体性从作者上升为基于深度学习的用户大数据之先验惯性，而使观众的个体参与化整为零，在茫茫人海中变得不足为道，而重新面临丧失观众个性化体验的危险境地。以下是这届展览中对部分作品的阐释：

作品阐释1：

艺术家勒菲克·安纳多尔利用机器学习算法，对170万件艺术文档进行搜索和归类。档案中的多维数据交互转换为一个沉浸式媒体装置。在欧盟"文化计划"的支持下，本作品在"艺术的应用：最终展览"上展出。该作品意在让观众主导，不过在空闲状态时，它也会自己走入梦境，在文档间找出意想不到的关联。由此产生的高维数据和交互将在建筑式沉浸空间中得以呈现。❶

作品阐释2：

AICAN是一种复杂的计算机算法，根据大脑对美学反映的心理学理论而建模，其创作灵感来源于自身对艺术史知识的训练与储备，以及那些渴望探

---

❶ 引自"第五届艺术与科学国际作品展"中勒菲克·安纳多尔所作《存档梦境》（土耳其）的作品阐释。

索自我创造力和艺术创作新领域的艺术家们。参展现场，影像周围将是由作者原创的自由抽象画作和由人工智能AICAN创作的图像，前者也是人工智能训练数据的组成部分，由此而生的两类作品交互辉映，探索艺术创作的二元性以及艺术家和机器之间合作创作的过程。作品探索的普及涉及监控、力量转换、全球性规范和社会文化准则，以及关于科技与终极人文的议题。❶

作品阐释3：

《机器幻觉》是一个合成现实实验，涉及在超过200万张图像的数据集上运用机器学习算法。每一个时刻都代表着丰富的建筑风格和动作选择，进而揭示了这些历史时刻之间的潜在关联。随着机器从512个维度生成庞大的建筑幻想数据宇宙，尝试从空间角度体验知识。本作品挑战了"空间"的传统定义，即在一个无边界的三维场所，物体在其中占据位置，相互关联并通过机器的思维探索空间。包含两个部分：清华大学数据集和火星数据集。

第1部分：清华大学数据集。清华《机器幻觉》是对清华大学的建筑和文化进行的一次时空探索，考察它的过去与未来。通过机器的思维来探索这座大学中的建筑和每天发生的学术活动

第2部分："S-潜伏学习：火星"是在美国宇航局（NASA）高分辨率成像科学实验（HiRise）相机，在超过150万张图像的数据集上，使用机器学习算法来进行的合成现实实验，这是在火星侦察轨道器（MRO）深空探测任务上最大规模的一次应用。MRO是一种多用途航天器，用于在轨道上对火星进行侦察和探测。❷

在此，媒介思维与运算方法的创新，显然成为艺术观念变革的肇因。

上文"作品阐释1"中，创作"主使"由人转变为机器，即试图以机器思考代替单一作者层面的创作冲动。虽然作品宣称关注"观众的主导性"，但事实上人们被置于一个由投影机包裹的暗室中，望着四周墙壁不断变换的各类档案和照片（即"多维数据转换的沉浸式媒体装置"）而不知所措。对于观众来说，冥冥中似乎丧失了交互的主动性，他们面对170万件档案所形成的巨型

---

❶ 引自"第五届艺术与科学国际作品展"中昆扎·娜吉姆所作《假如？系列1-12》（巴基斯坦/美国）的作品阐释。

❷ 引自"第五届艺术与科学国际作品展"中勒菲克·安纳多尔和赵超共同创作的《机器幻觉》的作品阐释。

数据集，其实并不确知自己能做什么，或能得到什么确切的结果。目的性的隐匿，使得作品面临与观众的浅表沟通的失落。然而，当我们联想起柏拉图经典的"洞穴囚徒"的比喻时，作品观念似乎又重燃焰火。

假定一些从小被捆绑着（不能转身）的被囚禁者面壁生存，他们在漆黑的洞穴里什么也看不见，只有背后洞口的火焰能照出昏暗的木偶的影子。他们因此认为这些影是现实存在的事物，直到有天囚徒解开了束缚，转身看到烈焰下的木偶，才知道以前看到的是影子。当他们走出洞口，看到阳光普照万物，才知木偶也只是对事物的摹写。可是，他们中的一部分人早已习惯了影子的"真实"，选择回到洞穴中；幸运的是，也有人留了下来，继续探索这奇妙的世界。

算法，或者人工智能的种种，就像是洞穴中囚徒们转身看到的烈焰与木偶，冥冥中为艺术带来某种转机。到底是继续面壁，观看浅表的"木偶之影"；还是转身去探究那火焰与木偶的真实与壮美？不同的人或许有不同的见解与选择。这里无所谓孰高孰低，完全在于认识问题的焦点变换。如果我们把观众的交互参与性放在第一位，自然会秉持批判的视角对人工智能做"非人化"剖析。但如果我们把更为壮美而崭新的艺术创作潜能（机器思维）作为更加重要的进步，那么我们或许可以暂时放下眼前的苟且，跳出主体间性在交互层面上的阶段性，而将目光伸向远方。

例如"作品阐释2"中，算法尝试学习作者间的创作伎俩，融会了作者与机器之间的创作性思维倾向，这反而让人无比激动——当有人在主体间性以外，与它者形成艺术生产的互动之时，"人的本质力量的对象化"似乎可以被那个它者所替代。这时的互动就不仅仅是人际间的"交往理性"那么纯粹，而上升为本质力量的对话与融通。当然，在"作品阐释3"里，我们看到机器在创造艺术主体的同时，亦尝试营造某种艺术氛围（环境）的空间幻象，探索数据可视化的新形态美感之可能，而非着重于观众的参与及其个性化交互体验的浅表界面。

综上所述，人工智能在算法层面对新媒体艺术的参与仍处于"偶发"阶段。创作进路并不十分成熟，创作选择性的拓展亦并不充裕。它在交互上的初期尝试主要体现于以下几个层面：①机器思考代替单一作者层面的创作。②突显出作者间的创作、作者与机器之间的交互性，而非作品与观众的联系。③机器营造的空间幻象及其可视化，拓展新的数据视野，而非着重于观众个体所得到的反馈。经常的情况是，人工智能作品透过展览现场或原始数据的累积，求得一个艺术输出的结果，这个结果是建立在大数据之上的。大数据背后是无数人的选择、经验、脸谱或行为积累，这个数据集包括了在场的每一位观众，但观众却难以得到属于其自己的、独一无二的、明显的个性化反馈。

面对如此严峻的形势，悲观的态度总是有的。马草在《人工智能与艺术终结》一文开篇便提到：

主体性的拥有是人工智能发展的关键与内在逻辑。人工智能艺术的出现提供了新的艺术终结模式——艺术终结于主体，即艺术实现了主体的更迭与替换，由人类转向人工智能。人类艺术丧失了历史性，走向终结。人工智能艺术登上历史舞台，代表了艺术发展的新形态与新阶段。技术工具层次的人工智能从事艺术活动，在艺术创作、艺术定义和艺术品鉴定等环节一步步驱离了人类的主体地位，乃至实现了某种程度的终结。人工智能造成的艺术终结源自主体，是主体更迭的具体呈现。人工智能艺术的出现打破了人类精神活动的亲身性和唯一性，是对人类的神圣性、权威性和自我崇拜的祛魅。人类艺术走向终结，意味着人类生存经验的丧失，威胁着人类存在及其完整性。❶

文中，作者使用了相对学术而理智的词汇，如"终结""驱离""祛魅""丧失""威胁""异化"等，对人工智能参与艺术创作与表达持相对极性的判断，思考十分理性，但结论充满无奈和悲情。文章提及从1984年阿瑟·丹托刊发论文《艺术的终结》以来，终结的命题始终如幽灵般困扰着艺术界。艺术终结的四种模式分别为：黑格尔提出的终结于"本体"、丹托提及的终结于"自我"、鲍德里亚提出的终结于"媒介"以及卡斯比特等提出的终结于"生活"。而马草则提出了新的艺术终结论——"终结于主体"。

这种将"人类"与"工业智能"相对立的观点，从哲学上看不无道理，"随着人工智能的加速发展，其未来说不定会突破技术工具的层次，跃升为主体。就人工智能的发展逻辑而言，拥有主体性是其发展的终极目标。否则人工智能便只能是人类部分功能的替代工具，始终依附于人类，不具备独立的

---

❶ 马草. 人工智能与艺术终结[J]. 艺术评论, 2019(10): 130.

存在价值。若局限于技术工具的层次，人工智能便无根本性价值和意义。主体性是判定人工智能发展的关键，即从事自由自觉的活动。只有如此，人工智能才能成为与人类并列的自主存在，具有独立的存在价值。"❶ 如果主体性真的是人工智能发展的未来，那么观众、展示与互动，则都将不构成未来艺术的必然要素。

很少有学者站在人工智能的"主体性"视角来看待"交互"。艺术终结论调中亦缺乏对互动问题的关照。但互动本身其实一直关联着传播的两端。如果机器智能成为主体，那么它亦必然需要有能动的对象化信息的传递，无论这信息是能量、信号、指令、动作、物质还是其他的什么，必然会形成互动，除非整个世界统置于一个智能主体的感知域之下。因此，只要交互存在一天，本质力量的对象化就可以继续运作。主体尚在，艺术就因此而延续。

我们不必过度悲观，人工智能未必只服务（或替代）艺术创作的主体，它亦可能改善观众一端的接受和参与方式。就像人们悲观地认为人工智能时代的新闻生产在不久的将来可能被机器写作取代；但其实，新闻读者也在不断进化，智能时代的阅读使读者的接受效率更高、更快、更广泛，记忆与存储更为精确和便捷。艺术的观众也在进化，其参与艺术的方式也会不断拓展。人工智能艺术在当前的进展并不可谓成熟，它的空间和能量是巨大的，其交互形态在历史片段中受到一点阻碍，并不能掩盖其整体的进步、审美创新与观念磨砺。纵观整个艺术发展的脉络，不是交互消失了，而是我们看待互动的方式、视角在不断地调整，这是和艺术媒介背后的主体性并肩而行的。我们总说大众传媒时代（小说、报刊、广播、电影、电视等）的单向传播阻断了作者与观众的交互；但其实这是在"即时交互"的苛刻环境中才可以成立的微观论断。在传播过程中，观众与渠道、与内容、与宣传、与效果甚至与其他观众之间都保持着规模不同和频率不等的互动。只是在当代艺术的数字装置范畴中，我们更加强调"直观"而"强效"的互动反馈而已。随着艺术创作的智能化主体性嬗变，互动形态的研究亦被重视并提上日程，观念也应随之做出适当变化。

---

❶ 马草．人工智能与艺术终结[J]．艺术评论，2019(10)：132.

第九章
虚拟沉浸与时空重构

"媒介"本身很少成为单独被讨论的主题。本章尝试将媒介的变革纳入艺术传播过程，以"视觉"信息为视角，讨论其对文艺呈现及接受所带来的诸多变化及倾向。从切实的体验看，在新媒体与视觉艺术融会贯通的过程里，视觉内容本身未见得有太多变化；而生成、传递、呈现这些视觉信息的媒介在"革新"中仍然扮演重要角色。

"工具"的变化绝不仅仅属于"技术层面"，新媒体为艺术传播带来的交互、虚拟、沉浸以及广博的共时性空间，极大地改变了信源和受众之间的矢量关系。主体与客体间——看与被看的平衡稍纵即逝，被动的主体愈发为新媒体的零距离互动所裹挟，它者化面临消解。所有这一切最终会透过艺术，折射、映现出整个社会文化的改变。

虚拟现实、增强现实既是本章所探讨的重中之重，又是"新媒体"的一部分。与"互联网"在历史中的位置不同，新媒体并不是20世纪才有的重大科技发明。事实上，它贯穿于人类发展历程的始终，具有"历时性"——是在新旧更替的动态过程中所包含的相对概念。由这个历时性的溯源作为观察的起点，可以领略媒体历程的时移世易与媒介嬗变，继而引出新媒体发展中的一个隐性趋向，即从"客体审视"向"主观沉浸"的演化。说它是隐性的，原因在于新媒体已有多重显性特征被观众烂熟于心，如数字化、网络化、虚拟化、即时性互动、移动便携性等。围绕这些显性征兆，不少传播学学者如中国人民大学彭兰、许鹏，清华大学熊澄宇，中国社会科学院孟威、黄楚新、中国传媒大学邓忻忻、赵子忠，北京大学胡泳，厦门大学黄鸣奋，华中科技大学钟瑛等，已对新媒体展开了多层次、多角度的探讨。而这些讨论大多立足于当代传播现状以及媒介形式的新变化。的确，新媒体到底新在哪里？最重要的就是要有革新的一面，技术上的革新、形式上的革新，都属于讨论的范畴。但纯粹外在的变化称为改良更合适，而理念（观念）上的革新才最关

键，也是策动未来趋向的重要一翼。2019年冬，在中国国家博物馆举行的
"第五届艺术与科学国际作品展"上，获奖作品《城市记忆》的颁奖词毫不掩
饰对沉浸式新媒体的热情赞颂（图9-1）。

图9-1　《城市记忆》　王之纲、孙瑜　2019年

　　沉浸式新媒体艺术作品《城市记忆》是对人与科技互动发展关系的艺术
化探索与表达。作品以"沉浸式全景声"化作打开记忆大门的钥匙、经典的
文学作品凝结为情感诉说的桥梁，光阴碎片里隐藏着属于北京的记忆空间，
引发观众对未来人与科技关系的思考。❶

　　本章认为，新媒体发展的一个关键变革在于从主体对客体的凝视，演化
为主体聚身于虚拟环境中的主观体验。这个变革的外在表征就是新媒体的
"虚拟沉浸性"。❷讨论将从这一属性切入，展开对新媒体视觉进化史的探究，
从历史积淀中看到艺术传达与审美传播对沉浸的渴求，进而将目光引向新媒
体发展前沿的两个关键点，即虚拟现实与增强现实，从中介绍其媒介应用与
实践问题，凝练其媒介特质，以期对新媒体艺术观念的时代变革提供进一步
的启示。

第一节　新媒体艺术传达中的视觉演进

　　新媒体不是一个绝对概念，时移世易——媒体的"新"具有相对性。相

---

❶ 佚名. 2019清华大学吴冠中艺术与科学创新奖揭晓[EB/OL]. 凤凰网艺术频道, 2019-12-23.
❷ 于翠玲, 王颖吉. 媒介文化素养的多维视角[M]. 北京: 北京师范大学出版社, 2019: 209–213.

较于远古洞穴中的岩画，简牍的轻盈便携在两千年前就具有新颖的媒介特性。其后，西汉的造纸术、宋代的活字印刷术、15世纪古登堡的印刷机、1912年胶印设备面世，再到21世纪初电子墨水屏的成熟，技术的每一次变革无不映刻出媒介的"革新"。20世纪以来，媒介发展的速度明显加快，从原理到应用的间隔普遍缩短，技术间互补性的增强使得新旧媒介的关系由简单的"取代"演化为多元叠加、复杂共生。因此，技术迭代所带来的不只是媒介革新，更多的是媒介嬗变。新媒体在当代，并不一定意味着"去旧更新"的断裂。透过多种技术的融合与延展，人们可以站得更高、回望视觉（文艺）发展的脉络，分析媒介在其中的作用、意识到前序的不足，反过来更清晰地理解新媒体在今天的视觉（文艺）使命。

就历时性而言，美国学者哈特将媒介的演进分为三个系统：其一，示现的媒介系统，这是最为基础的交流方式，即面对面传递信息的媒介，主要指人类的口语，也包括表情、动作、眼神等视像化表达，这是由人体的感官或器官本身来执行的媒介功能；其二，再现的媒介系统，包括绘画、文字、印刷和摄影等，这类系统对信息的生产和传递需要使用工具或机器，但对信息接收者来说则不需要；其三，机器媒介系统，包括电报、电话、唱片、电影、广播、电视、互联网等，这些媒介的传播一方需要使用机器，接收一方也必须使用机器。❶这三个系统之间并没有绝对的继承性，也没有出现明显的"取代"。在今天，每一个系统都不曾消亡，形成复杂共生的局面。但是，技术仍然在历时性上显现出一条清晰的脉络——由身体器官，到体外化传播介质，再延展到机器和电子媒介。足可见人类对信息的渴求与对媒介的依赖正一步步加深、递进。

从共时性看，人类信息的传递由人内传播、人际传播、群体传播、组织传播、大众传播等范畴构成。特别是体外化传播机制的不断演进，使得人与人之间的信息聚拢日渐增强，随之带来社会公共领域中"知识场域"的凝聚，公众意识和国家意志逐渐树立。现代性社会成熟的标志之一，是以大规模工业化复制而快速形成信息的全域播撒。面对势如破竹的大众传播全覆盖，法兰克福学派曾一度抱持悲观态度，认为个体声音在大众媒介面前全无还手之力。主流话语一旦形成，技术的天平又向着个性化信息表达的方向倾斜。互

❶ 郭庆光.传播学教程[M].2版.北京：中国人民大学出版社，2011：28.

联网一方面助长着信息泛滥，另一方面又为原本淹没在主流话语中的亚文化与自由精神赋权，开辟了崭新的传播时代。继而，以社交网络为代表的新一代传播媒介（如微博、微信）又由大众传播回到群体传播的范畴之中，社交群落提升了信息沟通的兴趣和反馈，增强了信息传播的有效性。而自媒体和可穿戴设备的崛起进一步预示着人类信息的传递正由大众传播向群体传播、人际传播、人内传播的"回潮"。这种回流并非步步退化，它体现着新技术在社会文化演进中所代表的人本精神的回归。这里需要明确，可穿戴设备的兴起，并不是退化到示现媒介系统中——依靠身体器官而进行的原始信息传递；而是延伸着人的感知。新媒体向人际和人内传播的回潮，不是远离了技术，而是以技术将人包裹得更为严密，甚至已经成为器官或身体的外延。

　　某种意义上讲，麦克卢汉所谓"媒介是人的延伸"[1]预示着这样一种可能，即媒介作为"桥梁"的中介状态正在消逝，它与人的客观距离正在泯灭。试想：由烽火传信，到电影院中的银幕，进而由客厅里的电视机，到卧室床上举着手机目不转睛的你，再到VR眼镜与视网膜间几乎可以忽略的边际……"技术已经消失"，因为"我们身在其中"。当主体与媒介融为一体时，视觉文艺就步入了新的阶段，它不再如绘画、摄影那样追寻再现的宗旨；亦不沉迷于电影、电视的屏幕表达。再现媒介和机器媒介所提供的再现或表现——总是将信息幻化成某种空间的印记、成为客体，继而生成传播与消费的"结果"；然而客体距离的消逝——主体与客体间的占有或从属关系变得模糊起来，使得人们对结果的消费愈发困难，取而代之的是沉浸式体验，即"身在其中"。现在可以意识到，这里的新媒体有别于大规模工业复制的空间印记，即结果；而趋向于时间与空间相交叠的感知，即过程。聚身性的融合，特别类似于回到体外化传播的前序阶段，即依靠身体器官（口头表达、情态、动作等）所进行的示现性交流。其实质并非再现性"结果"，而是即时性"语境"。只不过，新媒体已超越了原始的、以语言为中心的示现语境，越来越呈现为以视像为核心的多元感知语境。

　　视觉在新媒体传播中仍然占有绝对的分量，就其趋向而言，它正逐渐摆脱空间印象的单一结果，而愈加以时空交叠的情境化方式提供聚身化体验。这个过程受到接受习惯与硬件发展的制约，尚需要漫长的演化。但原有的视

---

[1]　马歇尔·麦克卢汉.理解媒介：论人的延伸[M].何道宽，译.北京：商务印书馆，2011.

觉文艺欣赏方法已受到挑战。那种从架上艺术发端、由银幕与荧屏所继承和发扬的、稳定的文艺表达逻辑正在被削弱和消解。确切地说，原有的那种透过影像本体构建"起承转合"的故事逻辑，继而在银幕背后负载作者意志层面上的理论映射，最终得以勾勒社会文化的宏大叙事法则，正面临松动。

具体而言，在影像本体上，电影中借以形成作者创作风格的各种拍摄手法，如用光、色彩、构图、角度、镜头运动、场面调度、剪辑节奏与配乐等，原本体现出作者对视觉美感与观念诉诸的驾驭。其创作不论在时间或空间上，均与观众保持着绝对的距离，构成了作品的单向度传递。而从 VCD（视频压缩碟片）到 DVD（数字多功能光盘）再到网络新媒体的出现，极大地丰富了受众参与影像传播的机会。他们透过豆瓣一类的论坛发帖互动，对影片进行评分和评价；用自己的电脑对电影重新剪辑与再创作，形成"恶搞"风潮；在观看的过程中透过"弹幕"进行在线交流，构成平行于影像空间的另一个互动语境。我们看到，在最近的二十年里，视觉文化在影院之外的放映端飞速拓展，以创作为核心的影像本体正过渡到与受众参与紧密联系的互动过程之中，寻求新的突破。另一方面，在创作端，虚拟现实一类的情境式感官体验给原有的银幕和荧屏以巨大的冲击，由作者来决定构图、选取角度、操控镜头运动的传统影像本体在虚拟现实中失效了。观影主体获得极大的自由度与选择权，但同时又面临"引导缺失"所带来的方向迷茫。

在故事逻辑上，依据时间轴线性前行的开端、发展、高潮、结局，构成了影像表达中稳定的时间流和事件流。数字化的新媒体在创作端所带来的非线性剪辑以及观看端所掌握的快进模式，在影像生产与播映上开启了非线性的可能及观影意识。媒介文化的快速延展，使观众不再拘泥于固定套路的故事结局，为影像寻求多元交互的情节走向甚至是可选择的角色与结局，已成为视觉艺术探索中的一个重要趋向。故事层面的多元开放性，体现出文化的个性舒展以及后工业文明对长久以来时间所铸就的元叙事及其话语霸权的空间反驳，但这仍然有赖于媒介革新提供实践上的可能。

在作者意志表达上，电影银幕作为公众意识的信息凝聚、电视机作为家庭群落的聚拢核心，正在被移动媒体日新月异的"多屏时代"所分散、摊薄。手机使受众接触信息的生活场景趋于零散化。原本凝聚起"乌合之众"的大众知识场域再次面临分割、破碎，大众信息传递的有效范围正在向由兴趣、专业化、血缘及地缘统合起来的无数个社交群落收缩。随之而来的，是受众个体对公共信息接受差异的扩大，即个体间可能在不同时间、由不同的信源、从不同深度和角度、以不同的框架来接受信息，自媒体的泛滥又可能加剧差异的衍生。其结果，在视觉文艺中，物象所提供给受众的能指及其背后作者所暗含的所指意象间，原本稳定而固化的联系因这差异而产生松动的情况愈加频繁。新媒体促进了视像化信息的爆炸性增长，加剧文艺中视觉能指的漂浮；"互联网+"所引发的共享经济蓬勃发展（如共享单车或影视资源的共享）打破了空间及其表征间原有的占有关系和意义锚定，视觉的所指意象出现前所未有的滑动。

在社会文化的映现上，视像及其意义间的指涉愈加模糊，导致性别属性的拓展和心理外延的泛化。女性男性化、男性女性化倾向上升为一种文化现象，消解着原有的性别对立统一的二元格局。类似的情形延展到意识形态上，就表现为主流意志的灌输和单向度的宣传逐渐式微，这与亚文化的多元拆解不无关系，法兰克福学派将其推演为从主体为中心到交往理性的现代性进路。视觉媒介的主体由印刷品、胶片及模拟信号的单向度生产，迅速拓展到具有交流能力的互联网之上，数字符号的泛滥在进一步开掘虚拟空间的同时构成视觉表象的堆砌，意义的"无深度"指向消费的浅薄与平面化。我们看到文化的映射从英雄叙事走向平民叙事的日常生活，从时间累积的现代理性转向空间反驳的后现代荒诞。

空间所具有的多元性、广义性和非线性使视觉文化具备对抗理性深度的天然姿态，然而这并不意味着视觉的发展方向就是浅薄的消费，媒介的递进正努力对抗消费所带来的虚无。《阿凡达》上映以来，3D电影（甚至带有动感座椅的4D影院）正为银幕的平面拓展新的感知深度。电影大片里，纯数字特效所带来的临场震撼却使能指和所指实现着最大相似，过眼云烟虽然精彩却并非耐人寻味；与胶片凝重的历史感相比，数字化堆积而成的视觉符号总缺乏某种过往的时间深度，因而在抽象上表意更弱。这就是为什么最近的电影特效又回到物理模型与数字虚拟的混合搭建上来——为观众带来某种真实的物理纵深感，提供久违的心灵悸动。有关新媒体的话题并不总是突破，其中还饱含着回归，体现出视觉文艺不竭的循环。当然，不论新媒体如何发展，它最终都指向所服务的对象——人。

总的来说，传统的影像透过媒介变革不断超越自我、超越线性叙事、超越宏大的理论映射与文化映现，折射出媒介影响下的视觉文化嬗变。但这已经不足以概括新媒体语境下的文艺创新了。在技术引导下，人的观赏欲望有着更新的增长点。

第二节　虚拟现实：时空切割与裹挟

"虚拟现实"，英文名为"Virtual Reality"（简称VR），指运用数字化手段，对现实进行视听仿真体验的计算机模拟系统。这是利用电脑模拟产生三度空间的虚拟世界，为用户提供关于视觉、听觉、触觉等感官的模拟，让用户如同身临其境一般，具有在场观察三度空间的无限可能。

一、沉浸体验的历史溯源

虚拟现实的产生源于人类对两个方面的不懈渴求：其一，追寻看与被看间——主客体距离的泯灭，即"入画"的沉浸感；其二，对空间的数字化复制与扩大生产，即对空间再生产的强烈愿望。

就"入画"而言，人们总希望为架上艺术（如绘画）的平面性带来些许变化，使之看起来不再是与观赏主体间完全割裂的两个对象，而将观者引入画面之中，构成某种三维视角的联系。在汉代墓葬的画像砖上可以看到古代艺术为此而做出的努力，在群臣朝贺的场面中，一排排个体除正面或侧面像以外，还出现了斜面像的勾勒，使平面表达具有景深的厚度。十六国至北魏时期，佛教的传入使立体造像兴盛起来，进而与石窟艺术相融合，为平面绘画提供了立体的观赏空间。敦煌早期绘画中，已有依据宗教人物的重要性而进行身形塑造的大小差异。唐代绘画进一步将人物的大小与空间远近相关联，画中景物虽边际模糊、无界无束，却体现出局部的原始纵深感。宋代《清明上河图》中已运用成熟的散点透视技法，令街道、桥梁、船只、商铺、人物等丰富的场景透过散漫的多个视点聚合在一个画面里，将世俗生活的细节予以详尽的表现。在西方，文艺复兴为几何在绘画中的渗透带来契机，焦点透视技法蓬勃发展，即在二维平面上利用线和面趋向会合的视像错觉原理，烘托景物的三维艺术表现力。如达·芬奇的名作《最后的晚餐》中，画家利用直角边线向心点集中的原理，引导观者视线聚合形成视觉中心和封闭式纵深构图，同时以餐桌为水平线横亘在前方，构成画面的稳定。与散点透视不同，焦点透视塑造出一个生动的切入视角，着力营造与观者融为一体的空间实感。当然，平面绘画总要与观者保持一定距离，这成为后者融入"画境"的巨大阻碍。于是，在15世纪初的意大利布兰卡契礼拜堂，马萨乔尝试用横向弯曲的平面作画，将观者的左右视野包裹在一组近似半圆弧状延伸的宗教壁画中，这样绘画空间就有效地将面对它的人包围起来（图9-2）。这种原始的"沉浸感"在更早的中国（比如敦煌）洞窟绘画中也得以运用，即洞窟不仅为宗教艺术遮风避雨，它在创作的一开始便可能成为构思的一部分，为壁画及造像的空间立体感（或沉浸感）造势。1900年巴黎世界博览会上，电影刚刚问世不久，法国人塞松就开始尝试环幕电影（图9-3）。在一个直径约32米的圆柱形大厅内，他用10台70毫米电影放映机，从大厅中心向四周放映世界各地的城市风光，用银幕营造出密闭空间内的全景视场。总之，人们从未放弃对自己脑后景物的兴趣，而追求"周知"的结果往往使观者自身陷入艺术表达所勾勒的空间之中。

图9-2　意大利布兰卡契礼拜堂

然而，文艺空间实现了对人身体的包裹，却难以提升感知的纯度。无论身处洞窟还是面对环幕，身体总以不合时宜的在场性提醒着观者——你和视觉文艺之间存在距离，你在看而不是沉浸其中。怎样能够去除环境干扰的因素而融入纯粹的视觉感知中？早期的电话机设计提供了启发，即为了避免杂音和环境干扰，人们在接听

图9-3　巴黎世界博览会上的环幕电影放映实践　1900年

电话时用听筒堵住耳朵，让麦克风尽量接近嘴唇。机器与媒介器官越接近，它所得到的有用信息越多、所受外界干扰越弱。沿着这一思路，人们开始幻想一种装置，期待它能撇开身体而直接为人的眼睛提供视觉信息供给。1932年，英国作家阿道司·赫胥黎在他的反乌托邦小说《美丽新世界》里，以公元26世纪为背景描述未来世界的种种场景。其中就提到一种戴在眼前的观影设备，可为佩戴者提供视听甚至嗅觉等感官体验，以营造出沉浸式的电影世界。这一幻想成为VR构思的起点。20多年之后，人们才为头戴式的观影器材设计出原型图（图9-4、图9-5）。

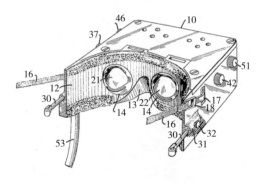

图9-4　VR眼镜的原型设计草图　摄影师蒙顿·海立格
20世纪50年代

图9-5　未来学家雨果幻想中的虚拟现实设备"Teleyeglasses"　1963年

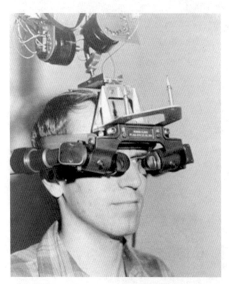

图9-6　过重的"达摩克利斯之剑"只能吊在天花板下

同样是1960年代，在未来学家们的科学幻想以外，计算机科学家伊万·萨瑟兰（Ivan Sutherland）制造出一个真正的头戴式显示器，取名为"达摩克利斯之剑"（图9-6）。这是对虚拟现实最早进行实证的装置，它能够显示一个简单的几何图形网格并覆盖在佩戴者周围的感知环境上。由于具备真实的电子光学显示能力，该系统有着异乎寻常的重量，而不得不吊在天花板上以分担使用者头颈部的压力。"达摩克利斯之剑"是西方人熟知的历史典故，公元前4世纪在西西里岛东岸有一座古希腊的移民城邦叙拉古，城邦统治者狄奥尼修斯二世有一位朝臣名叫达摩克利斯。后者非常喜欢奉承他的君主，经常说作为一个拥有权力和威信的伟人，狄奥尼修斯实在很幸运。狄奥尼修斯于是提议，与他交换一天的身份，那样他就可以切身体会到君主的幸运。在晚上举行的宴会中，达摩克利斯非常享受成为国王的感觉。当晚餐快结束的时候，他抬头才注意到王位上方仅用一根马鬃悬挂着的利剑。这令他立即失去了对美食和美女的兴趣，并请求狄奥尼修斯放过他，他再也不想得到这样的幸运。外表上看，"达摩克利斯之剑"正像是悬在头上的利刃，为体验者带来不安；但从另一个角度讲，这个典故也暗示着"感觉的交换"——某种在真实情况下不可能体悟到的虚幻现实。

　　到了20世纪70年代，美国航天局为培训航天员开发了"VIVED VR"（图9-7），它是一个安装在头盔上的VR设备，配备了一块中等分辨率的2.7英寸液晶显示屏，并结合了实时的头部运动追踪显示功能。

　　1987年日本任天堂公司推出了配合电视游戏机使用的"Famicom 3D System"游戏眼镜。1993年世嘉公司在美国消费电子展上推出了虚拟游戏眼镜"SEGA VR"。至此，VR开始了由专业应用向游戏消费类应用的转折。索尼、HTC、Facebook等巨头纷纷踏上虚拟现实硬件的探索征程。零距离的沉浸式体验成为VR硬件的主攻方向。

　　就"空间的再生产"而言，人们对虚拟空间的应用热忱似乎来不及等待VR硬件播放手段的成熟就早已展开。计算机图形学及其图像处理技术在建筑、工业设计等领域中已有很长的应用历史，消费领域中的数字电影特效和游戏场景的虚拟搭建也早已探索出成熟的应用路径。近年来，伴随互联网的高速发展，博物馆的虚拟展示也大规模拓展——从早期卢浮宫网站推出的数字化藏品展示，到欧洲对庞贝古城的虚拟复原，再到国内对圆明园的数字化重现……透过计算机虚拟建模的方式进行空间表达已不

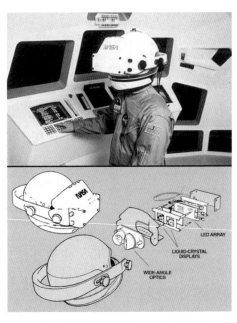

图9-7　美国航天局"VIVED VR"系统

是什么高难度的科学问题。甚至，在虚拟建模的基础上进行图形比对，可进一步将虚拟技术推向可视化搜索领域。例如在刑侦稽查中，运用计算机对数据库中的身份图像进行大规模比对，用以缩小范围、锁定嫌犯；或利用高精度扫描设备对兵马俑出土残片进行大规模录入，之后让计算机自行比对拼合，以提高文物修复工作的效率。更精进的虚拟建模甚至可以参与对古代干尸的数字化复原。总之，虚拟成像表达了人类对数字化空间再生产的强烈愿望，但大部分的数字虚拟创作仍建立在"计算机建模"的基础上，时间和精力投入巨大，在没有足够的VR观看硬件适配的状态下，虚拟成像仍停留在二维平面输出的水平上，缺乏空间感上的包裹和沉浸体验。

二、全景视频艺术热潮

VR真正的爆发是在2015年前后，缝合软件的成熟使多台固定角度的广角相机有可能通过流媒体（实景摄像）的方式构建实时运动的360度全景空间。与传统的计算机建模相比，实景VR有着显而易见的优势。它无须运行建模软件，可节约大量的渲染时间和运算精力。比起计算机模拟效果，实景摄录的现实感更强、更逼真，最新的3D VR摄像系统甚至能轻而易举地构建出三维立体的实景空间。

早期的民用VR实景艺术拍摄系统由6~12台小巧的运动相机（如GoPro相机）通过特制的金属框架拼合而成，每一台相机只负责摄录一个角度的运动图像，拍摄完成后将每台相机的存储卡数据依次导入电脑，再利用拼接软件对各个角度的图像进行缝合，之后用普通的视频软件进行剪辑和后期处理，即可使用VR播放器进行全景观看。随着拍摄硬件的集成化发展，逐渐出现了一些具备全自动缝合的高端一体化VR相机，这类设备是专门为VR拍摄而设计的，缝合精度及成片效率明显提升，已具备新闻采编和直播应用的水准。

拍摄端的精进使全景观影需求出现井喷式的增长，也带动了VR播放端的硬件发展。从媒介技术的延展上看，VR视觉播放硬件大致分成三个主流形态。

第一种形态被称作"需要外接计算平台"的VR眼镜，以HTC VIVE（图9-8）、Oculus Rift、索尼PS VR为代表。这类眼镜内置固化的显示系统，但核心的计算能力（CPU、图形加速器、内存等）需要通过线缆与电脑或游戏主机相连而获取。一方面，这类设备的图形处理能力强、适用范围广、迭

代升级容易、显示精度有保障、
接口丰富，可连接各种外设操
控硬件（如手柄、红外或体感
控件），交互娱乐性强，适用于
高端游戏及综合视觉体验中，
商业延展价值高。另一方面，
这类外接处理器的VR硬件相对
庞大、沉重，在便携性上有着

图9-8　HTC VIVE与手柄（从佩戴者头部后面可见其复杂的连接线）

致命的短板，难以在汽车、火车、飞机等交通工具上作为随身娱乐系统使用；
线缆的长度也限制了佩戴体验的空间移动性，使其只能固化在商场或固定的
展示环境中应用。

　　第二种形态源自谷歌在法国的两位工程师，他们充分运用智能手机作为
通用的计算与感应平台（手机内置处理器和方位传感器），尝试设计移动播
放软件在手机上实现360度分屏显示，再将手机置于配有凸透镜的特质纸板
眼镜盒中形成一个虚拟现实的原型设备。这个简易的纸盒眼镜被称为Google
Cardboard（图9-9）。由于其结构简单，很快被亚洲的工厂效仿，原来的纸板
也升级为工程塑料。其优势在于，其对各种手机的适配性极强，消费者无须
添置任何电子硬件即可体验VR；由于处理器、方位传感、内存、电池都内置
于手机，它的便携性大大增强、应用场景趋于生活化；成本的低廉蕴藏着巨
大的普众化潜力，利于虚拟现实向大众消费市场的拓展。但由于各类手机的
尺寸、分辨率不一致，这类设备的沉浸效果一般，也缺乏足够的交互界面和
接口，互动体验不足。所以，这类设备只适用于家庭VR视频播放、低端游戏
体验和VR新闻阅读等生活场景。

　　第三种形态被称作"VR一
体机"，它建立在弥补前两种形
态不足的基础之上，将处理器、
传感器、内存、电池、按键等电
子设备集中于VR眼镜，提升了
便携性、移动性；又内置了高精
度、大视场角、色彩丰富的显示
系统，提升了分辨率、增强了沉

图9-9　Google Cardboard

浸体验。但这种高度电子集成化产品的软硬件升级潜力相对有限，复杂的系统拉高了它的设计制造成本，连接外部设备的能力不强。因此，VR一体机更适用于商业展示和专业应用范畴。

在未来，硬件观看设备的提升主要向着高解析度、大视场角、快速动态显示以及全景声场等四个方面演进。VR眼镜的屏幕解析度直接关系到观众对虚拟空间的仿真体验，提高屏幕分辨率势在必行，4K以上的全高清显示系统将普遍应用于VR体验。虚拟现实头盔在视角方面仍显局促，观众佩戴时很容易感受到眼眶四周的边框，这极大限制了身临其境的"代入感"，因此扩大视场角度成为硬件设计的关键。方位传感器需具备敏锐的随动反应能力，并将体验者的细微移动与显示内容做相应的匹配，在传感和显示中处理速度稍有迟疑便会形成拖影，造成观者的晕眩或不适。声音也是VR影音体验中的重要一环，传统的立体声场建立在观众与屏幕间固定的方位上进行输出，左右声道构成一条轴线与屏幕方向近似垂直；而VR需要随观众视场的方向变化输出全向的声音，被称之为"全景声场"，即与方位传感器随动的声音程序才能提供良好的沉浸视听体验。

三、虚拟现实应用中的问题

虚拟现实在新闻纪录等文化领域的应用，随着VR实景拍摄技术的普及迅速拓展开来。这一技术对新闻故事的讲述方式所产生的影响最为有趣。2014年12月，总部位于美国纽约的线上视频新闻公司Vice News尝试以虚拟现实技术对"纽约百万人大游行"进行了报道（图9-10），让人有机会一睹VR应用在新闻报道中的情景。这次游行是人们为了抗议被警察杀害的黑人公民埃里克·加纳（Eric Garner）和迈克·布朗（Mike Brown）这两个案例中大陪审团的初审判决。

图9-10　用VR报道"纽约百万人大游行"　2014年

这次报道使用了全景 VR 摄像系统，跟随女记者爱丽丝·斯派瑞（Alice Speri）的脚步穿行在新闻现场，使受众以沉浸视角置身于游行队伍。斯派瑞作为出镜记者，让这一报道不仅仅成为有关周围环境的被动体验。她成为一条引导性的线索，贯穿于 VR 新闻报道之中，与早期沉浸式演示视频相比，这一尝试将沉浸式新闻体验又推进了一步。这则 VR 新闻片可通过苹果或安卓手机下载应用观看，并支持廉价、即插即用的 Google Cardboard，而无须三星和 Oculus Rift 等昂贵的虚拟现实硬件，是虚拟现实叙事在 VR 放映端所取得的创新之一。

值得注意的是，有关"纽约百万人游行"的 VR 放映产生了意想不到的情况。沉浸式的新闻现场还原，给多数观众带来情绪上的亢奋，特别是那些在种族问题上对黑人所受不公正对待抱有同情的观众们，在佩戴上 VR 眼镜浏览新闻时显得尤为激动，话语评论明显增多、用词相对极端。而另一部分观众，尤其是对游行持保留或批评态度的群体，在戴上 VR 眼镜后多表现出情感上的不适或不悦，认为虚拟现实的方式将他们裹挟进了一个与自己完全不相容的环境之中，难以接受。针对后者的放映结果，是这则 VR 新闻的报道者完全没有预想到的，人们可能对游行本身态度模糊、不置可否，但当 VR 将他们带入游行的新闻现场时，情况就大不一样了。这使我们意识到，VR 不同于其他传播媒介之处，即带入感对客体距离的泯灭。

谁与谁的距离呢？这里需要讨论的是新闻受众与新闻现场环境之间的距离感。事实上，自 19 世纪中叶"便士报"开启大众化新闻阅读的那一刻起，不论书籍、杂志、广播、电影、电视、互联网，其所承载的新闻信息与受众之间总存在着一定的"距离"。距离感给予受众某种安全的慰藉，他们清楚地知晓自己所处的时间、空间与新闻时空是有距离的。距离使新闻的受众成为主体、新闻信息本身成为被审视的客体，进而主体对客体做出冷静、客观而富有理性逻辑的处理和判断。这种它者化的客体亦导致新闻信息呈现出"结果"的一面，使新闻成为符号化或视觉化的产品供大众消费，继而形成一个由现代理性所主导的、新闻信息所维系着的"公共信息知识场域"。它使人们虽身处异处，却能够因一张报纸、一个屏幕而将关注的目光聚焦在一起，形成社会焦点，现代性的国家理念和公民意志由此诞生。可以说，在最近的两百年里，大众传播所做的正是透过大众媒介将散落各处的"群众"凝聚在"公共信息知识场域"之中，开启了现代性对"公众"的塑造。"公众"指身体上相互远离，意识上由大众媒介连接的人群；与之相比，"群众"是在身体上相互接近，因而情绪上容易相互感染的人群。因此，"群众"显然更具有人情味，亦容易滋生情绪。虚拟现实所带来的改变，不在"虚拟"而在"现实"——其媒介效果超越了结果化的客体信息场域，将受众直接带入沉浸式的新闻现场之中，提供过程性、参与式的体验。受众与新闻之间不再是对信息结果的占有，而是自主选择式的主观体悟。这个体悟并不完全受控于新闻生产者对信源和媒介的控制，因此有理由相信VR的沉浸确有可能导致受众情绪的加速蔓延，继而使（传统的）大众传播所塑造的理性"公众"向着非理性的"群众"退化。虽然VR目前的受众规模尚不具备挑战舆论阵地的实力，但就舆情研究的角度看，应引起足够的重视。毕竟，情绪是相对极端的、冲动的、偏执的、专横的，沉浸式的体悟对情绪的煽动有着天然的捷径，只要群众所处的环境传达出某种集体情绪，就无异于将"沉默的螺旋"倒置过来，成为集体行为的话语扩音器，群众可能不假思索地坚定认为那是不容辩驳的"公理"，甚至热血沸腾，同时丧失了距离感所带来的冷静、怀疑、谨慎与批判性思考。

360度带入感的生成与距离感的丧失，从另一个侧面威胁着艺术传播以及博物展示中的普众性。信源不得不考虑信息与信宿间观点的耦合问题。在中国，当一个革命历史博物馆探索利用虚拟现实技术将日军侵华的典型片段（如南京大屠杀）进行沉浸式重塑和再现时，便陷入两难。如果让全景镜头跟随一队日本兵进行烧杀抢掠，就等于将接受思政教育的观众裹挟为侵略者；如果将镜头置于被屠杀的同胞之中，又等于将和平年代的观众带入血腥恐怖的屠刀之下忍受屈辱。这两种方式显然是今天的观众所难以接受的。即使对于日本观众而言，这个场景到底是宣扬了和平精神？还是助长了军国主义情绪？其合理性仍值得商榷。

历史就是历史，它终究是一个与现实保持着距离的结果。虚拟现实若强硬地将时间的距离泯灭、将结果演化为历史过程的沉浸，就必须面对受众的主观性与历史情境之间的适配性。事实证明，过于血腥、暴力的内容或带有强烈政治偏向或民族仇恨的暗面，在丧失"距离"的情况下就有可能影响与观众观点的耦合，造成意志裹挟。相反，与观众情感方向一致、正面而积极的内容在历史情境中更容易与受众达成契合。2016年，为纪念红军长征胜利80周年，新华网制作了VR交互体验装置《红军长征：飞夺泸定桥》，在博物馆试映时即受到热捧。借助虚拟现实技术，该装置穿越历史的沧桑巨变，还原真实长征路线，观众佩戴上VR眼镜的刹那间仿佛置身于1935年5月29日的泸定桥西岸，前方是枪林弹雨与密布火墙，脚下是横亘湍急河流之上的悬空铁索。虚拟场景中的观众手持驳壳枪，在扣动扳机键的同时，即刻化身成为飞夺泸定桥的勇士，身临其境地感受革命先烈的浴火重生。历史真相在强烈的视觉冲击力下不言自明，长征精神在前所未有的沉浸式体验中不言而喻。

总之，VR技术的发展为观众的信息感知带来前所未有的变革，直观地体现在对"距离感"的消解之上。如果说报纸实现了信息传播的"TNT"（Today News Today）使今天的新闻在今天得以呈现；而电视又实现了信息传播的"NNN"（Now News Now）使现在发生的事情得以现场直播；那么，VR所带来的则是信息的"直接浸入"。无论"TNT"还是"NNN"总在时间或空间上与受众保持着某种距离感，而VR所带来的正是对距离感的抹杀。VR不只是对空间的重塑，还是对时间的重塑。虚拟现实能够撼动此时此刻观众自身对物理空间的感知、覆盖物理时刻，这是它最具革命性的影响。信息传播的时空观念被颠覆，用VR技术呈现的"新闻"与"纪录片"已没有本质区别；在VR面前，历史的时间性被碾平，成为永恒的当下。这同样给艺术中的虚拟现实创作带来时空观念的剧烈挑战。

从信息的技术适用性看，大多数新闻场景并无绝对必要采取VR报道方式。VR的制作周期长、阅读成本更高，在"时新性"上难以体现其优势。对于一般的城市新闻、时政动态、社会新闻、深度报道，包括财经信息和人物通讯，都不适合用VR报道。反之，人们发现那些带有浅表视觉吸引力的内容——包含视觉奇观的题材更适合做成VR，特别是因人为环境隔绝导致无法亲临现场的时候，比如网易公司用VR将观众带入切尔诺贝利核事故30年后的现场废墟中。当然，视觉的浅表并不意味着肤浅，VR也尝试展现深刻的内涵。如纽约时报的VR影像《流离失所》（The Displaced），报道了战争对儿童的影响。这类题材的影像需要现场感，但没有多少人能去到中东战场，VR能带来巨大的震撼。观众没有体验过刺鼻的烟火味，没有体验过炸弹掀起层层气浪后留下的久久耳鸣，没有体验过眼看着亲人倒在枪口下的恐慌，观众更没有体验过饥饿是怎样侵蚀一条生命，但这些却实实在在地笼罩着战区的孩子们。他们生活在观众无法想象的天空下，"恶魔的手"总是将他们带离自己的家园，甚至带离这个世界，徒留孤独的身影和痛苦的回忆。影片中，虚拟现实技术以三个孩子的视角展现他们周围的环境——千疮百孔的教室、一片致命的沼泽、年轻流亡者的辛苦劳作等，旨在揭示当下最悲惨的人道主义危机。

类似的创作比比皆是，2015年联合国在全球范围内支持拍摄了四部有关民生的VR新闻纪录影片，分别关注叙利亚难民生活、非洲埃博拉疫情、印度恒河的卫生以及中国南方山村中的留守儿童。其中，由中国财新网承接摄制的VR纪录片《山村里的幼儿园》将目光投向湘贵地区的大山深处，那里的年轻人都已进城务工，留下的都是孩童与老人（图9-11）。影片中孩子娇小的身影与空旷而阴暗的屋棚形成巨大的反差，体现出精神上的"孤零"。这里，我们看到VR在空间沉浸体验为纪录片带来的新意。联合国高级顾问兼电影制片人加博·阿罗拉谈到本片时说，"中国正在经历一场前所未有的经济增长，正变得越来越富有。但我认为，人们应该关注那些落在后面的人，那些在挣扎着的人。"虽然在物质上这些留守儿童不一定有多么匮乏，但与父母的长期分离造成他们精神上的缺失。之所以使用VR是因为它更容易让人产生"同理心"，即透过"沁入感"突显出空间的沉寂与窘迫。

图9-11 《山村里的幼儿园》剧照 2015年

与传统录像艺术相比，VR在视觉信息的生产与呈现上有巨大的不同。传统影像在拍摄环节，可以通过取景、构图、景深、景别等诸多因素彰显出作者的选择性意图；在后期制作环节，可以对每一帧进行剪接，因此很容易在内容上筛选出有利于表现自己立场和利益的视觉信息，甚至操纵议程设置，进而影响公众心中对这些议题的重要性排序。而VR属全景摄录，上下左右全部画面基本上都被捕捉，原有的蒙太奇以及镜头运动（推、拉、摇、移、跟、升、降等）难以施展，留给作者裁剪的选择性亦大幅缩水。这样做的结果是视觉生产的作者将视觉信息的主导性让渡给了左顾右盼的观众，后者的自由度大为拓展，但同时又陷入新的"迷茫"。这突出地表现在两个方面：

其一，观看方向的迷失。观众面对360度的自由空间不知道下一秒应该看什么方向。空间的极大拓展与线性的时间逻辑形成矛盾而非匹配。观众一旦获得了空间窥视的自由度，受到视场角度的限制，他们的目光就难以聚焦在同一个方向上。空间共识的瓦解使视觉信息在时间上难以串联起表意逻辑，剧情也就难以向既定的方向延展。这一缺陷在"随意游走"的VR展示/展览环境中表现得尚不明显，但在VR剧情片或VR新闻中却是致命的。目前，初步的解决方式是透过人物、醒目标志物、箭头、具有方向感的声音以及出镜记者的解说等，对观众予以"焦点/兴趣点"的引导。然而，这种方向性引领或暗示一旦形成，VR与传统视频的选择性"构图"就没有本质的区别了，VR也就失去了它存在的价值。

其二，观众身份的迷失。同传统银幕或电视屏幕相比，VR的场域沉浸性使它取消了与观众之间的安全距离，视觉信息对于VR观众来说不再是客体，而是与主体相融合的"在场"。这个变化导致受众身份认同与角色人物之间的紊乱。例如，用VR展现一个典型的求婚场面，带上VR眼镜后，观众看到面前一个帅气的小伙儿手捧钻戒、单膝跪地，深情地说"我爱你"；观众继而将视角向后扭转180度看到一个姑娘流着幸福的眼泪说"我愿意"。此刻，观众自身的"在场"就颇显尴尬，因其身份难以解释。当然，相比于剧情片或新闻，VR游戏就好得多；强交互所带来的参与感使后者可以将作用力（如射击或体感动作）施放于所沉浸的虚拟空间之中、形成交互并获得必要的反馈。这样，观众在虚拟环境中就不是一个"多余的旁观者"，而是被赋予了某种"天然的角色"。可见，在未来VR要想化解观众身份的尴尬，交互是一个必然的发展方向。

在虚拟现实中，交互性感知有很多种方式。观众随自身兴趣随意转动颈部可选择观看方向，这本身就是人置身于自然并与自然相交融的存在方式。沉浸式全景为观众提供了"选择性观看"视角，奠定了VR构建天然交互性的视觉基础。在视觉之上，若进一步融合其他的感知渠道，即可拓展出丰富而逼真的虚拟互动应用前景。例如虚拟的"高空踩钢丝""墓穴寻宝"就很好地将视觉影响力作用于心理交互层面，为受众营造惊险、刺激的紧张感。而VR游戏在手柄的基础上，衍生出各种具备"触感"的游戏附件（模仿枪械、棒球棍等），进一步提升了沉浸体验的交互性实感。这种方式已被规模化运用到专业消防领域，虚拟火警演习使消防训练的逼真性与费效比（投入费用和产出效益的比值）大为改善。类似的交互模式也正在博物馆、展览会、医疗培训、教育、旅游等场景中逐步探索。声音是视听感知中的另一个基础元素，身临其境的沉浸感有很大一部分来自声效的逼真。在传统影院模式下，其所营造的"立体声"是假定观众面向银幕方向观望，继而单向输出左右声道信息，是模拟状态下的立体声；而VR所面临的声效问题就复杂得多，全景观看模式导致银幕方向的不确定，观众的"瞻前顾后""左顾右盼"使得左右声道无法满足他们对方位感的判断，这时就必须搭建起一套具有交互能力的全景声场，即可根据观众的朝向改变，实时调整声音方位（远近、强弱）的互动化声音程序，进一步提供身临其境的交互实感。

第三节　增强现实：实境的契合与增益

增强现实趋向于把视觉艺术的体验带入生活，并做精致的加工。如果将"虚拟现实"理解为通过不透明的头盔（VR眼镜一类的HMD）将观众与真实世界遮蔽开，并提供虚拟视听信息的通用媒介平台；那么"增强现实"（Augmented Reality，简称AR）就是通过透明的光学合成装置，将虚拟信息应用到真实世界，使真实环境与虚拟物体实时叠加在一个画面或空间内同时存在的通用媒介平台。二者的本质区别在于前者将虚拟与真实世界"阻断隔绝"，后者用虚拟与真实世界"叠加共生"。换言之，VR所呈现的人物、场景都是数字化虚拟出来的，是把观众的认知带入一个虚拟世界；而AR所呈现的人物、场景是部分真实与部分虚拟的结合体，是把数字化信息带入现实世界中。VR硬件的灵魂是头盔（或VR眼镜），而AR硬件的灵魂则是摄像头以及将拍摄画面与虚拟信息相结合进行处理与展示的内核芯片。因此，AR更加倚重摄像头及其本身的位置与影像间的角度精算，通过图像识别技术使屏幕上的虚拟世界可以和现实世界场景进行叠加、融合与互动。

增强现实的设想相对新颖，应用场景丰富、市场潜力巨大。在数字出版方面，目前已有应用AR技术的儿童书籍上市（图9-12）。借助手机、平板电脑等终端设备，读者可按书中指示下载相关AR软件，再结合每一页的纸质信息在屏幕上获得与之匹配的虚拟图像，如侏罗纪世界中的恐龙、大航海时代的战舰、绿野仙踪的童话世界等。这些静止或动态的虚拟影像一方面丰富了文字出版的视觉内容，另一方面也为读者的认知拓展出鲜活的想象空间。

图9-12　AR技术与儿童上色书结合

在数字化展示方面，AR技术的应用为博物馆带来了虚拟交互的巨大潜能。观众在陈列柜前驻足观看的同时，可通过手机App❶对展品实物（或展品说明）进行扫描识别，在虚拟终端上获得有关展品背后的文字信息或三维图像，甚至可以拖动图像进行360度、由外到内的全景观赏。在此，AR使博物陈列摆脱了单一视角、单向传播的它者化客体角色，使观众由纯粹被动的陈列信息接收者变成了可根据自身兴趣、多角度自由调取展品信息的博物参与者。这个身份的转变，从根本上有赖于AR展示环境的深刻变革——在实物展品的基础上叠加数字化、虚拟化的展示实践，有利于对博物展示信息的多层次、多角度、多元化呈现，开拓了博物陈列与展示工作的新局面。

AR也尝试解决一些日常生活中的实际问题。例如，消费者在商场看到心仪的家具时，经常拿不准其风格、款式、大小、颜色、摆放等因素是否与自己的家居环境匹配。宜家家居公司就借助于AR技术开发了网上试用平台，将其售卖的各型家具进行精确三维电子化、"搬"到手机里，消费者可以在家中调取某型家具的虚拟图像与真实的居室环境相匹配，为采购抉择提供实地参考（图9-13）。类似的应用比比皆是，如装修时利用AR计算房屋面积、为墙面选择一种颜色等。如此，将虚拟的物象与生活实景紧密联系，促进了实体空间与电子时空的交汇融

图9-13　虚拟家具与真实家居环境的结合

---

❶ 智能手机的第三方应用程序，英文全称 Application。

合。一方面为生活情境拓展出虚拟的新视野，另一面也为虚拟景观寻找到真实的"落脚点"——更好地与地缘生活相接轨，成为 AR 较之 VR 的关键优势之一。电子商务领域对这一优势的认知正在凝结成共识，几年前还在发展 VR 购物的电子商务巨头们正将目光转向 AR。在家具的基础上，全球的互联网购物平台正努力将增强现实应用到如服装鞋帽、生活器具等其他品类的网上消费体验之中。一个增强现实的"虚拟量脚器"便可准确地获取买家的足部尺寸，大大削减因尺码偏差而导致的鞋类网购换货成本。AR 就像一座桥，沟通着商品与消费者个性化需求之间的不平衡。很快，增强现实还会参与到商品的个性化定制中，以减少不必要的生产库存。

以 AR 为基础的"实景引导"系统，能够解决 GPS 定位在"最后一公里"导航方面的不足。传统导航模式基于俯瞰形式的地图，放大到一定程度时精度就会受限，特别是在人口密集、楼宇鳞次栉比的区域，引路成为一件困难的事。增强现实基于生活实景、透过智能化识别和方向导引信息的虚拟叠加，可以很好地解决这一问题。更重要的是，AR 实景导航可穿透建筑物内部，在室内空间中拓展出更为多样化的应用趋向（图9-14、图9-15）。在医院，增强现实可完成咨询、挂号、问诊、化验、取药等成系列的室内方向引导服务，还可联通电子医疗系统以优化就诊效率、减少等候时间。在政府办公窗口，人们面对繁杂的办事流程往往不知所措，AR 可以将手续步骤化、流程化并实时引导、介入、答疑解惑。透过信息叠加与增益，增强现实正在重新梳理、建构一种新形态的"空间秩序"。与纯粹的想象空间不同，AR 对于空间的参与能够渗

图9-14　伦敦某机场的 AR 导航系统可将旅客快捷引导至值机柜台

图9-15　AR 眼镜通过虚拟信息提醒公交乘客到站下车

透到日常生活的实体景观之中。这是与传统传播形态分类（人内传播、人际传播、群体传播、组织传播、大众传播）都不尽相同的一种"人与自然相融合"的新型传播视域。它突显出场景在传播中的重要性，不仅仅是社交场景，而是更广阔的生活场景中的方方面面。增强现实透过对场景的沟通交流与程序线性化，改善了人在空间中原本的无序性，使人对空间的感知有更加明确的掌握，或者说有更加明确的行动方向。

在空间的线性化以外，增强现实还有助于促进视觉景观的增益，这很可能是广告产业的下一个增长点。对传统的视觉广告来说，一个基本矛盾在于广告内容与其所宣传的产品本身存在时空割裂。这与大众媒介（如报纸、杂志、电视）缺乏同受众生活沟通的黏性相关。直观地讲，一个消费者在电视上看到一则洗衣粉的广告，他并不能马上买到这款产品，即使是互联网时代，线上消费与线下体验之间仍然存在距离感，更不用说这些广告本身可能成为淹没消费者真实需求的垃圾信息。而AR参与产品推销的优势在于，它并不关注广告的长期效果与品牌价值，而回归到产品本身，这有赖于增强现实对虚拟信息与产品实物的实时叠加和互动。以超市为例，增强现实可针对这个生活中重要的仪式化消费场景提供虚拟信息（图9-16）。用户佩戴AR眼镜步入超市，在浏览商品实物的同时，摄像头通过智能识别，将与消费者距离最近的几个商品信息（如营养成分、产地、售价、生产日期、打折或促销活动等）叠映在眼前并随着消费者脚步的移动适时切换虚拟信息。如果消费者事先导入了购物清单，AR设备可根据购买需求及超市商品摆放位置的远近，合理安排选购顺序并进行虚拟引导，同时屏蔽那些用户无意购买的商品信息。AR的推销策略是强调短期广告效应、侧重拉升短期购买力，在消费者对某件商品感兴趣时适时介入、补充虚拟信息以吸引消费注意力，又在很大程度上避免了垃圾信息对用户的烦

图9-16　增强现实中的超市购物场景

扰。增强现实的"实地"属性与受众的在场需求贴合紧密，辅助式介入而非聚光灯式的"强行突入"，都使得广告的属性由强推变为温和的说服。未来，不只是商场、超市，街上的一切商贸集市都可以为自身设计一个"虚拟招牌"，人们佩戴AR设备行走在街上，只要目光所及之处就能结合"实景"接收到这些促销信息。甚至是需要张扬自我的人，也可以为自身构建一个虚拟的外延以吸引他人的关注。

当然，视觉景观的虚拟并不仅限于商业内容，增强现实所带来的空间增益反过来可能对时间构成影响。时间对于过往的回溯，总是存在于人们脑海中的"印象"或"回忆"。虽然过去总是在空间中威胁着要重塑自己，但老照片或怀旧式的银幕表达总是与现在进行时的空间状态保有相当的距离。正因如此，人们缅怀过去、铭记现在、憧憬未来，却很少会在现实的空间境遇中混淆时间的秩序。而AR技术的应用可能改变这种秩序。在欧洲，人们致力于将赫拉神庙这一奥林匹克精神的发祥地在增强现实中重建。游客可以在神庙外用手机近距离识别废墟上残存的石柱，系统计算好位置和角度后，会在手机上叠映出神庙古迹复原的三维效果。在中国，人们尝试在圆明园遗址风貌的基础上，利用AR技术在遗址现场实时直观地恢复出圆明园昔日的壮丽辉煌（图9-17）。同理，日本的一家旅游公司正开发名为Smart Tourism的AR眼镜，当游客戴上它便可立刻被"传送"回过去，看到已经不复存在的历史建筑。

图9-17 数字圆明园增强现实系统

如果将对历史的缅怀拉近到往昔怀旧的层面，那么增强现实对宏大历史空间的重建，又将进一步渗透到集体记忆甚或私人印记之中。在北京国际设计周的展览上，艺术家通过增强现实技术将早已拆毁的北京城门（阜成门）叠映于它的原址——车水马龙的西二环路

（阜成门大街）之上，再现了
消失的建筑（图9-18）。展览
解说中提到："无论是群体还
是个人的记忆，它们曾经附着
的实体可能是一座城门、一处
老屋、一个热闹的传统市集，
甚至是一位碎碎念的老人。在
城市的快速变迁中，随着这些

图9-18 AR再现阜成门

记忆载体的迅速消亡，我们能够找回印证记忆的现场越来越少。"增强现实恰
恰将现实空间与我们记忆中"附着的实体"并置在一处，它不仅仅是回忆和叙
事的背景，更是人们日益增长的视觉文化需求中不可或缺的一部分。越来越多
的文化故事在它曾经绽放的实地被挖掘和重现。早在2013年，荷兰埃因霍芬
设计学院（Design Academy Eindhoven）的伊尔丝·赫斯特博克就曾实施一个名
为"车窗外的历史"的艺术展示。她将公交车的车窗替换为带有GPS装置的透
明智能显示屏，伴随公交行使路径的变化，乘客可以轻松了解到公交车驶过
的每一个地方的历史景象。"乘客还可以根据自身兴趣点击、浏览相应的文字、
图表或者视频片段。30分钟的车程，好比上了一堂小型历史课。"历史也可以
变成"打发时间"的小把戏——当你坐在车窗旁发呆时，途经之地曾发生的重
大历史事件会自觉"跳"出来为你讲故事解闷。❶ 在中国，手机地图App正尝
试将人们对空间认识与它的过往联系起来。当用户走到一个地方，手机会把地
图上与这个点相关的历史、建
筑、人物等信息呈现出来，并
允许用户参与编辑这个地理位
置的故事。走在北京胡同里，
透过AR可以看到曾经生活
在这里的人以及他们的亲情、
他们的私人回忆与悲欢离合
（图9-19）。过往的一切都好
似在增强现实中实现了加达

图9-19 透过AR看北京胡同里的私人回忆

---

❶ 佚名. 车窗外的增强现实：一路坐公交，一路围观历史[J]. 21世纪商业评论，2013(12).

默尔的"视域融合"。以前，博物馆记录着一个城市的变迁；今天，这些变化正加速地发生在我们生活的日常里。AR将博物馆搬进人们每日生活的视野，将地缘中遗失的古建筑、过往的人和事——进行基于实境的重现式关联、叠映与融合；将受众带回到过往的时间中，挖掘和转译生活场景中的文化遗产、重拾个人和集体记忆，为三维的空间增添了第四个维度——历时性的视觉体验。以往谈及文化遗产，人们通常会用"保护"一词来延续它在"历时性"层面中的生命价值；而今"转译"成了文化遗产的热词，说明人们更加注重文化的"共时性"拓展。AR正体现出历史、文化与记忆在当代视觉传播中的新兴价值，它既是时间在空间中的增益，又是空间对时间的参与式改造。

新媒体艺术发展历程的总体趋向，正在虚拟现实与增强现实的渗透中得以验证。那就是，它正向着人际和人内传播回流。社交，是艺术提升观众黏性的重要议题。从这个角度看，AR更加社会化，而VR则更加专注于营造沉浸式体验。沉浸的确很难与他人分享，可恰恰是疏于社交的沉浸，大大拓宽了人内传播的感知界限、促进了情感宣泄。不论是虚拟景观的沉浸，在视觉意象中所实现的聚身性包裹；还是增强现实，在地缘实境中所呈现的视觉增益，它们最终指向的都是"人的延伸"。所不同的是，前者营造出纯粹的虚拟时空，后者则拓展出空间的延异，即在时间维度上对空间实境的叠加与延拓。在此我们看到，媒介作为艺术浅表视像符号交换的平台与"桥梁/中介"状态正在退潮，纯粹的空间它者化或客体意识正在消解；取而代之的，是媒介对时间维度的推崇，聚身或沉浸的最终意义都不单独指向空间，而是时空意象的全方位变换与侵彻。人没有能够摆脱技术的藩篱，却以技术将自身包裹得更严密，媒介俨然成为身体的一部分。这既是空间的外延，更是时间意念上的延展或迷失。

新媒体艺术在"聚身沉浸"这一新媒介属性的基础上，不断展开辩证的思考，将观念性议题引向其背后蕴藏的深意。在第一节中，我们从媒介史的视角，对媒介将主体与客体做"它者化"分离的过往历程予以探讨；而在第二节和第三节中，由于虚拟现实和增强现实的出现，使"分离"转向"弥合"，这是信息艺术由一种"传播的结果"向"过程式参与"的重大转向。这个转向既充满不确定性，又为今后的视觉艺术生产带来不少问题，例如VR对观众情绪的裹挟、360度影像给观众带来的身份困惑等。机遇与挑战面前，视觉艺术何去何从？我们是否要坚持过程参与式的"沉浸"体验？到底是观众的选择决定了媒体技术的发展方向？还是新媒体的延展本身已铸就了我们的视觉艺术接受习惯？好在，新媒体艺术在发展与前行中不乏反思与自省，它时刻以自我剖析的方式，给予观众自觉生成观念性领悟的自由。

第十章

冲破第四墙——新媒体的戏剧观念

长久以来，传统戏剧在观众心目中是犹如"莲花"般的存在，因为"只可远观而不可亵玩焉"。21世纪以来，戏剧形式日新月异，浸没式戏剧在百老汇与西区如火如荼。这种日益受观众喜爱的戏剧体验，不仅打破了戏剧"远观艺术"的概念，也使顽固横在舞台前的"第四道墙"消失了。❶

新媒体参与到戏剧舞台现场的状况越来越普遍。但声光电的外在形态背后，新媒体给戏剧带来怎样的观念性变革？透过观察可以看到，新媒体语境下的戏剧艺术已逐渐趋于消解舞台与观众间的距离，对"第四墙"的突破使得观众主动参与、探索、领悟戏剧所传达的内涵，这本身可以看作是独立于戏剧之外的戏中戏。将观众纳入戏剧演绎的体系之中，有赖于新媒体技术的蓬勃应用，其结果是戏剧艺术的沉浸式体验与观众的自反性融入。体验的真切感，一方面激发观众更大的共鸣与热情，另一方面也使人在各种媒介面前清醒于"舞台造梦"的幻觉，而衍生出媒介批判意识。

第一节　丰江舟与"半沉浸"式舞台

中国戏剧的新媒体探索，在20世纪90年代就已开始。宋冬与牟森等合作于1997年盛夏在北京长安大剧院上演新媒体录像实验戏剧《倾述》。2001年6月底，宋冬、乌尔善、张慧、邱志杰、吴文光等共同创作的集体新媒体"戏剧"事件作品《新潮新闻》在北京藏酷新媒体艺术空间呈现。作品将真实的事件混杂在音乐、戏剧、行为、录像、实时摄录系统等要素之中，通过VJ

---

❶ 龙马社. 看、听、摸、闻、尝——浸没式戏剧到底有多爽[EB/OL]. 搜狐网文化版，2018-09-10.

（Visual Jockey，即时剪辑系统）切换组织在一起，把记忆与体验急速交融，使娱乐性、真实性、新闻信息、游戏、虚假性、现场性等因素混杂生成实验性的戏剧快感。观者的目光一次次地在现场和影像之间交换，影像和声音编织在一起，在哄堂大笑中消解着媒介话语的堂皇叙事。游戏中，概念和界限逐渐被混淆、遗忘，人们得到的只是一个荒诞的、现场的表象。"过程"与"现场"一旦占据了主动，新媒体艺术的创作便融入大众文化生活之中。

丰江舟是新媒体戏剧发展中不能不提的一位。他20世纪60年代生于舟山群岛，1986年毕业于浙江美术学院，是电子音乐与多媒体舞台艺术相结合的早期开拓者。其创作元素广泛，涉及舞台、音乐、影像、机械等诸多方面。因此，他与戏剧表演、行为艺术、舞蹈、电影、装置等多艺术领域都有紧密的交叉，创作领域蔚为宽泛。❶ 丰江舟的跨界，使其善于运用计算机编程、机械运动装置为声光电的舞台表现提供多变的增强现实表现手法。这样做有利于唤醒观众在作品中的参与性和沉浸感，继而由感观获得精神层面的深刻触动。他的介入，代表了中国多媒体艺术在创意和技术上的探索精神，力求超越单纯的视听认知，挑战传统舞台艺术的观赏经验，对中国的新媒体艺术延展有着积极的启发性。1990年代初期，丰江舟从摇滚起步，逐渐过渡到电子音乐。1998年其代表作《恋爱中的苍蝇》被中国内地、香港地区和日本媒体评为年度十佳唱片，它充满了暴风骤雨般密集的电子音符，被认为是中国内地第一张电子音乐唱片。到21世纪初，他逐渐有了更多的领悟：

中国的观众需要更开阔的眼界，需要一种对抗的东西……中国人的概念里，美和审美是没有区别、合二为一的，很少有人想到很多别的类型的东西也可能是美的。❷

丰江舟觉得音乐的灵魂在于现场，兴奋点当归于观众与表演者的默契，而后获得掌声。他在"录音棚"里每每感到痛苦，"没有观众、没有状态，哪来的激情？一瓶葡萄酒灌下去，晕晕乎乎的，真没有感觉"。❸ 很自然地，他走上了多媒体舞台创作之路。2002年起，他与孟京辉合作，尝试为话剧《关

---

❶ 梁爽. 丰江舟：电子媒体的落地实验[J]. 东方艺术，2009(7)：79–81.
❷ 孟依依. 丰江舟：噪音机器和苏醒的电虫[J]. 南方人物周刊，2019(19)：56.
❸ 见新浪视频资料《新视觉：北京乐与路之丰江舟》。

于爱情归宿的最新观念》设计新媒体舞台呈现方案。2003年话剧《恋爱的犀牛》获得巨大成功。2005年孟京辉指导的话剧《琥珀》在中国香港首演，丰江舟在其中担任多媒体创作及部分作曲。他巧妙地运用大屏幕将舞台空间的现实和超现实进行结合，将生动鲜明的现实场景与唯美幻彩的多媒体景观融为一体，营造出荒诞、魔幻的舞台色彩。其后，他与孟京辉的合作还包括《镜花水月》（2006）、《两条狗的生活意见》（2007）、《艳遇》（2007）、《爱比死更冷酷》（2008）、《柔软》（2010）等。2008年起，丰江舟开始与中国国家大剧院合作，承担部分话剧的多媒体视频设计工作，包括话剧《肖邦》（2008）、《王府井》（2011）、《望》（2012）。2012年他又在张艺谋的大型景观歌剧《图兰朵》中担任多媒体制作总监。丰江舟参与的其他舞台类型还有京剧《梅兰芳华》（2010）、关锦鹏导演的昆曲《怜香伴》（2010）、多部儿童话剧以及成方圆的个人演唱会《魅影成歌》（2013）等。

总体来说，丰江舟的新媒体戏剧属于"半沉浸"的一派，即透过光电技术与数字化编程来提升舞台视听效果，渲染出一套近乎完美的视觉幻象。但通常情况下观众仍与舞台有明显的界线。虽然视听效果有极大的震撼，但丰江舟仍遵循传统的舞台距离感，在戏剧演绎的设置上保持着与观众的距离，在创作观念上隶属于相对保守的技术派。

第二节　舞台观念的"完全浸没"

在"完全沉浸"方面，国外的戏剧探索似乎走得更加彻底。这类戏剧通常被称为"浸没式戏剧"（Immersive Theatre）。它的最大特点是带来感观层面的飞跃和巨大冲击力，即观众主动融入戏剧情境，通过视觉、听觉、嗅觉、味觉、触觉，自由体验戏剧的一种新兴戏剧形式。在此，新媒体的技术触角已不仅局限于听觉和视觉，新媒体戏剧体验力求在嗅觉、味觉、触觉、运动觉等更为广阔的范畴引起观众的参与兴趣，给人们带来戏剧体验的自由权限。"浸没"意味着一场幻境之梦。

英国剧团上演的经典浸没式戏剧鼻祖 Sleep No More，其故事主线戏仿自莎士比亚的经典剧本《麦克白》，而空间场景则设定于20世纪30年代的高级酒店（纽约或上海）——开张营业后不久便大门紧锁，人们纷纷传言说这个地方受了诅咒。事实到底如何？这个戏剧便邀请观众走进来亲身探索。在上海，麦今侬酒店的1~5层就是戏剧上演的空间，酒店里分布着90多个房间，充斥着魔幻与灵异的气氛，每位观众都戴上白色面具，自由穿行其中，去感知任意空间，品味任意细节。20几位演员在整场戏中大都身兼数职，将12个主要人物贯穿起来，同时展开。角色没有台词，靠舞蹈、肢体动作及情态来演绎。角色与观众之间甚至有亲密互动的机会，例如耳语、近距离凝视等动作。在视听以外，戏剧的沉浸感营造还引入嗅觉的成分——散发着年代感气味儿的家具，浓浓消毒水味儿的阴冷疯人院，以及湿润清新的竹林等。我们意识到戏剧的新媒体性往往不只是声光电的增强性感观刺激，而是多维感观的生活化浸入。食品、气味、环境甚至是寂静等因素往往会给人带来更为强烈的仪式感。

在另一个戏剧 *Then She Fell* 中，甚至限定了观众的人数（不超过15名），以确保每个观众有足够的机会参与互动。这个剧本来自童话故事《爱丽丝漫游仙境》，在一个"疯人院"的现场，每个观众都被赋予了"病患"的身份而自然地成为戏剧的一部分。他们每人领到一把钥匙后，被故作严肃的护士引向不同的空间，展开独立的剧情探索。

到此，可以明确地意识到——新媒体戏剧突进最为明显的征兆在于对观众距离感的抹杀。让观众进入舞台空间，混迹于演员、布景、道具及其他观众之中，则打破了传统戏剧"橱窗式"的统一视野与目光凝聚。每个人的视角都有不同，每个人不能保证获得与其他人一样的观戏感受，每个人必须自我参与到环境空间之中，每个人务必自我觉悟到什么，且这种觉悟是独特的、个性化的、难以复制或交换的。舞台具有天然的过程性延伸，观众的在场统一于此，但他们的灵魂与接受的精神将出现分野和分化。这一切有赖于舞台距离感的抹杀给人们带来的对过程性领悟的多元化视角。

在观念上，浸没式戏剧仍旧是对"主体性"蚕食与先验的消解。人对于世界的理解原本便不具备完整性与上帝视角，那么为什么要把舞台框囿在玻璃窗里而与观众保持距离呢？另一方面，"碎片化"叙事为戏剧观念亦带来不小的震撼与冲击。在浸没式戏剧里，观众可以自主选择跟随某一个事件，并随着演员们各奔东西。其中，观众就需要不断地选择、转移或放弃。观众的分身乏术验证了我们作为"人"追求"上帝视角"的不可能，但分散的故事线又会一而再、再而三地交叉重叠，因此人们看到的都只是一块块碎片，就像现实中每个人都具有的视野缺憾一般。获取完整的剧情似乎并不是新媒体戏剧所要追求的目的性结果，观众观察视角的多元化、个性化才是过程性戏剧的诉求。从不同的方向和角度来看待剧情场景，就会产生完全不同的观感，不同的观众眼里将会有不同的剧情。于是，作者主导戏剧的结果性设定将不再对观众起决定性作用。等观众走出剧场，互相交流时或许才能一窥时局的全貌，因而主体间的互动再次成为戏剧变革的重中之重。由主体性向主体间性的过渡，验证了戏剧艺术发展与新媒体艺术观念的深度契合，它们在趋向上殊途同归。

第三节　王翀的"媒介自省"与"后戏剧剧场"

当"半沉浸"从舞台表象形态中的技术光泽，逐渐转向纯粹观念意义上的"完全沉浸"之时，很多人觉得戏剧已摆脱新媒体技术的阴影，而向着概念化、过程性、参与式的方向挺进。但我们不禁自问：媒介真的在前卫的观念性戏剧艺术中穷途末路了吗？媒介融合的脚步将在戏剧沉浸的过程性观感中停滞不前么？

在这里，笔者认为真正的"新媒体戏剧"应是既结合观念性戏剧理念，又有广泛媒介参与性的多元戏剧实践形态。在沉浸中做媒介融合，在梦幻中映衬媒介自省，在自我迷乱的过程之中时刻保持独立而清醒的人格认知，才是将戏剧发展引向更深层面的征兆。

这里要提到一位具有中西结合教育背景的新媒体戏剧导演——王翀。他的"2.0系列"话剧总是带有对传统的承继与解构的冲突与颠覆性。这种颠覆既表现在对语言的拆解、对"既定式"编剧结果的过程性消解，又体现在影像媒介对戏剧舞台的深度介入。舞台上的镜头与演员将拍摄过程与演绎过程杂糅在一起，与受众脑海中经典的印迹及银幕结果相并置，呈现出新媒体戏剧中"戏"与"影"的多重叠映。本节将结合王翀的戏剧实践，对跨媒介艺术的新媒体再现做些许讨论与反思。

戏剧艺术的媒介属性，是新媒体艺术与戏剧接轨的重要节点。但戏剧的现场性使演员与观众并置于一个空间在场之中，导致传统戏剧与媒介技术的嫁接鲜有作为。

一百年前，中国电影雏形初现之时，国人习惯从银幕里观察表演、舞台以及带有戏剧化叙事冲突的故事。于是，"影戏"作为一种对舞台艺术的承继，铸就了早期中国电影的重要传统。戏剧冲突、舞台表现、教化功能，在一百年前就已经融入中国的银幕。这就是"影中有戏"。

于是顺应于当下的"新媒体语境"，跨媒介艺术异彩纷呈，反过来思忖戏剧在探索和变革中，能否实现"戏中有影"的情况呢？把影像搬到戏剧舞台、加以利用，会有怎样新的诠释？其实，丰江舟等早已将各种声、光、电的舞台效果（以及高清投影机、动画）运用在新媒体戏剧里，实现大规模商业化演出。但大多数的戏剧总是把"影像"当作"背景""舞美"或一种工具、附属品，生怕它喧宾夺主。

相比之下，王翀的新媒体戏剧实践算是一个特例。他在"戏中有影"的基础上向前迈进了一步，将影和戏结合在一起，呈现出更为平等的关系，例如他较为著名的戏剧作品《雷雨2.0》（图10-1）。

整个剧场的空间感受，就像一个"电影拍摄现场"。四台摄像机与二十多位"演员"同时在场，摄像机摄制的影像经过现场编辑，形成连贯画面，在舞台上方悬挂的投影幕上实时呈现。依次排开的三个场景退居到舞台深处，为摄像机留下足够的拍摄距离；观众则围坐在摄像机旁，舞台与他们没有明显的界线。布景是20世纪90年代初期装潢风格的两室一厅，故事就在这个"家"中展开。除了三名主演"繁漪""四凤""周萍"之外，其余演员都身兼数职，他们时而是"派对上的人们"，时而又成了"手术室里的医生"，更多时候他们是摄影师和替身，用于完成那些不同角度拍摄的画面。

这部以曹禺剧作《雷雨》为蓝本的实验戏剧，对经典文本进行了解构。剧中所有台词皆来自《雷雨》，主要人物关系也能隐约窥见原剧的影子。但是观众

图10-1 《雷雨2.0》花絮 王翀
北京木马剧场

看到的是一出与《雷雨》几乎无关的新戏，甚至它都不是一部戏，而是一部电影以及它的拍摄过程。剧中的所有台词都来自原剧，但已被拆解得面目全非。周萍对四凤所说的情话被用在了"繁漪"身上，周朴园逼繁漪喝药的台词则成了派对上人们的祝酒词。

《雷雨2.0》里面，有对经典的致敬，有对文本的解构，有拼贴和杂糅的影子。它打破了戏剧的单向传播，让"第四墙"以外的观众坐进来，不只是看一部戏（的结果），也看这部戏的拍摄过程。观众脑海中对经典的原始建构，与戏剧舞台之间产生了一定的互文性，再结合舞台之上的银幕，使"戏中影""影中戏"融会形成"跨媒介"实践中的多重叠映。

第四墙，一般被称为"第四堵墙"或"第四面墙"。指在戏剧舞台上，一般写实的室内景只有三面墙，沿台口的一面不存在的墙，被视为"第四墙"。在镜框式舞台上透过人们的想象，位于舞台台口有一道实际上并不存在的"墙"。它是由对舞台"三向度"空间实体联想而产生，并与箱式布景的"三面墙"相联系而言的。它的作用是试图将演员与观众隔开，使演员忘记观众的存在，而只在想象中承认"第四堵墙"的存在。意识到第四面墙的出现，导致了很多艺术家关注于以此提升戏剧效果和幽默；亦或尝试将这一界限突破——如舞台上的演员直接对观众说话。第四面墙的接受是虚构工作和观众之间解除嫌疑工作的一部分，它允许观众在他们看真正的事件的时候感受虚构。❶

《雷雨2.0》是作者对于当下的理解。面对海量的信息，人们选取焦点，建立自己的叙述。我们这个时代的人具有处理这样庞杂信息的能力，因为真实世界也是快节奏、碎片化、多角度、信息庞杂的，这部戏是我们身处外部世界的真实写照。当然，《雷雨2.0》也有与今天"媒介记忆"或"媒介记录"的主题不相符合的一面。它与"跨媒介再现"仍有差异——在这部戏中，所有的摄像机里都没有装载录像带或存储卡。这意味着，戏中的影像只有"拍摄"和"直播"，而没有时间属性上的再现、纪录与纪实性。它去除了时间中的结果，而只留下空间中"再现的过程"。这个过程，显然不具备恢宏的工业

---

❶ 见"百度百科"词条：第四墙。

复制潜力，昙花一现。

由此，可以延伸到另外一个话题：跨媒介的艺术生产，如何解决消费系统中的"结果式封装"？过程性依然在工业化生产中面临严峻的挑战。艺术在沉浸、交互等表达中，越来越注重作品与观众之间的互动，过程性本身也推动着"主体间性"的成长。但戏剧要回溯过程，仍摆脱不了小剧场的魔咒——一旦大规模复制，便会与观众产生距离，重蹈"主体性"覆辙。

王翀，原本在北京大学学法律，后来辗转到美国夏威夷和加利福尼亚州读戏剧专业的研究生。他把自己的戏剧变革称为"新浪潮戏剧"，这个概念从2012年提出，到现在已经有了多年的实践。除了《雷雨2.0》以外，还有《椅子2.0》《地雷战2.0》《群鬼2.0》《样板戏2.0》《海上花2.0》《茶馆2.0》，形成了一个"戏剧2.0系列"。这些戏剧多有"过程性影像"的参与，也多有对经典的致敬与调侃，使崇高落地，变作生活中的一个个真实的小环境。比如以老舍的原著为蓝本，将《茶馆》通过表演、舞美等，带入今天的中学校园语境。把剧场搬到中学教室，让中学生去演，是一个很大的突破。"既然在小剧场演不了、也不可能收回成本，戏剧何不走到真实的语境里？"这时，我们的讨论就从"戏中影"，拓展到更广阔的"剧场"空间。

1999年德国戏剧学者雷曼出版了《后戏剧剧场》一书，2010年李亦男老师将其翻译并引介国内。王翀直言自己受到雷曼理论的深刻影响。在雷曼对"剧场形态"的梳理中，可看到三个清晰的阶段性脉络：前戏剧剧场时期、戏剧剧场时期以及后戏剧剧场时期。中间的"戏剧剧场时期"我们最为熟悉，这是中世纪以来到现代之间，以"文本为中心"的戏剧形式。但雷曼指出，剧场艺术是先于文本而出现的，它脱胎于宗教仪式，采用了对自然的象征性模仿。因此，第一阶段（前戏剧剧场阶段）充满了仪式感，其代表是古希腊戏剧以及其他民族的原始仪式与活动。第二个阶段就是刚才所说，以剧本和文本为核心的戏剧剧场时期。第三个阶段是"后戏剧剧场时期"，即20世纪70年代至今，主要的观念是强调动作、姿势、舞美、音响、视觉与文本的平等关系。王翀所做的就是打破文本禁锢、摆脱戏剧传统。

王翀曾说："我不满足于为什么《哈姆雷特》可以有无数版本，《雷雨》却只有一种演法。以往《雷雨》的演出都大同小异，我这次是要颠覆话剧艺术的根，告别传统，重塑大师，让曹禺从'戏剧家'成为'诗人'。"❶因此，影像及其拍摄过程，只是众多与文本相平等的戏剧元素之一，对文本的崇拜也好，消解也罢，都是戏剧中的再现，影像只是平等参与的一个对象。

总结而言，无论对王翀的讨论有多么复杂，他的实践宗旨是清晰可见的——对语言的拆解、对"既定式"编剧结果的过程性消解以及灵活运用影像媒介对戏剧舞台的深度介入。❷舞台、镜头、表演、拍摄过程杂糅在一起，与受众脑海中经典的印迹及银幕结果相并置，呈现出新媒体戏剧中"戏"与"影"的多重叠映。新媒体戏剧最终要与"话剧"争夺"话语权"。

---

❶ 陈然.雷雨2.0颠覆曹禺[N].新京报，2012-07-12.
❷ 彼得·布鲁克.空的空间[M].王翀，译.北京：中国友谊出版公司，2019.

"

第三篇

融合：
新媒体艺术
的有机属性

"

以自然生物及其基因或仿生实践为媒介，进行审美创作或观念表达，是近年来新媒体艺术探索中的重要一翼。表面看，生物介质与计算机为主导的电子介质有着明显的分别。那些以声、光、电作为审美表征，带有显著科技痕迹的装置艺术，有着不同于绿色生命形态的冷峻与程序操控感。而生物介质自由且旺盛的生命力，经常带有温度与不可控的神秘感，使人心向往之。本质上，二者又有着惊人的相似之处，它们都是电讯号的承载介质，一个基于数字电讯号，一个基于生物电讯号。它们都是经过信息的编码、整合、过滤与雕琢的艺术品。以"比特"为基质的数字电信号和以"基因"为承载的生物电信号，都是新媒体艺术呈现与表达的基质。❶

生命介质参与艺术的新媒体表达，这本身就是一种观念的传播与裂变，它预示着新媒体艺术在"人机结合"的同时，也将视野投向"有机融合"。

自2011年夏，张尕、范迪安在中国美术馆策划"延展生命：媒体中国2011——国际新媒体艺术三年展"以来，我们看到在数字电信号以外，艺术家对生物电、生物计算、基因表达、农业生产、仿生科技等参与到艺术表达形式的热衷。生物媒介艺术开始成为新媒体艺术中一个显性而不可或缺的创作分支。同时，这也是一种相对于"人工智能"领域的返璞归真，是对自然生长能力的再现、再利用与再认识。动植物细胞、基因等新的运算机理被运用到艺术表现之中，相对于原有的数字化"硅艺术"，碳艺术、湿艺术、有机艺术正蓬勃而生。

❶ 许鹏. 中国新媒体艺术简史[M]. 北京：北京大学出版社，2020：39.

第十一章
生物艺术的早期实践

2019年3月，在798现代汽车文化中心举办的"准自然：生物艺术，边界与实验室"展览中，策展人魏颖用很大的篇幅回顾了有机媒材在生物艺术史上的经典性奠基作品，主要包括爱德华多·卡茨（Eduardo Kac）最为有名的"绿色荧光蛋白兔"、奥伦·凯茨（Oron Catts）用细胞基质培养出的半活体雕塑，以及玛尔塔·梅内泽斯（Marta de Menezes）经干扰发育而成的蝴蝶翅膀。由此，可意识到生物媒介对艺术审美与观念表达的参与，已不只是一个共时性的"横断面"或展览中偶然的"调味品"。事实上，生物艺术表达已成为新媒体艺术领域不可或缺的一部分，其自身正形成历时性发展的流脉。本章的讨论就从这一流脉的"源起"逐渐展开。

第一节　与自然相依

生物，与自然相依存，具有遗传体征和基本代谢运动，是能对外界环境刺激做出反应、自主交互地活着的物体。这里并不将"生物的起源"作为重大科学研究课题来讨论；取而代之的，是探究其与新媒体艺术观念生发之间的种种联系。因此，在生物起源的话题中，艺术创作者往往会关注生命体与自然界之间的关系，认识生物的本质，探究人类在控制与改造运动中对生物体及其外延（自然）的影响。人类借助"生命科学"而拥有的优越地位，正在一步步使其陷入某种"工具化"的尴尬境遇。艺术则承担了反思及批判的责任。孙潇锡在论文《生物艺术初探》中说："当艺术家邂逅生物科学的时候，生物就变成艺术家创作的载体和媒介来源。"❶继而，他在追溯中提到生物艺

---

❶ 孙潇锡.生物艺术初探[D].大连：大连工业大学艺术设计学院，2016.

术最早诞生于实验室。20世纪30年代初，青霉素的发明者亚历山大·弗莱明（Alexander Fleming）将人工培养的微生物置于实验用纸上，向人们展示其生长变化的不同阶段。虽然这并不属于公开的艺术展示，但科学家的这一举动已在不知不觉中，为生物艺术开辟了先河。❶ 几年以后，平面美术师爱德华·斯泰琛（Edward Steichen）❷将翠雀花（飞燕草）的种子放在秋水仙碱❸中浸泡，这种液体会使种子变异，但这不会影响它正常生根、发芽。之后，斯泰琛在纽约的博物馆向公众展示了这种当时鲜为人知却异常美丽的翠雀花。❹ 在此，艺术观念中的"人造感"（人为干预）与艺术审美并驾齐驱，成为唤起人们观赏兴趣的源泉之一。

对生物变异的探索随着第二次世界大战戛然而止。战后复苏期，欧美各国在电子技术方面高速发展。电子管、晶体管与硅晶片使数字技术实现飞跃，计算机带动了新媒体艺术创作进入"硅艺术"阶段。而这段漫长的时间里，人们对生物艺术却鲜有涉猎。直到20世纪80年代初，艺术创作进入生命体的冻干、解剖与标本时代。

第二节　冻干、解剖与标本时代

死去的生物作为"媒介"幻化出缺席的再现，其背后则与艺术伦理的探索息息相关。

这方面的典型代表莫过于加拿大艺术家瑞克·吉布森（Rick Gibson）❺。1982年他发表了作品《油漆子宫》（*I Own a Uterus with a Paint Job*），将人体

---

❶ 张海涛在《西方生物艺术简史》中提到：1933年英国科学家亚历山大·弗莱明在展出"细菌绘画"的时候已经模糊了艺术家和科学家之间的界线。在一篇名为"用盘尼西林作画：亚历山大·弗莱明的细菌艺术"的文章中，罗伯·丹（Rob Dunn）这样叙述这位科学家的艺术创作过程和状态："他在不同的天然颜料里培养微生物，并按照不同颜色的需要把它们洒到纸上对应的位置。他在培养细菌的器皿里装满琼脂，一种像哩咻似的营养物，然用丝实验室的工具回来嫁接器皿里各个部分中的不同物种。从技术上讲，这种绘画非常难实现。弗雷明必须要找到带着不同染色体的微生物，还要精确计算嫁接它们的时间，以便所有的微生物都可以同时成长。"值得特别注明的是，弗雷明最终展出这些细菌绘画的地点不是在画廊而是在医院。

❷ 又译：爱德华·史泰钦。

❸ 秋水仙碱，一种生物碱，因最初从百合科植物秋水仙中提取出来而得名，味苦，有毒。秋水仙碱能抑制细胞的有丝分裂，破坏纺锤体，使染色体停滞在分裂中期。这种由秋水仙碱引起的不正常分裂，称为秋水仙碱有丝分裂。在这样的有丝分裂中，染色体虽然纵裂，但细胞不分裂，不能形成两个子细胞，因而使染色体加倍。故秋水仙碱可用于诱发基因突变。

❹ Frances Stracey. Bio-art: the ethics behind the aesthetics[J]. *Nature Reviews*，2009-07.

❺ 又译：里克·吉普森。

子宫用冻干技术处理后钻孔、打磨，并与采购收据和海关信息粘贴在一起，成为一个得以长期保存的艺术装置（图11-1）。孕育生命的人类器官成为艺术家具有消费意义的合法收藏品，这本身暗含讽刺与荒诞，而高等生物的残骸作为媒介参与行为艺术却值得体悟。就像杜尚的《泉》，艺术家将生活的常见物偶然摆放在博物馆，现成品就焕发出新的含义；当逝去的活体不再与母体具有生物功能性的联系时，器官标本背后就可能蕴藏丰富的伦理内涵。

　　两年后，吉布森又创作了《母子》（*Mother and Child*）并在伦敦肯辛顿教堂街的切斯画廊展出（图11-2）。❶作者从生物供应公司购买了孕育过程中被病毒感染的猪仔，将其处理成完好的猪胎儿标本，冷冻干燥处理后，把它置于装满猪油及油炸培根的锅里进行组合展示。吉布森将猪仔与典型的肉类消费环境并置，巨大的视觉冲击力使作品触及消费与伦理之间——人性的拷问。

　　1987年冬，吉布森又推出作品《胎儿耳环》（图11-3），将两个发育了几十天的人类胚胎（已脱水20年）重新补水后做冻干处理，制成耳环后挂在人造模特耳朵上，于伦敦一家画廊展出。作者很快被警察控制，随即被雇佣单位（伦敦大学戈德史密斯学院）除名，几个月后甚至因"危害公共道德"而被起诉。❷在这个作品中，"道德秩序"的应激反应成了不可或缺的一部分，与"堕胎"

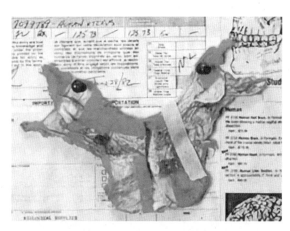

图11-1　《油漆子宫》　吉布森

图11-2　《母子》　吉布森　　　图11-3　《胎儿耳环》　吉布森

❶ 张海涛.西方生物艺术简史（1933~2018）新伦理艺术运动[EB/OL].艺术档案网，2019-05-17.
❷ John A Walker. Art & Outrage: Provocation, Controversy and the Visual Arts[OL]. London: Pluto Press, 1998.

相比，耳环更可能给女性带来光鲜亮丽的外表，但背后作者对生命缺席的再现，似乎尝试将逝去的残忍与靓丽的在场相并置，发人深省。

与吉布森不同，德国艺术家哈根（Gunther von Hagen）倾向于用解剖表达生理结构之美。20世纪70年代末，生物标本塑化技术（Plastination）渐趋成熟，医学工作者已能将各种器官解剖后脱水、脱脂，并注入凝胶、烘干，使其成为可长久保存的鲜活状标本。哈根将这一技术带入艺术展示中，将塑化后的人类或其他哺乳动物器官进行整体展示，就像是脱去表皮、露出鲜活肌肉和内脏的完整生命体，以艺术的方式向生命的组构致敬。自1990年代中期开始，哈根已陆续将名为"人体世界"（Body Worlds）的解剖艺术巡回展带入几十个国家，吸引了上千万观众慕名而来。从展示效果看，毁誉参半。一方面，塑化标本将人体表皮去除，人体器官被赤裸裸地呈现出来，观众在感到震撼中兼有恐惧。主办方不得不将展览性质从生命艺术转变为科普展示，以降低公众道德阻力。可见，基于解剖的生命艺术普遍站在艺术伦理的前沿之上，承受道德标准所带来的巨大压力。另一方面，在疑惑、指责与谩骂之外，也总有正面的反馈——小朋友们在塑化展览中看到胎儿从孕育、成长到出生的全过程，更容易理解母亲与自己之间的生命联系；青春期的孩子见了生殖器标本，有助于消除神秘感所带来的迷茫。伦理之外，生物解剖于科普展示中的应用，又使其从暗淡的道德诅咒中走向明媚。

第三节　躯体延展

除用"逝去的生命"做艺术媒介以外，以活着的身体作为观念表达的例子也很多。小野洋子将身体用于行为艺术的尝试，如《切片》（Cut Piece），已很常见，此处不再赘述。这里要叙述的是透过生物科技对活体进行变换的艺术表达，例如整形。法国艺术家奥兰（Orlan）和她著名的"肉身艺术"（Carnal Art）❶——将身体（特别是脸部）的整形过程作为艺术表达的范畴，开创了人造属性参与自然生命形态变化的先河。作者选择整容术将自己的脸变成不同的模样：将下巴做成波提切利的，鼻子做成格罗姆的，嘴唇做成布

---

❶ 或称作"圣·奥兰再生计划"。

歇的，眼睛做成一幅枫丹白露画派中的戴安娜的，前额做成达·芬奇的蒙娜丽莎的……有关这些手术的图片、视频被世界各大美术馆和画廊收藏、播放。奥兰改变样貌的目的却是使自身达到与异性文艺作者所描绘的女性之美的幻想相契合。她的作品中暗含着对男权意志主导下性别消费的质疑和批判——"挑战任何生来不变的本质，包括我们的自然秉性、遗传基因和上帝；通过手术证明，没有什么是不可以改变的，包括我们天生的被确定身份的面孔。"❶

当然，改换躯体的灵感也来自对时代嬗变的呼应。澳大利亚艺术家斯特拉克（Stelarc）认为身体进化的缓慢与高速发展的社会难以协调。身体已然过时，我们必须透过科技使躯体延伸——人工装置与躯体的合谋，正是他追求身体可塑性的路径。例如，作品《第三只手》中，做一只机械手，与自己的上臂连接起来❷（图11-4）；用细胞培养出一只耳朵，将其移植到自己的左臂；斯特拉克甚至将自己的躯体与互联网相连接。❸这些实践尚且谈不上"人工智能"，但至少为躯体之上的机械延展（外骨骼）开辟了艺术创想的天地。

在比较奥兰与斯特拉克时，彭锋曾说："艺术是一门学问，也是一种技艺，我们在评价艺术的时候，经常会从这两方面进行。一个作品是好的作品，因为它与历史上的重要作品有各种各样的关系，体现了艺术家具有关于艺术界的渊博知识；也可能因为艺术家具有独特的记忆，让他的同行难以仿效。奥兰的身体行为其实体现的是她的博学，体现了她对欧洲艺术史

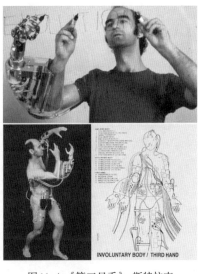

图11-4　《第三只手》　斯特拉克

---

❶ 彭锋. 可塑的身体——评韩啸的行为艺术[J]. 东方艺术，2012(17)：125.

❷ 斯特拉克的作品 *Fractal Flesh —Alternate Anatomical Architectures* 用 "第三只手"来强化身体的机能。机械臂使用一种 EMG 控制，手腕具有290度的顺时针和逆时针旋转能力，由来自腹部和腿部肌肉的神经信号来驱动拿捏和抓握，"第三只手"也可以独立运动。因此被用作假肢的身体信号被不断放大。电极拾取从微伏到毫伏的信号，在进入合成器或"第三只手"的切换机前进行预放大。"第三只手"上的麦克风使用数字延迟踏板启动采样和循环声音，这些声音有时会对心脏的节奏性跳动和肌肉信号的间歇性发射进行同步反映。（Donnarumma, Marco. Fractal Flesh – Alternate Anatomical Architectures Interview with Stelarc[J]. eContact: *Biotechnological Performance Practice / Pratiques de performance biotechnologique*. 2012.）

❸ 彭锋. 可塑的身体——评韩啸的行为艺术[J]. 东方艺术，2012(17)：125.

的系统知识。斯特拉克的身体行为，体现的是他的技术，尤其是他对新技术的掌握和运用。"❶这二者间具有共性，即他们都选用人的身体作为艺术表达的媒介，但二者的观念诉诸却大相径庭。更重要的是，上述这些艺术观念与"审美"渐行渐远了。虽为"整容"，但美不再是生物艺术所追求的唯一目的。

---

❶ 彭锋. 可塑的身体——评韩啸的行为艺术 [J]. 东方艺术, 2012(17): 125.

第十二章

基因——温和的突破

1953年，美国生物学家沃森和英国生物物理学家克里克与威尔金斯描述了DNA（脱氧核糖核酸）的双螺旋结构——由一对多核苷酸链围绕一个共同的中心轴盘绕构成。由此，人类开启了生命本源密码的探索之旅。从早期"绘制基因图谱"到1990年代，克隆、转基因、基因重组，再到2018年首例人类基因编辑，生物技术的每一步都成为极具争议的话题。艺术对生命体的利用，由"生物媒介"向"物种再造"转型。

第一节 技术浸入人体

进入当代，人类的智慧与兴趣由"机器制造"偏向"生物制造"之时，生物艺术便应运而生。[1]1997年，美籍巴西裔艺术家爱德华多·卡茨[2]在其《时间胶囊》（*Time Capsule*）中第一次应用了生物艺术（BioArt）一词，并迅速得

---

[1] 基因，可能是新千年最频繁的现代生物学进入大众文化的词汇之一，自1909年由丹麦植物学家、遗传学家威廉·约翰森（Wilhelm Johannsen）提出，源于希腊语gonos，意为"生"（种子，芽）。随后的百年内，基于这个名词迅猛发展出一整套"分子生物学"的概念系统以及随后奠定的物质基础系统，完全改变了生物学这个学科的范式，这大约是威廉始料未及的。［参见：魏颖.转基因艺术：基因作为艺术媒介[J].典藏·今艺术，2019(6).］

[2] 卡茨，1962年生，因发起众多的远程展示和生物艺术项目而获得国际瞩目。他是1980年代前网络时代电信艺术的先驱，他在1990年代早期推出了远程机器人技术与生物有机结合的激进作品。他对机器人、生物学和网络的远见卓识，为后数字世界中的探索主题带来活跃的流动性。其创作从在线体验的神话到生物技术的文化影响，从数字时代记忆的变化情况到分布式集体机构，从"异域"的问题、概念到生命与进化论，包罗万象。21世纪初，卡茨用他的"转基因艺术"开辟了当代艺术的新方向——先是1999年的《创世纪》关注"艺术家的基因"，然后是他的荧光兔子alba（2000年）。其作品已在纽约、巴黎、都灵、东京、马德里、上海、圣保罗和首尔等国际展览场所展出。

到广泛呼应。《时间胶囊》探讨电子芯片植入人体的可能。❶ 当前，大部分人尚未适应在体内植入某种人造科技，而卡茨却认为技术是人的延伸，艺术的使命是要打破二者之间固有的界限。"其实在未来，人体与技术产物之间的区别会变得越来越模糊。比如说我是一个肉身，我站在这儿做演讲的话筒是我们的技术。未来，我们可以看到人的活体组织跟技术相结合，而技术又可以进入人体组织当中去。这个界限将会越来越不清晰，甚至越来越不复存在。"❷ 同时期，卡茨又与他人合作，创作出一个"人与机器"间对话、互补、共生的装置作品 A-positive。1997 年 9 月下旬，卡茨在芝加哥艺术学院举办的第八届国际电子艺术研讨会（ISEA' 97）上提交了有关这个作品的论文《生物艺术前沿》❸，如下：

A-positive 是由 Ed Bennett 和我创作的一个对话性事件，它探讨人体与包含生物元素的新型混合机器之间的微妙关系，并从这些元素中提取感官或代谢功能的可行性。该装置创造了这样一种情况：一个人和一个机器通过医用透明管连接的静脉注射装置进行直接的身体接触，并以相互滋养的关系互相"喂食"。对于新型的混合生物机器人，我们将其统称为"生物机器人"或"静脉机器人"。

在作品中，人体通过向机器人实际献血，来为其提供维持生命的营养物质；生物机器人接受人体血液，并从中提取足够的氧气来支持一个小而不稳定的火焰，这是生命的原型符号。作为交换，生物机器人将葡萄糖捐献给人体，人体通过静脉接受葡萄糖。当血液在人体内循环时，它将氧气从肺部输送到人体组织，二氧化碳从人体组织输送到肺部。当血液通过肺部时，氧分子附着在蛋白质血红蛋白上（血红蛋白呈鲜红色）。在这个过程中，血红蛋白将氧气释放到细胞中。然后，这些"空的"血红蛋白分子与组织中的二氧化

---

❶ 卡茨通过将一枚芯片植入左腿内，来触发物理切入与人类作为生物记忆宿主的命题。《时间胶囊》由植入芯片、照片、直播电视、网络广播、交互遥控芯片扫描仪、远程数据库干预和其他展示元素所组成。在作品实施过程中，卡茨首次使用了"生物艺术（Bio Art）"这一概念。见"艺术中国"，2017-8-29。而另一个资料将《时间胶囊》描述为：艺术家往自己身体里植入了一块微芯片，通过互联网远程遥在技术可以从他的体内获取芯片上的数据。芯片用生物可降解的玻璃封装，以保证它不会受到排异反应。这块芯片上存放了七张卡茨与他家人的老照片，表达了他和家人的情感关系。[参见：张海涛. 西方生物艺术简史（1933～2018）新伦理艺术运动[EB/OL]. 艺术档案网，2019-05-17.]

❷ 熊晓翔. 生物艺术：逾越了艺术，还是逾越了造物主[EB/OL]. 雅昌艺术网专稿，2016-07-27.

❸ Eduardo Kac. ART AT THE BIOBOTIC FRONTIER[C] //Flyer distributed on the occasion of ISEA '97 ——The Eighth International Symposium on Electronic Art. Chicago: The School of the Art Institute of Chicago, 1997.

碳结合，将其带走。而这个实验装置中，氧气是由静脉滴注器提取的，用来支持不稳定的火焰。这项工作创建的概念模型与传统的场景截然不同，传统场景将机器人描绘成执行困难、重复或人类不可能完成的任务的奴隶；相反，随着事件的展开，人类将自己的血液给予生物机器人，从而创造出一种共生的交流。

这个装置使人机界面渗透到神圣的肉体边界，具有深刻的文化和哲学内涵，反映了生物学、计算机科学和机器人学相结合的新环境中，人作为生命体的状况。我们再也不能将人体视为孤立于技术景观之外的主体。即使是DNA或血液也无法免疫"技术对人体"的入侵。一位生物学家和一位计算机科学家的共同努力成功地证明了DNA计算机。它不使用电脉冲，而是使用脱氧核糖核酸来控制处理器向计算机发出的命令，并使用DNA的基本单位核苷酸来复制处理器的动作。在20世纪末调节我们的想象和敏感性的技术（包括纳米技术和基因工程）也渗透到我们的皮肤下——人类的血流。微型电子设备和新的化合物正在入侵生命体的物理结构，俨然成为一个生物局域网络。

身体是艺术中最传统的主题之一，艺术中对它的运用与过去完全不同。今天，我们不再将身体描绘成与环境（背景）相比更具优势或特权的人物，而是探索进入数字文化的政治和心理层面。当我们意识到技术离身体有多近，或者已经在身体内部有多深时，我们必须意识到：在机器人科学中使用"主从模型"已太过局限。它假定机器是奴隶，使某些种类的生物（或电子生物）必须提供强迫劳动的观念得以延续。由于机器没有有机生命、类人智能或自身意愿，这类考虑可能很容易被忽略。这种局限与可穿戴电子计算设备的增加，以及机器人和人工智能科学对生物方向的加速研究相悖。但真实的发展暗示出"主从关系"的差距正在慢慢缩小，可能超出我们愿意承认或接受的范围。于是"机器人伦理学"正重新审视我们对生物机器人前沿领域的许多假设。

*A-positive*摒弃了机器人奴隶制的隐喻，提出了一个新的生态系统。它考虑了新的生物和有机装置，这些新的生物和有机装置构成了我们的后有机万神殿，无论是生物（克隆）、生物合成（基因工程）、无机认识论、算法还是生物机器人（Robotics）。我们总是问机器能为我们做什么，现在也许是时候问问我们能一起做些什么了。我们不再是机器的主人，而是听命于它们的摆布。我们对这一概念很感兴趣，就像我们对这一概念的恐惧一样。我们之所

以感兴趣，是因为我们天生就对自己的局限性有着永不满足的好奇心；也是因为一个扩展的身体有着新的可能性，它在思考永恒生命的概念。我们之所以感到恐惧，是因为这些技术最初是为帮助生病或身体受损的人而开发的，实际上并不适合于一个全面的健康的身体。尽管出于不同的原因，今天的艺术与传统上被视为与"美术"无关的领域（如生物学和机器人学）有着相同的关注点。我们现在可以把它称作"生物艺术"。由于艺术参与了我们在文化中所见证的更广泛的思想辩论和传播，它可以帮助我们发展新的概念模型，并可能影响有机与数字交汇的前沿协同效应。

卡茨宣言的结尾，揭示出艺术参与生命科学讨论的必然性与必要性，也提到恐惧和伦理为生物艺术发展带来的沟壑与隐患。到1999年，他终于找到温和的突破路径——基因。基因不像躯体或血液在我们的脑海中存留刻板的印象，我们对它的认识并不具象，甚至极其模糊，但它却决定着我们的遗传密码。对这一自然而神秘的信息做改写，充满了人类挑战自然的隐喻。同时，基因艺术也尝试摆脱"血肉模糊"的伦理桎梏。

第二节　转基因探索

卡茨的《创世纪》（Genesis，1999）是一个转基因艺术品，探索了生物学、信仰系统、信息互动、伦理和互联网之间错综复杂的关系（图12-1）。作品的

图12-1 《创世纪》卡茨

关键元素是一个"艺术家基因"，即一个由卡茨创造的合成基因，它将圣经《创世纪》中的一句话翻译成莫尔斯电码，并根据艺术家为这部作品专门开发的编码规则将莫尔斯电码转换成DNA碱基对❶。这句话是这样写的："让人类统治海洋中的鱼，空中的鸟，

---

❶ 碱基对是形成DNA、RNA单体以及编码遗传信息的化学结构。基因是编码蛋白质或RNA等具有特定功能产物的遗传信息的基本单位，是染色体或基因组的一段DNA序列。基因存在于细胞内，有自体复制能力。基因通过复制把遗传信息传递给下一代，使后代出现与亲代相似的性状。

以及地球上所有的生物。"这句话之所以被选中，是因为它暗示了人类对自然的至高无上，即神圣的认可。之所以选择莫尔斯电码，是因为，作为无线电报应用的第一个例子，它代表了信息时代的曙光——全球通信的起源。作品中的基因被整合到细菌中，展示在图库里。网络上的参与者可以调节、改变画廊里的紫外线灯，导致细菌（及其所包裹的作品基因）发生真正的生物突变。这改变了细菌中的圣经句子。之后，细菌的DNA被转换回莫尔斯电码，然后再转换回英语。变异的句子被发布在创世纪的网站上。在作品的语境中，改变句子的能力是一种象征性的姿态，它意味着我们不接受它在我们继承它的形式中的意义，当我们试图改变它时，新的意义出现了。

郑颖在评论《创世纪》时说，圣经中的语言、莫尔斯电码、DNA碱基对，象征着两千年来西方文明的信仰、人类信息时代的开端以及科学对生命本源的新探索。"人类不知不觉中掌握上帝的秘密改变了生物体；而这三种语言同时意味着人类正慢慢走出上帝的世界——创造出新物种自我主宰地球。"就好像"仿照罗塞塔石碑——埃及托勒密王朝象征统治者权威的碑文图，刻有埃及象形文字、埃及草书、古希腊文三种字体"。传统文明虽已根深蒂固，仍逃不出艺术以另类的方式予以挑衅——使人反省，上帝赋予人类的控制权是否包括改变自然？《创世纪》模拟出一套独立于自然法则的生物遗传体系，但尚未评估其"对其他物种及自然生态所带来的影响"。❶这绝不只是简单的夸耀，其意味发人深省。

卡茨在这个作品中亦有意模糊科学与生命的边界。他在作品诠释中写道："就像我们使用电脑，输入信息，操作信息，再输出信息，这是一个机器完成的过程。而在作品中，信息被放置在细菌身上，针对相应变异的DNA序列进行一个分析和解码，最终能够把这个句子重新读出来，这仍然是输入、处理、输出这样三个过程，只不过我们是在活体上完成的，而不是在电脑上完成的。所以如果我们在不同的载体上都可以完成这样的一个过程，那怎么区别这个东西是生物的还是技术的，或者你怎么区别这个东西是有生命的，还是没有生命的？"❷

继《创世纪》之后，卡茨不断寻求突破，希望将"转基因"的模拟概念转移到真实的生命体之上。这就有了他最为著名的作品《绿色荧光蛋白兔》

---

❶ 郑颖. 分析爱德华多・卡茨生物艺术作品揭示的真实性[J]. 艺术科技, 2013(4): 164.
❷ 张海涛. 西方生物艺术简史（1933～2018）新伦理艺术运动[EB/OL]. 艺术档案网, 2019-05-17.

图12-2 《绿色荧光蛋白兔》 卡茨

（*GFP Bunny*）❶。2000年，经法国艺术家路易·贝克的引荐，卡茨与法国国家农业科学院合作，成功繁殖出转基因兔（图12-2）。作者将维多利亚水母中发现的原始野生型绿色荧光基因（EGFP）与白化病兔子的基因结合，形成合成突变，最终繁育出一只周身没有皮肤色素、全身白色、粉红眼睛的兔子。卡茨及家人为这个新物种取名为"阿尔巴"。肉眼中它并非总是绿色的，只有用蓝光（最大激发488纳米）照明时，它才能发出亮绿色光芒（最大激发509纳米）。EGFP在哺乳动物细胞（包括人类细胞）中的荧光比水母原始基因高出两个数量级。❷由此，这个项目创造出一个自然界中没有的再造物种，并引发长久的社会争论——有关转基因科技应用的利弊、荧光兔的所有权、艺术与科技的边界等。

在有关"荧光兔"的讨论中，卡茨提到"阿尔巴"并不是人工繁育兔子的起点。腓尼基水手于公元前1100年左右在伊比利亚半岛发现了兔子；公元6世纪到10世纪左右，兔子开始在法国南部僧侣们的驯养下繁殖，那时起人类开始在兔子的进化过程中扮演着直接的角色；到18世纪，人类才选育出皮毛漂亮的"安哥拉兔"。因此，生物科学视角下"阿尔巴"并不是决定性的里程碑。卡茨只不过借用基因技术使千年来兔子的人工进化有了一个微小的改变。"荧光兔"真正的决定性意义，在于艺术的参与：

使社会干预形式、语义开放性和系统复杂性相协调的审美平台——必须建立。艺术和生活中的每一种情况都有其特定的参数和局限性。因此，问题不在于如何完全消除界限，而在于如何使界限足够不确定（模糊），从而使人类和非人类参与者在以重要方式体验作品时的想法、感知和行为具有重要意义。我的答案是，做出协调一致的努力，保持对参与者的选择和行为的真正开放，放弃对作品经验的很大一部分控制，接受发生时的经验作为一个变革

❶ GPF是"Green Fluorescent Protein"的缩写，意为绿色（转基因）荧光蛋白。

❷ 请参见卡茨官网。

性的可能性领域——从中学习，与之一起成长，并在过程中改变。阿尔巴是转基因艺术品的参与者，任何与她接触的人以及任何考虑过该作品的人都是如此。家庭生活、社会差异、科学程序、种间交流、公众讨论、伦理、媒体解读和艺术背景之间的一系列复杂关系正在形成。

在整个20世纪，艺术逐渐摆脱绘画表现、物体制作和视觉沉思。艺术家们寻找能够更直接地回应社会变革的新方向，强调过程、概念、行动、互动、新媒体、环境和批判性话语。转基因艺术承认这些变化，同时也提供了一个根本性的偏离，把生命的实际创造问题放在辩论的中心。毫无疑问，转基因技术也在其他领域深刻转变的大背景下发展。在整个20世纪，物理学承认不确定性和相对性，人类学粉碎了种族中心主义，哲学谴责了真理，文学批评脱离了解释学，天文学发现了新的行星，生物学发现了"极端微生物"，这些微生物生活在以前认为不能够维持生命的环境中。

转基因技术承认人类在兔子进化中的作用是一种自然因素，是人类和兔子自然历史中的一章，因为驯化总是一种双向的经验。正如人类驯养兔子一样，兔子也让人类驯化。转基因技术采用一种更微妙的方法来引导辩论：它使艺术超越了艺术品作为一个活的有机体诱发隐喻，体现出比喻的复杂性，为生命科学打开了一个非电信域。换言之，在转基因技术的背景下，人类在生活系统的组织中施加影响，但这种影响没有实际意义。转基因技术不会试图缓和、破坏或仲裁公众讨论。它试图提供一个新的视角，模糊而微妙，在我们通常只发现肯定（赞成）和否定（反对）的极性间寻找"中间域"。阿尔巴强调了一个事实，即转基因动物与其他任何生命形式一样，都是社会生活的一部分，因此值得像其他任何动物一样受到爱和照顾。

"荧光兔"项目中，我非常关注并仔细考虑了可能造成的潜在危害。我决定继续这个项目，因为很明显它是安全的。在整个过程中没有什么意外，负责产生绿色荧光蛋白的基因序列通过合子微注射被整合到基因组中。绿色荧光蛋白已经成功地在包括哺乳动物在内的许多宿主生物体中进行了表达，证明转基因整合到宿主基因组中不会产生诱变效应。换一种说法，绿色荧光蛋白对兔子无害。同样重要的是"绿色荧光兔"项目没有打破任何社会规则，人类已经参与兔子的进化至少1400年。

这也是艺术具有巨大社会价值的地方。由于艺术领域是象征性的，即使是在特定的背景下直接介入，艺术也有助于揭示正在进行的革命性文化内涵，

并提供不同的思考方式和技术。❶

　　类似的转基因尝试也被用在其他动物或昆虫身上，与人类基因相比，在动物身上做实验所遇到的伦理风险要小得多。1998年，比利时艺术家科恩·范麦哲伦（Koen Vanmechelen）发起了全球合作的基因进化创作计划"国际鸡基因组项目"（Cosmopolitan Chicken Project），其生物改造的对象是来自不同国家和地区的土鸡，艺术家试图通过不断的杂交，繁育出一种囊括地球上尽可能多的鸡种基因的"超级杂交鸡"并就此得出结论——反映自身文化与地缘亲和力的亚种鸡们的杂交未能使它们在基因上彼此不同。人类改变鸡的努力对鸡的基因组只有有限的影响。同时期，葡萄牙生物艺术家玛尔塔·梅内泽斯❷发表作品《自然》（1999），通过干扰正常蝴蝶的翅膀发育进行艺术创作，获得了一种自然中没有的新型翅膀图案。蝴蝶翅膀完全未经人工着色或涂改，也未经基因编辑，因此新图案构成不会遗传给后代。这种干扰发育的思路规避了转基因所带来的伦理问题，形成生物创作中新的典范。但不久以后，梅内泽斯也步入转基因艺术领域，尝试向蝴蝶的体内注入人类的（她自己的）DNA，于是这只蝴蝶身上生成了特别的图案，形成二者异质却共生的生命状态。❸作品使话题重新触及物种变异、基因转译、身份的不确定性以及遗传紊乱等问题的争议之中。

　　生物艺术家为什么要这样做？其创作观念中有怎样的矢量？就这个问题，魏颖给出一定的判断：

　　从20世纪50年代提出的"中心法则"（the Central Dogma）迄今仍是分子生物学的基石之一。它认为"DNA制造RNA，RNA制造蛋白质，蛋白质反过来协助前两项流程，并协助DNA自我复制"。之后近70年来，不断有新的发现对此进行补充和局部观念更新，但是DNA作为遗传物质以及相关的系统已成定论。而作为人类自我认识历史上的里程碑，人类基因组计划（Human Genome Project, HGP）则超越了国家的概念，是全人类通力合作的结果。而在完成人类基因组测序工作之后，对于其他生物构成的好奇，又使得全基因

---

❶ 参见卡茨官网。
❷ 玛尔塔·梅内泽斯是葡萄牙女艺术家，莱顿大学生物艺术学博士。她一直在生物实验室工作，探索艺术和生物学的交叉点，验证新的生物技术可用作新媒体艺术创作的潜能。（参见Digital Art Archive网站）。
❸ 参见玛尔塔·梅内泽斯的个人网站。

组测序的对象得到延展，涉及了其他生物，包括小鼠、果蝇、酵母等模式生物，当然这些生物的物质性基础与人类并无差异，它们的遗传物质也是DNA，它们也遵循中心法则。这从根本上对于"人"是凌驾于万物之上的概念进行了颠覆。更令人类惊恐的是，我们不仅拥有与其他物种相同的物质基础，并且这种物质在不同物种之间具有兼容性，也就是说，猿猴、小鼠、果蝇，乃至植物、微生物的基因也能在人类身上发挥作用。因此，正如罗西·布拉伊多蒂所说的：以普遍生命力为中心的平等主义，是后人类中心主义转向的核心。而生命的定义也得到了重新书写，人类并非凌驾于其他物种之上，曾经被赋予的作为先天条件的、不可剥夺的独立属性正在分崩离析。在这样的语境下，许多嗅觉敏感的艺术家开始将目光转向"基因"这一尚未被触及的领域。20世纪80~90年代，分子生物学的蓬勃发展，随之进入社会视野，而该领域的艺术实践也在这一情境下展开。❶

对"中心法则"的再认识，预示着人类对"主体性"认知的自我反省与批判的展开。变"人类中心"的控制论为"泛生命"视野中的平等论，成为后人类中心主义的核心议题之一。基因生物学即刻成为讨论这一议题的重要平台与展示窗口。基因干预验证了人类智慧及其外延的自我"亵渎"，但过程里却饱含着热情洋溢的"平等宣誓"——智慧不仅源自人类，也源自干预过程中微妙的不可控因素。

2009年卡茨推出系列作品《神秘自然史》(*Natural History of the Enigma series*)❷，这是基于卡茨2003年至2008年间做的一系列生物实验（图12-3）。作品于2009年4月首次于美国魏斯曼艺术博物馆展出。该系列作品的核心主题是植物，卡茨创造出一种新的生命形式，被称为"Edunia"。它是一种基因工程改造后的花，是卡茨自身基因和矮牵牛花的混合体，即Edunia会在它红色花朵的"静脉"中表达卡茨（人类）的DNA。这是卡茨通过分子生物学（转基因生命科学）发明创造的矮牵牛属植物，原本在自然界中并不存在。在淡粉色的花瓣上有红色的静脉，人类的一个基因在它的每一个红静脉细胞上都有表达。也就是说，卡茨的基因只在其静脉中产生一种蛋白质。艺术家从他的血液中分离出这个基因并进行了测序与重新编排。花瓣粉色的背景中可

---

❶ 魏颖. 转基因艺术：基因作为艺术媒介 [J]. 典藏·今艺术, 2019(6).
❷ 又名：谜的自然历史。

图12-3 《神秘自然史》 卡茨

以看到红色的脉络，这让人想起了白种人粉白色的皮肤。转基因分子操作的结果呈现为一朵朵鲜花，它创造了人类血液流经花朵静脉的活体景观。

"我选择的基因是在视觉上可识别的异物。这部作品创造了一种新的自我，部分是花，部分是人。"❶ "神秘自然史"是对不同物种之间生命相邻性的反映。它利用血液的红色和植物静脉的红色作为我们在更广泛的生命谱中共享遗产的融合性标志。通过将人和植物的DNA结合在一朵新花上，以一种视觉上戏剧性的方式（花脉中人类DNA的红色表达），实现了不同物种之间生命的延续与共鸣。

这部作品旨在向公众灌输一种对我们称之为"生命"的现象的惊奇感。人类的初步排序基因组和芥子科植物的基因组，已将艺术家和哲学家的类比延伸到人类和植物细胞的最深处，超越了他们最狂野的梦想。二者都揭示了人类和植物基因序列的同源性。

卡茨谈道："从进化角度来看，人类本身其实也是一个转基因的物种。通常认识里的'转基因'是不自然的，这一观点是值得商榷的。重要的是去理解：即使没有人类干涉，基因从一个物种到另一个物种的变化也是野生世界的一部分。从病毒、细菌到人类基因可能经历了漫长的进化史。人类体内拥有从非人类有机体而来的DNA。因此，我们自己本身就是转基因的动态过程。在给出所有的转基因生物都是畸形这个结论之前，人们应该看看自己的转基

---

❶ 参见卡茨官网。

因状态。另外，科学研究也发现，人体内细菌的细胞，比我们本身的细胞要多出十倍。比如我们人的细胞大概也就十万亿个，但是在人体内的细菌细胞，大概有一百万亿个。我们既是转基因的，又是细菌寄生的物种，所以在这种情况下，你还会觉得这朵花奇怪吗？"❶

第三节　永生与基因编辑

永生也是一个长盛不衰的艺术话题，在人类愿望中占据着重要的目标意义。古人在历史中总是通过制作自己的塑像、自画像，或经由炼丹术寻求长生不老的方剂，现代人们甚至冷冻身体、卵子、精子等方式，试图让自己永存于世。梅内泽斯在2014年创作作品《两者的永生》尝试探讨人类身份之间界限的概念——反思生物技术中，原始自然与人工介入的矛盾关系（图12-4）。作品是作者与她的伴侣首次合作的艺术表达。艺术实验以细菌载体，将自身碱基基因注入伴侣（对方）的白细胞中，使彼此的免疫白细胞"永生"。不朽的细胞，虽然源于两个相爱的人，但因为它们源于免疫细胞所参与构筑的机体防御体系，所以不能相互作用，否则他们将被相互排斥。因此，不朽是有代价的——而这个代价就是永久的孤立。活细胞将在没有任何可视化的实验设备的情况下迂回地表现出来——它们的孤立所产生的张力，将通过生长细胞的两个部分重叠的活体影像投射来进行艺术强调。只有在投射的虚拟空

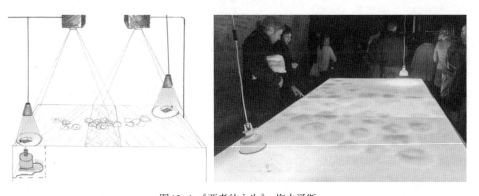

图12-4　《两者的永生》　梅内泽斯

❶ 张海涛.西方生物艺术简史（1933~2018）新伦理艺术运动[EB/OL].艺术档案网，2019-05-17.

间中（显微细胞被放大并被投影在白色桌面上），不朽的细胞才能"相互依偎"。[1]取自防御机能的免疫细胞，抗拒来自别人身体的细胞，互相的隔阂永不能化解。的确，只有永久的隔阂才能反衬出永久的爱。对此，张海涛评价说："永生总是有代价的，那便是孤独的存活，精神上依然痛苦。"[2]生命科学中的实践原理与惆怅的诗意结合在一起，形成巨大的矛盾张力，充斥在艺术表达中，支撑着观念的凄美。

2018年，梅内泽斯尝试将医学与基因科学的目的性整合在一起，发表作品《真正的自然》（图12-5）。作者通过CRISPR-CAS9技术对转基因生物进行基因组编辑，从而去除突变带来的有害基因。当今社会越来越关注什么是自然的，什么是人类干预改变的。然而，随着人类创造力不断提升——开发出强有力的工具来控制和改变自然，区分自然和人工变得越来越困难。作物的选择和动物的驯化是基因突变体发展的一个显著例子，人类长期致力于聪明的育种和谨慎的选择。转基因和生物技术的兴起提供了更大的控制范围和产生现有基因简单突变所不可能的特征的能力。近年来，基因组编辑工具的发展，给生物基因组内含的修改带来了更大的可能性。真正的自然方法应利用基因编辑技术修正生物体的基因组，使其恢复到野生自然状态。《真正的自然》包含一个基因突变的有机体（小鼠），其中没有人造基因，因为基因组编辑的目的是消除先前的基因干预。基因修复后，看似正常的小鼠却是经过基因治疗后的人工产物。什么是真正的自然呢？这个作品产生了一种歧义的张力，它源于这样一种观点——复杂的基因组干预可以导致一个自然有机体，或者更确切地说，一个自然有机体和人工有机体同时发生，其概念界线被进一步模糊。

图12-5 《真正的自然》 梅内泽斯

同年，梅内泽斯又在植物基因方面取得艺术突破。艺术家使用CRISPR-CAS9基因编辑技术"净化"玉米原有的转基因成分，创造一个既是天然的，同时又是

---

[1] 参见梅内泽斯个人网站。
[2] 张海涛.西方生物艺术简史（1933～2018）新伦理艺术运动[EB/OL].艺术档案网，2019-05-17.

转基因的新品种。人类和玉米在中美洲（如墨西哥）共存了许多代，相互影响。人类社会和文化是由玉米参与塑造的；与此同时，人类逐渐改变了玉米的特性。日积月累，历经几个世纪，人类文化和玉米品种都发生了变化。近年来，生物技术使玉米的生产力大幅提高，转基因科技利用了玉米的生物学特性，提升其光合作用效率，类似的技术经验可能被转移到其他物种的培育上，如水稻。

然而，植物的快速变化与墨西哥文化的改变并不和谐。在墨西哥，较不主流的玉米品种仍然是传统菜肴的首选。CRISPR-CAS9对转基因的"屏蔽"通过基因干预产生了一种天然植物的张力，它质疑了自然的局限性，所有的作物都是与人类共同进化的结果。

玉米不仅是一种植物，而且在许多方面是一种生物制品。不仅因为它被中美洲文化选择和驯化了数千年，还因为它的生长和传播构建出了更为复杂的文化意义。玉米的界限不是物质的，它不能被理解为一个单独的实体，因为技术能够做到这一点，所以可以进行生物技术改造。玉米是一个多层次的实体，它是根据不同环境，从环境到烹饪食谱而建立的。对生物制品的改变，是文化、技术、作物、品种、仪式、神话、传统、食物等的多元混合体。关于转基因玉米的问题不仅仅是转基因、农业和跨国公司控制着的各种各样的种子。真正的问题是玉米的生产、消费和空间的复杂统一。[1]哪儿的玉米是通过传统方式繁殖的？哪儿的玉米是通过工业和技术加以控制的？谁在种植玉米？谁在吃玉米？玉米同时是最常见的动物饲料之一，它还能被加工成生物燃料、化工原料——以工业化的方式被使用，人类的文化将使玉米发生深刻的转变。通过基因编辑来恢复生命体以前的性状，是对自然和人工之间不存在的边界的激进主义实践。玉米不仅仅是一种植物，它反映着无数的转化和相互关系。

---

[1] 参见梅内泽斯个人网站。

第十三章
生物可塑性

可塑性是生命体的结构、形态和功能还未达到成熟和稳定水平时，容易受环境或其他因素影响而产生变异的一种自然属性。运用生物或生命体来进行生活审美拓展的碳艺术或湿艺术，在这里被统称为"生物可塑性"艺术。这是近年来新媒体艺术表达中的一个重要分支，这不仅仅体现为材料上的新意。生命体及其附属生命构造在"成型"表现上更加自然、不可控，与硅艺术或无机材质相比，生物与塑性艺术更加缺乏逻辑必然性和工艺精准度。但这反而增添了自然选择的偶然性因素，成为一个与人工或人造产品相对应的随机性审美"塑形"之源。在艺术观念上，由于生命体与自然环境的亲昵，很容易在审美意象上与环境表达相联系。另外，除了自然环境，生命体也日益受到人类社会及生存环境的影响，生物在与人的共存、互动、相互影响中亦表现出深刻的哲理与人文反思。

第一节　半活体组织与人造肉

生物体在不同的生存环境中，某些性质可能发生改变，逐渐形成新的特性或聚类。以往的艺术可塑性实践多聚焦于物或人被塑造的可能性。如研究人被培养、改造的可行性及提升的空间，这经常被引入教育范畴——社会普遍认为基于人脑的生理和心理发展都具有较强的可塑性。经过各种相应的教育培养，儿童可以成为各种预期的人才。❶科学研究中，对人类本身的生命可塑性（特别是大脑可塑性开发）的研究非常广泛而深入。

然而艺术范畴中讨论"生物可塑性"就不单单是研究人脑这一单一领域，

---

❶ 高闰青. 人的可塑性与可能性的教育学意蕴[J]. 教学与管理（理论版），2011(6)：15.

而是将目光拓展至自然界中的各种生命体。在最近的几十年里，可塑性理念在生物艺术中突飞猛进。其背后对作者意志的观念性呈现，尤其值得学界关注。

2000年，艺术家奥荣·凯茨❶和艾欧娜特·祖儿❷的作品《半活体解忧娃娃》在奥地利林茨电子艺术节上展出，成为第一件基于活体组织的生物工程雕塑作品，开创了生物组织艺术的塑形之旅（图13-1）。❸作者受到危地马拉习俗中"解忧娃娃"❹的启发，用可降解聚合物（PGA和P4HB）和外科缝合线手工制作出半活体的娃娃。这些娃娃被植入了活细胞，在整个展览期间，这些活细胞将逐渐取代（作为替代体的）微重力生物反应器中的聚合物支架。最终，解忧娃娃部分地活了下来。这些"活生生"的娃娃❺代表了当前的某种

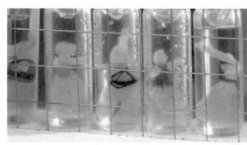

图13-1 《半活体解忧娃娃》 凯茨 祖儿

---

❶ 凯茨是一位艺术家兼策展人，20世纪90年代开始从事生物组织与艺术的结合性探索，被认为是生物艺术实践的领军人物之一。凯茨的兴趣是生命艺术，更具体地说，是根据新知识和IT应用，改变生命的关系和感知。他经常与其他艺术家（主要是艾欧娜特·祖儿博士）及科学家合作，开发出一系列作品并大量论述对不断发展的生活概念进行新的文化阐释的必要性。凯茨曾在哈佛医学院研究员、斯坦福大学艺术与艺术史系访问学者、伦敦皇家艺术学院设计互动系访问教授。其想法和实践已超出了审美的范围，他的作品经常被认为是以新材料、纺织品、设计、建筑、伦理、小说和食物等不同领域的文化观念为灵感来源。（参见西澳大利亚大学"symbiotica"网页专栏。）

❷ 艾欧娜特·祖儿是一位艺术家和生物解剖学者，经常与凯茨一起创作生物艺术作品。自1996年以来，她在多所大学的解剖学或生物学实验室任访问学者或常驻艺术家。她被认为是生物艺术领域的重要先行者，其作品已在多个重要的国际艺术展上展出，作品风格偏生物、数字成像与艺术观念的融合创新。她研究过艺术史、摄影和电子媒体。2000年至2001年，她在哈佛医学院组织工程和器官制造实验室担任研究员。其博士方向是通过共生体研究湿艺术/生物艺术实践的伦理和认识论内涵。（参见西澳大利亚大学"symbiotica"网页专栏。）

❸ 有关活细胞组织的公共展示始终存在争议，各国政府对此亦十分谨慎。艺术家的创意也因此受到种种约束。特别是涉及人体组织细胞的艺术主体，常触及道德、人伦、隐私或生理方面的禁忌。除展览主体外，作品能否展出有时也受到展览空间经营主体、民间意向、政府规制的影响。然而面对技术的不断变化以及社会观念、文化潮流的嬗变，伦理乃至法律规则亦常生变，表现出极大的"弹性"。不同的展示机构常常对相类似的生物作品采取不同的接纳策略，导致"底线"的模糊。

❹ 解忧娃娃源自危地马拉当地的一个传说，每个人都有忧虑的事情，传说中当地人在睡前对着解忧娃娃说出自己的烦心事，并将娃娃放置在枕旁，醒来时娃娃就会把烦恼带走。

❺ 作品《半活体解忧娃娃》亦被收录、呈现在2018年9月中央美术学院美术馆承办的"后生命：北京媒体艺术双年展"上。

边缘文化——童心纯真、充满对科技的好奇和恐惧。展览现场也邀请观众向娃娃们低声说出自己的担心❶，期望他们会把人们的忧虑带走。

2001年，凯茨和祖儿又合作推出作品《没有杀戮的肉用消费品》（*Victimless Meat*）。他们与哈佛大学医学院合作，用生物骨骼肌中的细胞与可降解多聚物PDA结合，在组织工程实验室成功实施单一肉体器官的培养，研发出可供食用的人造肉。骨骼肌来自青蛙，其肉体并不生长于青蛙身上而是生长于生物聚合物上。故此，人类消费青蛙肉时，可不再夺取青蛙的生命，而是直接在实验室中培养即可。作品中，艺术家造出一块青蛙肉并使其与健康的活体青蛙为伴，并置出现在展示装置中进行展出。青蛙与"人造蛙肉"生活在一起的场景颇具仪式感，暗含讽刺意味和有关素食主义的哲思，又对消费社会膨胀下生物技术向工业化生产迈进予以呈现。促进肉类消费而不杀生，为动物消费的伦理争辩带来新意。据说，当展览结束时那块人造肉被即时烹饪并分食，活着的青蛙则被放生。整个行为过程似乎为肉类消费拓展了新的意义空间。生物可塑性在与艺术结合的一开始便摒弃美感而与文化消费主义达成深刻契合。

2003年，受到诺贝尔文学奖得主若泽·萨拉马戈的小说《修道院纪事》❷启发，艺术家梅内泽斯创作了生物作品《魂云》（图13-2）。小说里，一些情节描述人们把灵魂从将死之人身上囚禁起来，这些魂魄被形容为云一般的景

图13-2 《魂云》 梅内泽斯

象。作品是梅内泽斯以自身的脱氧核糖核酸为基质材料创作的作品。作者发现脱氧核糖核酸浸泡在装有乙醇的玻璃试管里时，它会由原本的生物组织中分离，观众可用肉眼直接观察到脱氧核糖核酸的结构分子呈现为浮云一般的样子。艺术家试图反思人们自

---

❶ 这些娃娃在一个温度为37摄氏度、二氧化碳浓度为5%的保育箱内培养并展出，保育箱被置于一个小型重力生物反应器内。观者可通过一个小话筒和音箱向娃娃们低声倾诉他们的忧愁。（参见都柏林科学馆网站。）

❷ 《修道院纪事》又名"*Baltasar and Blimunda*"，出版于1982年。这是葡萄牙作家若泽·萨拉马戈写的一部历史题材的长篇小说，小说描述了一位士兵和一位具有特异视力的姑娘之间奇特的爱情故事，把读者带到了18世纪初宗教裁判所窒息人性的时代。《修道院纪事》揭示了一个令世人感到震撼的事实——专制独裁的意志是可恨的，专制意志压制、奴役自由意志，可是专制独裁残暴压制下的自由意志显示出了惊人的创造力，这种创造力又异化为专制意志的帮凶。（参见：刘炳范，牛晓峰. 人类意志的悖论：《修道院纪事》主题论[J]. 齐鲁学刊，2009(5): 154-157. ）

己的生命遗传物质，也可以被引申为魂魄铸就的云。人类的灵魂是否能在脱氧核糖核酸的审美范畴中予以表达呢？在著名小说文本的基础上，进行再构的艺术表达，既有升华的意象，其寓意又能被大众普遍接受，具有良好的艺术传播延展性。

同样在2003年，澳大利亚的斯特拉克开始用三维支架诱导生命体向人类所需形态生长。在实验室的微重力生物反应器皿中，艺术家尝试使用细胞培养出人类耳朵形状（四分之一比例）的复制品。由于三维支架选用了可降解的生物聚合物材料，细胞得以在37摄氏度的培养箱内持续生长，每隔几天需要补充营养物质。❶艺术界将这一作品看作是无机雕塑向有机雕塑转化的经典之作，它探讨新媒体艺术的材料跨界之外，更与生命体的"再造"关联在一起。如果我们能够培养出形态类似的器官，那么"功能再造"离我们还遥不可期吗？审美背后的观念性尝试是艺术超前于技术的"超理性"体现，艺术总是担负着这样的责任，将人类对未来的幻想付诸行动，对幻想的展示也给科技发展提供风向标。

其后，斯特拉克在科廷大学倡导了一系列与"耳朵"相关的生命艺术尝试，其实验室被称作"Alternate Anatomies"，张海涛将这一系列的"身体添加"实验称为艺术中的"交换解剖学"。❷在作品《手臂上的耳朵》中，作者尝试将一只耳朵通过生物材料"嫁接"在自己的前臂内侧（图13-3）。斯特拉克在自述中写道：

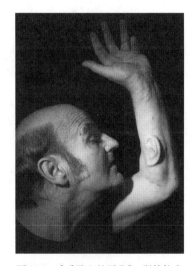

我一直对用我自己的皮肤设计一个软性假体很感兴趣，这是对身体结构的永久性修改。这些假体附件和植入物并不仅仅是身体受伤或截肢部位的替代品。它们更是增强身体结构的假体，是身体和身体碎片的工程扩展操作系统，空间分离但电子连接。最近，我的前臂上开始进行全尺寸接洽的外科手术，目的是让手臂上的耳朵可以远距离传送它听

图13-3　《手臂上的耳朵》　斯特拉克

❶ 见斯特拉克个人网页。
❷ 张海涛. 西方生物艺术简史（1933～2018）新伦理艺术运动[EB/OL]. 艺术档案网，2019-05-17.

到的声音。

到目前为止，手臂上的耳朵已进行了两次手术。我的左前臂上现在有了一只新的耳朵，一种不仅能听到而且能传递信息的耳朵。首先，前臂植入皮肤扩张器，造成多余皮肤。之后，通过向皮下注射盐水，用肾脏形状的硅植入物拉伸皮肤，形成一个多余的皮肤口袋，即可用于手术构建新的耳朵……在第二个阶段，一个微型麦克风被放置在耳朵里。手术结束后，手臂完全包裹了耳朵，即使外科医生戴着口罩说话，声音也能清晰地通过无线传输。不幸的是，几周后植入的传声器引起的感染被证明是严重的，这类电子装置必须被移除。

这个项目既表现出解构我们进化体系的愿望，也表现出在身体内部集成微型电子设备的愿望。我们进化出了柔软的内脏器官，以便更好地劳作、与世界互动。如果有人靠近我、我张开嘴，那人就会听到另一个人从这个身体发出的声音，就像从其他地方听到另一个人的声音一样。这种额外的、有功能的手臂上的耳朵将有效地成为身体的一个互联网器官。

手臂上的耳朵项目提出了另一种解剖结构——为身体设计一个新的器官，一个可供其他地方的身体使用的、可接近的、可移动的器官，使人们能够在其他地方定位和聆听另一个身体。❶

突破人体的自然形态是斯特拉克追逐的梦想，他的作品用各种办法延展自己身体的各方面机能。在艺术范畴中，人们可以体会到观念性创作与科学家或医学家的疏异——耳朵作为某种符号，被随意添加在有机身体之上，突显出剧烈的、异化的躯体张力，并在接受心理上形成极大的视觉冲击。

第二节　显微艺术

显微艺术是生物学参与审美表达的另一种途径。无疑，这有赖于生命科学的设备与观察视野，它探索了常规视域所无法接触到的世界。显微也可被归纳到生物可塑性之中，作为奇观效应为观众提供新奇之美。显微艺术经常出自生

---

❶ 见斯特拉克个人网页。

命科学、材料物理学领域的学者之手，他们通过显微镜观测捕捉到这些科学研究的"副产品"。虽然这些精彩影像也包含若干"摄影"元素，但与传统意义上的摄影原理仍有不同之处。今天的显微摄影已无须再用相机控制拍摄，而是将先进的光学显微镜技术、光电转换技术、液晶屏幕技术完美地结合到电镜扫描仪器上，精确记录下所观察的物体之细微结构，所获取的画质分辨率远比以往清晰、明锐。这种显微艺术的代表有中国科学院上海药物研究所孙鹏所作的《迷幻》，该作品展现了人体尺神经根横切面的三色荧光标记，红色为突触内蛋白，绿色为髓鞘，蓝色为细胞核，很像宇宙爆发的火球（图13-4）。类似的作品还有中国科学院上海生命科学研究院居相春的《花环》，展现人体胚胎干细胞诱导形成的神经上皮细胞在光学平台共聚焦显微镜下呈现的花环状结构；中国科学院上海生命科学研究院陈浩的《暗夜明眸》，展现了人体胚胎干细胞神经分化形成Rosset（玫瑰花丛结构）过程中的免疫荧光染色效果；中国科学院上海药物研究所刘丽丽的《花心之毒》展现了药物小分子对钾离子通道阻滞引起心脏毒性发作时的奇特景象；中国科学院上海药物研究所张蕾的《果实累累》展现了大鼠脑片的荧光染色效果（图13-5~图13-8）。

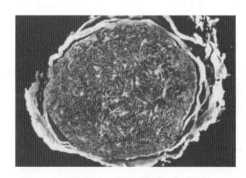

图13-4　《迷幻》孙鹏

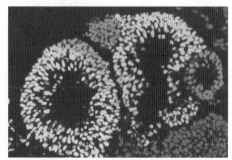

图13-5　《花环》居相春

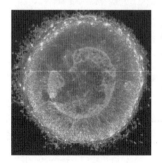

图13-6　《暗夜明眸》陈浩

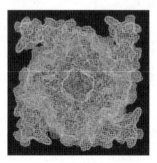

图13-7　《花心之毒》刘丽丽

图13-8　《果实累累》张蕾

2006年，加州大学圣地亚哥分校钱永健（Roger Tsien）生物化学实验室[1]的研究生纳赞·山纳（Nathan Shaner）用细菌和荧光蛋白绘制出圣地亚哥海滩的风景画（图13-9）。[2]透过生命体的色泽来构筑调色板并进行绘画创作，是生物塑形艺术的另一个掘进方向。张海涛将这一创作评价为"微生物表现主义绘画"[3]。山纳的作品探索了微生物的色泽肌理在艺术审美中的自然表达。生命色泽在存活周期内的过程性变化，亦使生物绘画对无机颜料所构筑的绘画传统中的"静态结果"产生过程性消解。其创作本质耐人寻味，流露出独特的观念性美感。

图13-9　圣地亚哥海滩　山纳

染色也可以透过细菌（霉菌）来实现。设计师纳赛·奥德丽·切萨（Natsai Audrey Chieza）[4]发现了一种对人类无害的细菌，其色斑具有染色效果，并可通过控制其生长因素改变其色彩，将丝织物与其接近，可以实现菌群染色，织物的色彩肌理效果取决于霉菌的自然生长状态，这使得每条染色作品具备唯一性。生物艺术肌理的魅力之一便在于其不可复制性，生命体随机的自然生长状态为丰富艺术表达带来无限可能。

第三节　生物皮革与生活之美的重塑

生物可塑性艺术中还包括"生物皮革"对生活之美的重塑。近年来，纳

---

[1] 钱永健是美籍华裔诺贝尔奖得主，美国艺术与科学院院士，加州大学圣地亚哥分校生物化学系教授。2008年，钱永健凭借绿色荧光蛋白的发现与研究，与美国生物学家马丁、日本有机化学家兼海洋生物学家下村修，共享了该年度诺贝尔奖化学奖。钱永健解析了绿色荧光蛋白发光的原理，探索了该蛋白质的结构，并使用这些原理促进绿色荧光蛋白发光。他建立了一个完整的荧光蛋白调色板，研究人员可以用其跟踪单个蛋白质和细胞。

[2] 见钱永健生物化学实验室网页。

[3] 张海涛.西方生物艺术简史（1933～2018）新伦理艺术运动[EB/OL].艺术档案网，2019-05-17.

[4] 纳赛·奥德丽·切萨是一名交叉学科的研究学者，其工作联系了技术、生物学、设计和文化研究。她也是Faber Futures公司的创始人和创意总监。该公司是一家创意研发机构，致力于概念化、原型化和评估通过生物技术和设计融合而出现的下一代材料。该公司主张将思维从资源开采转向在地球边界范围内生长的物质系统。

赛·奥德丽·切萨不断与时尚界合作，探索将生物技术的最新进展——酵母培养的蜘蛛丝织品和液态生物皮革制取工艺，融入现代人的每日生活。

2008年，在曼哈顿的现代艺术博物馆（MoMA），艺术家奥荣·凯茨推出作品《没有杀戮的皮夹克》（*Victimless Leather Jacket*）[1]。作者将动物干细胞放在特制的玻璃培养容器内，通过动物（牛）胚胎血清进行培育，逐渐将活体细胞诱导塑形为一件皮夹克的形状（图13-10）。动物保护是这个作品首要突出的主题，人类透过猎杀取得动物皮毛用以保暖甚至装扮的时代或许行将消匿。无疑，在生物学领域内制造人造皮革可以减轻对动物的伤害。到真正展出时，作品又发生了过程性转变，俨然成为不可控的行为艺术——铸就皮夹克的干细胞出现繁殖过剩，疯长的结果使其向着创作初衷背离的形态演进，即展出过程里，它看起来越来越不像是一件皮夹克了。博物馆的负责人被迫暂停了玻璃培养容器的营养血清供应，其结果致使很大一部分干细胞枯竭而死。这是对生物塑形艺术"动态过程性展示"的一次有益尝试，使博物馆中的观众们（而不是实验室的工作人员）意识到生物艺术的内在活力对结果式艺术传统的颠覆。艺术本身的不可控为生命材质带来革新的创意机制，我们无法预估一个结果的绝对值，取而代之的是过程性守望、期待与前所未有的惊喜。当然，展览过程的不可控也讽刺了无机科学与传统艺术在理论、研究与实验中的闭门造车，丧失了与大众或听众的交流与互动，其结果必定是非自然的生硬与刻板的、无差别的、冰冷的产品。争议亦无可避免，作品展示的悖论在于，人类诱导的生命与生长到底能否使艺术回归自然？停止营养供应来扼杀干细胞，是否过分干预（或扼杀）了生命体的生命力？生物工程在本质上不过是

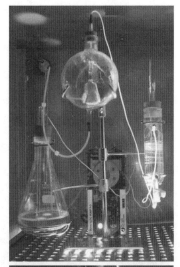

图13-10　《没有杀戮的皮夹克》
奥荣·凯茨

---

[1] 又译为《无害皮夹克》。

"有机工厂"的另类生产过程，生命或许仍然逃不过被生产和消费的厄运。就道德伦理而言，除了艺术以外，很少有交叉实践的空间能够为这类模糊而又触碰底线的异想天开提供延展争议的机会。这是生物媒介参与新媒体艺术的重要意义。

人类，即裸猿，一直在保护他们脆弱的身体、皮肤免受外部环境的影响。这种卑微的生存行为已经发展成为一种复杂的社会仪式，它将"服装"的概念转变为一种无法体现其表面价值的唤起性物品——服装，成为一种表达身份、社会阶层、政治立场等的工具。服装是人类制造的，可以作为人类对待其他生命的一个具体例子加以探索。

通过培育无杀戮的塑形皮革，生命组织工程与艺术项目使细胞"半活"而进一步质疑服装的概念。无杀戮塑形皮革是由永生化系列干细胞生长而成，该细胞系可被培养并形成由可生物降解的聚合物基质支撑的活体组织层，其形状为微型无黏性外套状。无杀戮塑形皮革作品关注的正是将活组织诱导培育成类似皮革的材料。这件艺术生长的服装将使人们重新审视由于保护和审美原因而穿戴动物遗体或剥蚀毛皮的道德含义。而一个现实的新型可穿戴"皮衣"，同时又不残害动物，为公众提供了一个文化讨论的起点。

作品的目的并不是提供另一种消费品的制备工艺，而是提出关于我们剥削其他生物的宏大议题。我们可以把艺术家看作是正在为可能的未来提供有形范例的角色，他们研究这些新形式对我们的文化生活观念的潜在影响。为人们提供日常用品不是艺术家的职责。希望我们的创作能在这种文化背景下进行，而不是在商业背景下进行。因此，这个作品的初衷是在艺术上探索和激发人类与其他生物系统或行为相关的"共存"概念。这个特别的作品将解构我们的文化意义，生物塑形"服装"作为第二层皮肤的材料和展示物，亦成为艺术对象及观念性解构的武器。当然，这也对社会为实现"一个无受害的乌托邦"所需要付出的技术代价提出了一个模棱两可、颇有讽刺意味的看法。❶

到2009年，凯茨在西澳大利亚大学开启的生物制衣运动又有了新的呼

---

❶ 参见西澳大利亚大学组织的文化与艺术实验室网站。

应。西澳大利亚大学Bioalloy实
验室与艺术家富兰克林（Donna
Franklin）和卡斯（Gary Cass）
合作，运用红葡萄酒制作连衣
裙（图13-11）。作品通过醋酸杆
菌在红葡萄酒中的添加来诱导生
物发酵，从而得到一种新型生物
纤维材质。在含有葡萄糖的酒溶
液中，醋酸杆菌的变异成分可形

图13-11　酒红纤维连衣裙　富兰克林和卡斯

成类似棉花质地的纤维素布料。富兰克林和卡斯还共同创立"发酵时尚品牌"
（Micro"be"）以发展生物合成材料的实用性。卡斯说："这些服饰作品均采
用在葡萄酒表面形成的微生物棉制成，就像是生物菌群在葡萄酒上编织而成
的'筏子'。我们进一步完善了这个技术，使细菌可以形成三层无缝布料，穿
着的感觉如同人的'第二层皮肤'。"富兰克林则说：这个设计是为了"改变
人们对服装与身体关系，以及人类与自然界关系的认识"。❶这类衣物的原材
料最先从红酒中发酵提取，而现在已经延伸到白葡萄酒、黄啤酒以及黑啤酒，
用以提供更多的服饰颜色。

　　同时期，纽约布鲁克林的一名时装设计师苏珊娜·李（Suzanne Lee）也致
力于时尚和未来技术的结合。她在伦敦的中央圣马丁艺术设计学院兼任生物制
品研究项目主任，着眼于时尚语境的生态可持续性问题进行研究和创作。她正

与科学家合作，为未来消费品的
生长设计优选出优良的生物体。
她尝试用绿茶和蔗糖中的细菌生
成纤维素来取代传统的棉纺材质，
并将其做成时尚的服饰，苏珊娜
希望这种技术材料让设计师在未
来某种特质液体中生成一件不同
质感和色彩的衣服（图13-12）。❷
2007年，她出版《时尚未来：明

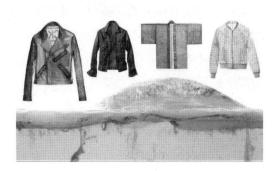

图13-12　生物纤维素制衣　苏珊娜·李

❶ 源自中国糖酒网新闻。
❷ 参见腾讯精品课"TED-SuzanneLee:自己种衣服"。

天的衣橱》（*Fashioning the Future: Tomorrow's Wardrobe*）一书，考察了科学研究人员和时装设计师的工作，如三宅一生（Issey Miyake）、侯赛因·卡拉扬（Hussein Chalayan）以及沃特·凡·贝伦东克（Walter Van Beirendonck），他们正在把今天的科幻小说变成明天的现实。

在苏珊娜看来，生物设计是利用自然提出创新的未来时尚愿景，利用微生物纤维素（由数百万生长在甜绿茶缸中的微小细菌组成）来生产衣服[1]，或者说在一大桶液体中"种植"一件衣服，是一种使人类摆脱工业化桎梏，重新回到自然序列的必然性交往过程。

图13-13 《毛细渐变》 杰西卡·德布尔

生物艺术中对色彩的塑造，并不局限于酒类或甜茶的细菌发酵工艺。荷兰艺术家杰西卡·德布尔（Jessica Deboer）就另辟蹊径，其作品《毛细渐变》运用了植物茎叶的毛细现象及叶面气孔蒸腾作用，将人造颜色吸附在植物中实现艺术色彩的丰富表达（图13-13）。

毛细现象是在一些线度小到足以与液体弯月面的曲率半径相比较的毛细管中发生的现象。毛细管中整个液体表面都将变得弯曲，液固分子间的相互作用可扩展到整个液体。日常生活中的毛细现象十分常见，如水能润湿玻璃而会在细玻璃管中升高；反之，水银却因不能润湿玻璃而在其中下降。究其原因，在于液体表面张力和曲面内外压强差的作用。[2]

作品《毛细渐变》选用白水仙作为基础植物，在一个渐变网格中，天空和海洋的颜色在中国的"圣百合"——白水仙的叶子中变得可见。

白水仙在希腊神话中以猎人无法离开它水中美丽倒影的故事而闻名。在中国，水仙被称为"水的女神"或"站于水波之上的女神"，字面意思是"水之永生者"，这个花被认为有将人复活的力量，当许多水仙同时开放时它们创

---

[1] 源自Suzanne Lee的TED演讲。

[2] 参见《中国大百科全书》"毛细现象"词条。（参见中国大百科全书[M]. 北京：参见中国大百科全书出版社，2009.）

造出一组"永生者"。"毛细渐变"展现了液体流由于蒸腾作用穿过导管组织以抵抗重力。蒸腾作用中叶片、水压和营养物质中的静体压力的协同作用使得液体向上移动。为了突出这个过程，花茎被置于食用色素E133、亮蓝FCF的溶液中。有色液体通过茎被输送到花叶上。杯子间的颜色浓度各不相同是因为水中的颜色与叶片染色的速度相反。在一个星期的时间内，白色的叶子吸取蓝色溶液，慢慢地变成了渐变的蓝色。❶

作品探讨自然有机介质介入生物平台（白水仙）后，从内至外的植物生理变化给艺术表达所带来的嬗变。

与生命的"有机结合"相反，还有一些作品，以生物体和其他物体的偶然并置，试图在观念上强调生命、历史与当下的"在场"及"独立性"。

艺术家任日❷的作品就突显出生物形态的独立性与在场性。任日的主要创作媒介是蜜蜂及其蜂巢。他从2007年开始接触活体蜜蜂和蜂巢，很快开始以蜂蜡为材料构思作品。《元塑Ⅰ：几何学的起源》就是利用蜂巢的几何形体拼贴、制作各国的地理版图。任日将世界地图放在正方形亚克力盒子中，然后控制蜂王的飞行方向，让工蜂在他期望的位置筑巢。结果蜜蜂在蜂巢模具版图上"画"出世界地图和美国、日本等国家地图，看起来相对逼真。任日说，"我开始制约蜜蜂筑巢时曾多次被蜇，但是现在好多了。人们建高楼是向上的，而蜜蜂筑巢是向下的，这与万有引力的方向一致，太有趣了。"❸

在作品《元塑Ⅱ》（2014~2018）中，任日尝试通过控制蜜蜂的行为而创造自然的立体几何形雕塑（图13-14）。"元"象征着自然生命的起源，"塑"则

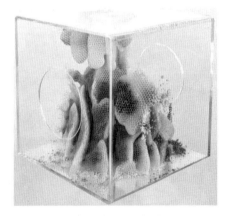

图13-14　《元塑Ⅱ》　任日

❶ 佚名.展览档案："毛细渐变".齐物等观——国际新媒体艺术三年展2014[EB/OL].中国美术馆网站，2014-6-10.
❷ 任日，艺术家，现生活工作于北京，中央美术学院博士毕业。其艺术创作受到童年生活记忆的影响——那段时光在武汉美丽的自然风景中度过。"小时候我用很多时间来观察动植物，我对于雕塑的热情和对于动物行为学的兴趣是并行的。"而借用蜜蜂"制作"的"元塑Ⅰ"及"元塑Ⅱ"雕塑系列也来自这样的灵感。任日能够消除艺术家在作品中的主观性，"让蜜蜂来充当艺术家的角色"。
❸ 佚名.创意！艺术家通过控制蜜蜂活动制作精美地图[EB/OL].环球网博览频道，2015-06-29.

象征着人类对大自然重塑和干预，在此过程中会出现无法预期的惊奇结果。任日既是艺术家又是养蜂人，他每隔一段时间（一周左右）会改变蜂巢的方向，蜂巢便在转动中形成了"自然"的形状。蜂后被安置在侧面带有圆形开孔的亚克力方盒子中，工蜂便开始围绕它筑造蜂巢。上帝以七日创造世界，任日便每隔一星期以掷骰子的方式决定亚克力盒子的位置与方向——蜂蜡塑造的蜂巢形状随盒子的状态而频频改变。这显然得益于艺术家与蜜蜂建立的亲密生活联系，从而让人类得以利用蜜蜂创作出带有生命的雕塑作品。

而在《元塑Ⅲ》中，任日故意让一群蜜蜂蜇到艺术家自己的面庞——对于这一让人惊讶和不解的举动，他解释说《元塑Ⅲ》"传达的不是单纯的暴力和自虐，而是生命内部治愈和协调综合的过程，在我个人理解这就是生命的'元塑'"。他的微博上也有对于这一系列作品含义的解说——"'元塑'关注的是我与蜜蜂之间生命塑造的发生学意义，这其中包括控制、干扰、协调、滋生等一系列生命真实过程。它强调内在的关系。而非简单使用现成品与蜂巢的形态嫁接，或样态再现。"[1] 说到这里，我们意识到生命塑形艺术的观念，并非绝对追求"形式美"，而是透过人与自然、人与生命体之间的控制、协调、滋生与容纳，在过程中实现对生命（包括人）的内在关系的再审视与再认识。

---

[1] 任日.元塑：我的造物观[J].美术大观，2015(1)：44.

第十四章

神经元与脑磁共振

作为某种意念的审美创造力，艺术在生成与作用的过程中，与意念的载体"神经元"有着千丝万缕的神秘联系。将神经系统纳入艺术创作，是生命艺术的高级形式；也是将思考与创造进行外化表达、进行它者化观察的有机结合点。神经元艺术是审美创造中最新、最令人激动的领域，也是与主体性思维最为辩证的哲学实践领域，其实验过程令主体间性的表达趋于亢奋。

第一节　神经元艺术史及其实践

对于神经元艺术史的研究早已开启，并回溯到人类文明的各个阶段——从亚里士多德和普林尼，到巴克森德尔和萨基，前后贯穿两千年。[1]艺术史学者们相信"通过生物性的神经元放电（生物电），而非隐喻性的语言来理解艺术的创作和观赏"突显了艺术本身进化的潜质。英国东安格利亚大学教授约翰·奥尼恩斯谈道："这是因为，像 PET、CT、MRI 等神经科学的技术手段，改变了我们监测大脑活动的能力，以至于我们可以从神经学的视角理解很多体验，尤其是视觉体验。我们过去需要去询问别人在思考什么，而现在我们不仅可以看到他们思考的内容，而且能看到参与这些活动的大脑的其他关键部位、帮助我们呼吸的独立神经系统以及保证那些与我们生理需求相匹配的情感系统。"[2]利用"神经可塑性和镜像神经元"[3]这两个关键性概念，可以更好地领悟创作与接受中的艺术内生性魅力。虽然，神经元及其概念延展对艺

---

❶ 约翰·奥尼恩斯. 神经元艺术史[M]. 梅娜芳, 译. 南京：江苏凤凰美术出版社, 2015.

❷ 约翰·奥尼恩斯, 刘翔宇. 神经元艺术史：进一步理解艺术[J]. 民族艺术, 2016(5).

❸ 这里的可塑性指："重复接触某些物体或形状会让我们更好地观看它们并因此带来观看这些物体或形状的偏好的特性。如果知道某人在有意识或重复地观看什么事物，我们就会对掌握艺术创作者的手的活动以及观赏者的视觉兴趣获得某些指导性线索。"这里的镜像指："使我们无意识地学到所关注的人的外在气质或身体活动。"［约翰·奥尼恩斯, 刘翔宇. 神经元艺术史：进一步理解艺术[J]. 民族艺术, 2016(5).］

术的参与并不能替代艺术构思、理论与观念，却为现有的艺术实践提供着更为开阔的研究视野与思考维度。

当然，自巴克森德尔以来，人们对神经元艺术的探索往往偏于史论的视角。例如，当反思"艺术程式化"的问题时，学术界引入了神经网络的观察方法，认为文艺复兴以后的地中海肖像画和中国宋代之后的水墨山水一样，出现了令人沮丧的程式化问题。究其原因，乔托和米开朗琪罗时代的艺术创造力大多源自作者浸润于大自然影响的神经网络，而其后的艺术创作则往往囿于对前人经典的程式化模仿。

但就新媒体艺术及其文化思潮来说，对神经元的认识与应用则更偏向新兴的艺术实践领域，在过程与创造中领悟神经元及其网络的意义和价值。这是本节所谓"神经元"与"神经元艺术史"的区别之处。

这里要提及的第一个作品源自"共生体A"创意实验室❶的神经元艺术项目《MEART：半存活艺术家》（图14-1）。作为一个在地缘上相对独立的生物控制研究和开发项目，其主要探索新生物技术时代的艺术创造力。这个艺术装置由分布在世界的两个（或多个）地点的系统元素集合而成。装置的构成如下：① "Wetware"：在多电极阵列上生长的大鼠胚胎皮层神经元细胞；② "Hardware"：机械牵引臂等装置硬件；③ "Software"：硬件与神经元之间的信息通路与接口解调器；④ "Internet"：互联网被用来协调装置的各组成部分，并克服地理上的分离。

装置的"大脑"由培养皿及神经细胞组成，这些神经元生长在美国亚特兰大佐治亚理工学院的神经工程实验室（Dr. Steve Potter的实验室）。它的"躯体"是一套能够画出二维图形的机械手臂。在展览期间，"大脑"和"躯体"可实时相互交流。一条手握

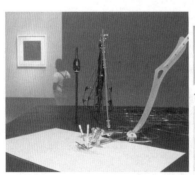

图14-1 《MEART：半存活艺术家》 共生体A创意实验室

---

❶ Symbiotic A – The Art & Science Collaborative Research Lab, University of Western Australia.

画笔的机械臂接收到生物神经元细胞发出的生物电脉冲信号（通过互联网传送）几秒后，电子脉冲再以视觉形式（视频或数字图像等）返回展场，装置驱动机械臂在纸上"作画"，画笔下的线条、轨迹实际上记录着鼠脑神经元的活动。

装置的设想是验证人类是否能创造具有"创作性直觉"的思维实体。而这些实体本身可能并不源自人类，而是其他具有思维属性（信息符号接收、处理与反馈）的不可预测的生命。当它们具有自主的信息处理能力时，还是否以人类的主体性为中心便难以预测。这个不可预知性也是作品的魅力所在。

另一个具有挑战性的尝试在于"半活体"装置的融合性。作品将湿艺术材质（生物细胞）与硬件、软件等数字艺术媒材相结合，构成了一个由生命活性与人造机械相混合的装置，部分生长、部分制造。这是由生物物质、机械、力学、电子信号解调装置等联合构成的生物艺术作品。虽然机械臂下所画的内容仍是它者化的客体，但生命细胞驱使其画画的可能性却是真实存在的。当这样的"创作"突破了被认为是人类独有的能力时，其特性就超越了人们对日常行为系统的理解，使观众质疑对人类主体性感观机制的惯性认知，生物艺术的魅力才得以展现。

装置也探索了"学习"能力，并透过学习来指导创造力。如何来实现神经元的学习能力？也就是《神经元艺术史》里提到的神经可塑性与镜像神经元。装置中加入了照相机暨视觉传感器，用以感知展览现场的气氛，并使其有能力透过神经元（大脑）处理所感知到的画面，最终由电信号驱动机械臂做出相应的生物反馈。

这在神经科学领域被称作"体外学习"[1]。科学家们正在应用各种技术路径分离、培养动物神经元细胞，研究其生物电讯号的输入、输出、刺激与反馈之间的关联。装置《MEART：半存活艺术家》的独特之处就是，它尝试构成某种能力范式——具有创造性学习潜力的人工生物智能艺术家。其所专注的是生命之于创作的可能，而非艺术创作的作品本身。而创作性学习的对象是谁，谁就成了主体之外的"被关注"的客体，例如展场中专注于机械手臂作画的络绎不绝的人们。

《MEART：半存活艺术家》参与了不同地域的艺术展出，包括珀斯、纽

---

[1] 见"Meart：半活态艺术"网站。

约、毕尔巴鄂和墨尔本等。展览中这位"半存活的艺术家"不断为参观者画肖像。它透过一个网络摄像头（联网数码照相机）捕捉展场空间内的观众肖像，其后将图像变换为电刺激信号用于与神经元交流，这是作画的开端。在遥远的实验室玻璃器皿中，神经元细胞获得多通路的电生理刺激；而细胞的生物电反馈信号则被传回展场，用于控制、指挥机械臂的细微运动姿态，过程一直持续到纸上的标记阈值完结，即作画完毕。

另一个例子是在前文提到的《无声攻击》，它与《MEART：半存活艺术家》在创意上有延续性，其创作与执行同样源自美国波特实验室和澳大利亚"共生体A"实验室的合作。《无声攻击》的装置主体是多个白色柱体组成的阵列（通常的展示中为32个柱体，被称为"机械杆"），柱体高度约2.5~3米，柱体间距超过1米以方便观众在阵列中自行游走。观众被邀请进入这个阵列，而一旦进入，他们的方位和移动情况就会被阵列上方的4个摄像头所监视、摄录与捕捉。事实上，这些摄像头成为某种神经意念之外的躯体感观系统。所捕捉的画面经数字预处理后，从展览现场经由网络传送到远方的鼠脑神经细胞培养皿中。这个传输通信过程，是基于多电极生物阵列的电生理刺激与记录通信协议MEA所完成的，协议通信沟通着现场的阵列机器人与实验室中的神经细胞。大致的交互过程是这样：观众进入阵列，其行为被摄像机捕捉、传送给神经细胞，受到电极刺激后，细胞做出电信号反应，这些反馈被传送回阵列中的柱子（机械杆）并驱动机械杆上的记录装置做一定的运动。如果说摄像头是感觉器官的外延，那么机械杆则是躯体的运动器官。一个细胞的生命表达在此体现为接收外界信息并对外部环境的变化做出自己的应激反馈。

阵列、机械杆、摄像头等，用于细胞感觉系统通信的电生理软硬件至关重要。将神经数据转换为机器人躯体运动的正是特制的软件，它也把观众的运动转换成电极刺激（神经信号）进行输出。这套软硬件必须顺畅地勾连起机械杆（机器人躯体）与生命组织（脑细胞）之间的双向网络通信。

作品中的细胞来自鼠类胚胎，其皮质组织首先被分离，而后组织原生的结构被分解，实验引导生命组织以大约五万个细胞为单位的平面单层形式在培养皿中继续生长。在这个生命活体里，神经元细胞透过细胞膜间电压波动的极短尖峰作相互交流。这种细微的生物电活动可以透过与神经元活动相对应的阵列上的电极被记录下来。电极是一个围绕机械杆上下运动和旋转攀升的记录设备，培养物（细胞）的电信号反馈回来后，可被电极读出并做相应的运动，这时就会在白色柱体（机械杆）上留下运动轨迹。而细胞的思想活动（神经活动）可以在选定的神经元群体中被诱导。这构成了通信的"写入"部分，即从摄像头到神经元的躯体感官输入。❶

精神和躯体之间的界限仍令学界着迷。从哲学到艺术设计，人类生活工作中都需要优化各种复杂的信息系统。但神经元网络的信息处理与互动仍旧没有突破性进展。神经系统的信息量巨大，瞬息万变、转瞬即逝，我们尚缺乏将其完整读取与记录的装置。因此，神经科学难以描述有机体神经元活动与学习机能的全部内容。这种情况下，神经工程方法要想取得突破就要对神经元网络进行分离，各个击破。在艺术实验范畴，提供一个人工身体，与其精神活动对应，是观察其信息活动反馈的良好尝试。

当然，让观众从本体论的视角来思考存在于生命的价值，是这个艺术装置的额外收获。《无声攻击》结合参观者对神经活动建构的空间场域的位移运动和反应，为千里之外的神经细胞提供信息刺激与反馈。这是以人的主体性存在供给细胞电脉冲视野里的它者化客体，这一矛盾形成剧烈的张力，维系着"看与被看"之间的逻辑平权。一方面，如果阵列中每个机械杆代表了一定的视像区域，又联系着特定培养皿中的一小块细胞组织；那么每个机械杆就实际上成了这块细胞组织的躯体，反映着其活动程度。机械杆上的盘旋记录装置在柱体上留下的痕迹，呈现出神经活动的连贯性与活力，这"轨迹"在四维时空中使人联想到对时间流淌的"记忆"。另一方面，神经细胞组织被从胚胎中分离后，被实验室培养在器皿中，与原来的生命体丧失了联系。人工的艺术实验赋予它新的生命和意义，它与周围的细胞组织形成呼应。冥冥中，阵列为细胞们打造了一个交流的场域，它们透过隶属于自己的那根机械杆（躯体）与周围的同类建立联系。《无声攻击》为观众提供了一种新型的沉浸式体验，一种被剥夺了主体性的"它者化"沉浸。

在最近十几年，"共生体A"实验室有关神经元的创作很多都与常驻珀斯的艺术家盖伊·本·阿里（Guy Ben-Ary）❷有关。《MEART：半存活艺术家》与《无声攻击》都在他的参与策划下实施。西澳大利亚大学的生命科学研究与艺术结合得十分紧密，艺术的无限遐想为科学带来大胆假设。依托实验室的支撑，阿里在跨学科的新媒体艺术探索领域创新不断。他的主要研究领域

---

❶ Zeller-Townson, Riley et al. Silent barrage: interactive neurobiological art[C]. ACM.

❷ 参见"Meart：半活态艺术"网站。

是控制论、有机机器人和生物技术的文化表达。其作品多受科学和自然的启发而创作，通常利用运动、生长和大数据来研究当今文化的技术参与以及生物材料和技术的再利用。

图14-2 《潜能》 盖伊·本·阿里与柯尔斯顿·哈德森

盖伊·本·阿里的另一个作品是与柯尔斯顿·哈德森（Kirsten Hudson）合作的，名为《潜能》（In Potentia），时间在2012年前后（图14-2）。这是一个具有"推测性"的科学艺术实验，目的是探索艺术是否有潜力质疑、支配或决定生命、死亡与人格的转移。实验的核心在于一种被称为"干细胞重编程"的技术（iPS）[1]。该技术于2006年被开发出来，它从身体的任何部位提取细胞，并将其逆向工程化为具有胚胎干细胞性质的活体，然后这些细胞可被诱导为任何其他类型的细胞。人工通过这种技术的转换，可以间接逆化培养出任何类型的可编程细胞组织。这对研究人造生命体具有先驱性贡献。阿里谈道："iPS技术不仅使胚胎干细胞研究的伦理困境显得多余，而且使定义和操纵更小的生命组成单元成为可能，一种生命和另一种生命之间的差别变得越来越细微。"[2]

实验购买了人类包皮细胞，并用iPS技术将细胞重新编程为干细胞，再将干细胞诱导、转化为神经元细胞。最终，透过这些人工改造后的神经元，艺术家建构起一个由包皮组织产生的"神经网络"，即生物大脑。将这组神经网络转移到特制的玻璃孵化器中培养，再在容器内安插一套特制的生物反应器和多电极阵列，可以将神经网络中的电活动转化为令人不安的声音画面。就好像"大脑"向外界发出了某种信号。在此，作者模糊了生命（生死）的界限、模糊了社会常理对意识的判断，又进一步提出问题——这些经由iPS编程的人造意识、人造知觉或人造大脑能否开启生物智能的新篇章，以人类为中心的物种层次是否会因此面临紊乱。

---

[1] 又称诱导多能干细胞（Induced Pluripotent Stem Cells）编辑技术。
[2] 参见"Meart：半活态艺术"网站。

近二十年来，随着生命科学和生物技术的发展，生物谱系学、目的论和进化理论正在向着不稳定的方向发展。围绕着对人格的断言和否认而展开的政治活动受到了极大的关注。通过这些理论，生命的范畴可以被逐渐领会，却也越发模糊。这意味着，现在人们不再容易理解"谁"或所谓的人——是一种高度偶然的历史形成，这与既有的、正在进行的文化竞争和冲突的地点和来源相关。科学的艺术实践塑造了对生命、死亡和人格如何被归属、争论和制定的理解，因而我们现在看到越来越多的边缘生命徘徊在生与死之间的模糊地带。生物医学技术的运作，结合社会经济和生物伦理学装置的合法化，再通过现代医学实践加以维持，形成了非死亡但非完全存活的边缘生命。它们是边界生物，其本体论地位尚不明确，而且在超越和挑战二分法时会不断遭到侵犯，即有机的—人工的、自主的—依赖的、人类—非人类的、有生命的—无生命的、连贯的—混合的。

通过鼓励参与和批判性反思一个独特的文化时刻，我们见证了边缘生命的生物医学模式的空前演变——输血、移植、植入、深度昏迷、脑死亡、低温保存、体外受精等，我们相信艺术在公众辩论中扮演着重要的角色，讨论由生活的阈限形式的存在所带来的挑战。重新部署非实体人体部分（如包皮细胞），利用一种称为诱导多能干细胞（iPS）的编程技术以及一种称为多电极阵列的诊断技术，创建功能性神经网络或生物"大脑"，使《潜能》这个作品成为一个标志性活动。具有讽刺意味的是，它挑战了现代西方对意识和人格的崇拜，使生命重新陷入人类和非人类的迷雾之中。作品也对科技发展的文化、社会和政治后果进行批判性分析，进而迫使我们对生、死和人的概念进行重新映射，这样就可以开始对"活着"意味着什么和"成为人类"意味着什么的理解进行质疑，意识到它存在的局限性。

最初被誉为有助于解决与胚胎干细胞相关的一些伦理困境的技术，现在很明显有了进展。iPS技术已经改变了干细胞研究的伦理格局。如果iPS编辑的细胞可以从任何活细胞中衍生出来，并且有可能成为任何活细胞；那么现在就有一些基本的哲学问题，即我们如何确定生命的起点和终点，以及我们如何评估细胞的本体论状态。在细胞层面上，iPS技术意味着我们有能力定义和操纵更小的生命物质单元，使一个"生命"和另一个"生命"之间的差别越来越微妙。随着"生活"的爆炸式发展，当我们开始从决定生活的旧标准转向"你在呼吸吗？""你的心脏在跳动吗？你的细胞还完好无损，没有腐烂吗？""你是一个人吗？是什么让你完好无损？"等问题，这以前是哲学家和牧师的领域，现在看来，医生主要是根据人格/心智/大脑能力和功能的概念，而不是传统的生物/物质标准来决定我们的法律人性。

要注意到，在18世纪的启蒙运动中，大脑才开始作为决定生命或死亡（或人格）的身体器官或区域发挥重要作用。以前，古埃及人和古希腊人认为心脏是决定生命的主要器官，而早期的基督徒和希伯来人认为生命是由呼吸显示的。然而，当自动化的过程（呼吸/循环）从基于大脑的感觉和意志中分离出来时，开始将大脑定义为生命在身体中的关键器官。这导致了像笛卡尔这样的著名哲学家宣称"我思故我在"。这不仅成为西方哲学的一个基本短语，而且确立了人类中心主义的信念，即在任何活着的人能够走得更远之前都需要思考。这一鲜明的现代哲学范式将思维大脑放在了一个基座上，并明确地将思维大脑作为现代西方文化中个体存在或人格的主要标志。

通过打破人类包皮细胞对精神和物质之间社会认知的区分，创造出一个活生生的、功能正常的"大脑"，《潜能》是一个荒谬的艺术观念实验，幽默而具有讽刺意味地挑战了18世纪确立的现代西方观点。"人"是他的"大脑"，当他的大脑运作时，"他"就在这里，"活着"；当他的大脑出现故障时，"他"就消失了，"死了"。从字面上看，把一个活生生的男性"大脑"放在认知的宝座上，这是被18世纪以科学为工具的美学所启发的。在今天，实验提出了一些有趣的伦理问题，即为什么我们仍然被一个过时的、独特的现代历史所统治。我们会问：在21世纪，活着和成为人，到底意味着什么？

此外，这个作品（实验）选择让观众听一听18世纪启蒙运动和科学理性主义的梦想之声，而不是让一个由视觉产生、以视觉为中心的透镜来诠释知识、真理和现实。通过听觉而不是视觉来呈现"大脑"；通过用定制的多电极阵列改装培养皿，作品将神经信号或突触输出的电活动转换成令人不安的声音画面来提供"大脑"存在的证据，并要求观众真正体验"大脑思考"的存在；通过创造一个对象，虽然"看起来"包含一个微不足道的培养皿（因为细胞对肉眼来说是不可察觉的），但实际上包含一个活的和活跃的神经网络。作品展示中，试图引导观众质疑他们判断和确定真相及现实的方法；反过来也深入思考如何定义21世纪的生命、死亡和人格。❶

---

❶ 参见"Meart：半活态艺术"网站的"In-potentia"单元。

用神经元一类的生命艺术形式，让艺术观念具有了某种潜质——去质疑意识的固化观念，进而反思在现代性进程中，现代西方文化对意识的迷恋是如何发展出具有历史延续性的特色和范式的。艺术让人思辨，这个"辩"的过程正是观众面对实验装置的疑问，也是观众与自己意识形态中固有观念的一番激烈的思想辩驳，新的观念与思考方向由此激荡而出。

作为思维的时间性延展，神经元艺术的下一步就是"记忆"。

《雪花》（Snowflake）是盖伊·本·阿里与博瑞亚娜·罗萨（Boryana Rossa）和奥列格·马维尔马蒂（Oleg Mavromatti）合作创作的一个象征性艺术品，探讨了神经元的记忆功能（图14-3）。艺术家希望它能在实质上（或至少是观念上）验证生物技术对神经元可塑性的控制与操纵，即由人工创制记忆的可能。2006年，这个团队在美国佐治亚理工学院的波特实验室共事。在那里，他们培养鼠脑神经元细胞，并通过60个生物电极来刺激其神经网络，反复灌输一个"雪花图像"以使其产生模拟记忆。其后，艺术家将这则以雪花雕刻的神经网络连同它的细胞组织一起冷冻在零下80摄氏度的条件中长期保存。当时，团队尚未思考出如何还原雪花记忆的确切方法，一切有待未来的技术进步。不幸的是，容纳神经元细胞的冷冻设备在十年后出现了故障，导致细胞组织迅速腐化、死亡。

《雪花》用十年的时间探索并批判了生命冷冻技术的"永恒"议题。它致力于将生命组织保存在低温、液氮等条件中，以满足那些通过低温保存来唤醒未来的生理需求。[1]其实，科学尚未解决如何唤醒、激活被冷冻组织的生命问题，复活只存在于对未来科技的寄托。但生命周期仍是维持大脑可塑性，保持记忆、信息和知识所必需的生物单位。科幻作品中，低温催眠舱经常成为延续星际故事的时间保障，但这些幻想一旦被实践，就会在生物医学的视角中遇到方方面面的问题。这些过程中的问题恰恰是艺术实践的一部

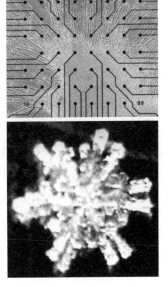

图14-3　《雪花》　阿里

---

[1] 见"Meart：半活态艺术"网站的"Snowflake"单元。

分，供人思考。

第二节　脑电与脑磁

除神经元以外，艺术家对脑电波、脑磁共振等技术的艺术利用与审美创作也在不断探索。揭示大脑内部的运作机制是21世纪的一大挑战。生物医学应用在脑部成像方面的技术突破，在了解人类思维方面有着极好的应用前景。目前，主要的人脑无创技术有磁共振成像（MRI）❶、脑电图（EEG）❷和脑磁图（MEG）❸等。它们在时空分辨率方面有各自的优势。

与盖伊·本·阿里的想法不同——回避神经元作用的视觉呈现，以此促成人们对现代理性过分依赖于视觉的反思，在实践中被证明并不适于艺术展示或博物馆空间中与观众的交流和体验。因此，更多的艺术家倾向于将无法看到的人体信号（例如脑电波）转换成可识别的视听信息，并借以发挥其独特的奇观式审美效果。

早在2002年，梅内泽斯便利用生物磁共振成像设备（FMRI）❹进行脑磁可视化作品的创作，名为《功能性肖像》（*Functional Portraits*）。作品透过对特定生理动作时脑部的生物活性区域的捕捉与监测，来呈现透视的大脑功能性美感。也就是说，作品表达了人体思维进行中，实时的脑部区域的活动反应状况。

长久以来，艺术家始终希望表达出肖像外观以外的信息，例如个性、情感、功能等。技术的延展使这种希冀逐渐变为可能，可视化技术可以让隐藏在表皮下面的脑神经活动呈现出来。在执行特定任务时（例如弹钢琴）观众可以看到大脑活动区域的动态响应变化。梅内泽斯将这些脑磁扫描图像称为"功能人像"——"除了被摄对象的物理外观之外，还表现出被摄对象在执行选定任务时大脑的功能。"

艾米·卡勒（Amy Karle）2015年的作品《回响》（*Resonation*）就尝试将她

---

❶ MRI全称Magnetic Resonance Image。
❷ EEG全称Electroencephalogram。
❸ MEG全称Magnetoencephalogram。
❹ 功能性磁共振成像（FMRI, Functional Magnetic Resonance Imaging）是一种新兴的神经影像学方式,其原理是利用磁振造影来测量神经元活动所引发之血液动力的改变。

的大脑经由特制信号转换器，连接在白色颗粒平板与低音炮（音响系统）之上（图14-4）。人体的生物学信号与计算机的数字信号共振转换后，脑电波就转化为视觉和听觉的信息，以供展示。生理频率随着脑电波的变化而忽高忽低，声音通过一个低音炮以赫兹频率形式被放大，在低音炮的上方放置一块可振动的金属板，金属板上放置了一些白色粉末颗粒，作品生动地描绘了脑磁振动的交流与声音的对称性。

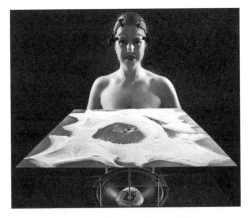

图14-4 《回响》 艾米·卡勒

在更早之前（2011年）的一项创作《生物反馈》（*Biofeedback*）❶中，艾米·卡勒将她的身体和意识与导线连接起来，图像处理器被用作电生理可视化的设备与躯体相连（图14-5）。在冥想时，艾米·卡勒将她的生物反馈输入模拟图像处理器（The Sandin Image Processor❷），以实时生成图像和声音的输出。艺术作品既是一种长期的展示，也是一种实验性的视频艺术。

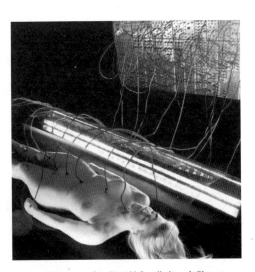

图14-5 《生物反馈》 艾米·卡勒

中国也有透过脑电波介入装置艺术的尝试，例如任教于中国美术学院的吴珏辉（他也是UFO媒体实验室的艺术总监）创立了"肉媒体"（MeatMedia）实验平台，他联合清华大学神经工程实验室和清华大学艺术与科学研究中心，

❶ 见艾米·卡勒个人网页的"biofeedback"单元。
❷ Sandin（桑丁）图像处理器是一种视频合成器，由Dan Sandin发明，设计于1971年至1974年间。这是一种模拟的、模块化合成器，用于实时的、视频可视化处理。它可提供视频处理解决方案，并产生微妙的复杂视频效果。它的实时性导致了它在现场表演中的应用，包括"电子可视化事件"。桑丁图像处理器产生了许多富有想象力的录像带，例如在早期的Siggraph会议上。桑丁的仪器以及他个人的视频教学影响了许多后来参与数字视频革命的科学家与艺术家。在物理上，图像处理器系统由模块构成。随着模块的增加，各个系统的大小和功率可能会有所不同。典型的模块包括信号源、合并器、修改器、效果模块、同步器、颜色编码器、颜色解码器和NTSC视频接口等。

努力探寻生命躯体与数字媒介之间的潜在"接口"（交互界面），与神经工程、界面控制、计算机图形可视化等领域展开交叉合作。2010年，吴珏辉的"脑电站"系列作品就结合了脑电科学来探索神经交互界面与艺术装置间的互动，来探索身体、脑神经、媒体之间的游戏规则。观众在现场戴上一个非侵入性脑机接口装置（脑电头盔），它可透过脑波信号的捕捉（过滤、筛选观众视觉皮层的脑波信号）实现大脑与外部电子设备之间的信息沟通。具体的反馈是以观众眼睛的闭合与睁开作为脑波切换感知信号的开关。在头盔前配置一个特殊的灯泡，随着体验者眼睛的一闭一合，信号传递到灯泡，也会随之忽明忽暗。观众越是闭眼，灯泡越亮；直到观众睁开眼睛，光亮将渐渐熄灭。外在的光亮与观众自身形成呼应，开启了人机交互界面在脑神经（脑波）领域的新篇章。

在脑机接口（BCI）的连接下，个体生物能转化为光电能，头脑被异化为灯泡，成为可见光辐射源。受抽象声波干扰个体情绪后，脑机接口捕捉脑部意识的反馈，最后映射到灯泡的明暗变化。随着情绪波动而变幻的光，也在个体周围结成辐射性的情绪场，由此完成输入与输出、感性与理性之间的能量的链式反应。❶

2012年中国传媒大学动画学院黄石和李敬峰创作的交互装置作品《空窗子》是另一个脑电波介入装置艺术的代表。观众被邀请佩戴脑电波探测装置（电子头带）并站在投影屏幕前，一只蝴蝶的剪影出现在屏幕的左下方，并向着右侧的竹林飞去。而驱动蝴蝶飞行的，正是来自观众的脑电波。"观众可以通过放松精神来控制蝴蝶的飞行轨迹，让蝴蝶穿过层层密林，越放松就可以让蝴蝶飞得越高，艺术家建议通过'入定'或深呼吸的方式来放松情绪。观众每眨一次眼，就会有一片竹叶飘飘落下，因此体验者的注意力集中程度、眨眼频率都会对画面产生影响。"❷作品在技术上是透过脑电波实时判断体验者的精神紧张程度。观众必须要保持放松、平稳的心绪以确保蝴蝶经过一段飞行后，顺利抵达终点。然而到了终点，一切又都烟消云散，这使得作品充满"庄周梦蝶"的虚无哲理。这个典故出自《庄子·齐物论》，是战国时期道家

❶ 孙悦. 2011国际新媒体艺术三年展作品——脑电站[EB/OL]. 中国网文化中国频道，2011-08-17.
❷ 裴燕. 艺术+科学：引领人类未来[EB/OL]. 全球品牌网营销策略栏目，2013-08-23.

学派代表人物庄子所孕育的有关"物化"的哲学命题——通过在梦中化为蝴蝶及梦醒时还原为己的意念描述，引出思维是否能够清晰辨识虚实与生死的物化之悬念。《空窗子》将脑电波探测设备与新媒体交互技术相结合，把两千年前庄子的浪漫文笔与精妙的想象力还原为投影中的"数字蝶影"，重新诠释经典哲学命题，将玄妙的哲理与诗意渗透于新媒体技术的光影里，再现了传统哲学思想的情感底蕴，引发观众在参与中的亲身共鸣。

《空窗子》——"兼具超前意识与怀旧理念"。它的创作更看重意境效果，对于艺术与科学的结合，作品有不一样的理解。乍看上去，《空窗子》是一个很简单的作品，一块空窗棂，一副头带。但其实，它堪称既超前又怀旧。说它超前，因为它尝试利用脑电波去控制屏幕的显示内容；说它怀旧，因为它的设计理念来自道家代表人物庄子的思想。中国传媒大学游戏设计系副教授黄石是《空窗子》的作者之一。作为全国最早的游戏设计专业的老师，黄石日常的工作，更多的是接触新媒体领域的前沿科技，但他一直在寻找前沿科技与中国传统艺术文化的契合点。"现在很多的新媒体技术，科学原理来自国外、技术设备来自国外、反映的内容也来自国外，虽然看起来很新颖，但我们中国的观众，却不一定能完全接受。"在黄石看来，《空窗子》就是在探讨西方科技与东方文化的结合。这是一种互动艺术装置，当观众戴上头带，一只蝴蝶将投影在面前的窗棂上，并按照观众的脑电信号，在竹影中上下飞舞。观众可以通过放松精神来控制蝴蝶的飞行轨迹，让蝴蝶穿过层层密林。观众的注意力集中程度、眨眼频率也会对画面产生影响。一旦蝴蝶到达终点，一切又将散为虚无。在设计过程中，黄石特意把控制蝴蝶的要素，设计成人类放松状态下的脑电信号。他希望，通过作品传递一种沉静感，而不是现实生活中充斥着的浮躁之气。而庄周的思想，也是黄石比较认可的，他觉得人不能总沉浸在现实的物欲之中，"就像庄子说的，究竟什么是虚幻、什么是真实？也许在未来，真会出现电影《黑客帝国》里面那种虚幻的世界。我希望引发人们的一些思考吧。" ❶

另一位中国艺术家刘娃❷则更为年轻，2017年她毕业于美国耶鲁大学，获

❶ 孙毅. 艺术与科学国际作品展亮相[EB/OL]. 北京晚报：北晚新视觉网，2012-11-13.
❷ 刘娃，1994年生于北京，新媒体艺术家。

得人类学与艺术学双学位。在毕业季里，刘娃牵头创作了一个基于脑电波原理的新媒体"意念互动装置"作品《静止》(*Still*)，并先后于耶鲁大学、哈佛大学等高校做巡回展出。

《静止》是一个融合了脑电技术的新媒体实验视听艺术项目。作品的呈现有赖于观众用"意念"参与装置的互动。整个作品由艺术家刘娃、作曲者Sam Wu、钢琴师张楚晗，还有脑电波技术研发公司BrainCo合作开发。观众佩戴脑电图监测设备EEG头带，缓步走入一个房间。昏暗中，伴随着钢琴与高脚杯碰撞产生的空灵之声，观众看到书桌上与白墙上树叶斑驳、光影颤动，颇有东方水墨之感，正与墨宝中的黑色墨汁（泛起波纹）相映成趣。室内桌上放着一本线装"古书"，作品的核心是阅读。观众翻开书，阅读时注意力的收紧与集中，使头上的脑电仪收到不同的信号，烛台随之点亮，墨汁、树影逐渐停止微晃。在专注的时刻，精神与书中内容交织在一处，外部的一切都归于平静。或者说，意念专注的每一瞬都体现于作品外化的明暗、动静之间。"书中的水墨画与文字讲述了记忆展开和反复的循环。主人公沿着时间的坐标，从意识的起点一步步迈向终结，在与真实世界的触碰和分离之间，不断回溯记忆的起点，却发现很多事物不复存在，徒留一座空城，意犹未尽却又无从说起。而这些真真假假的记忆在她体内混合、过滤，最后精炼成一种潜意识。记忆碎片连结起来，循环往复，直到主人公失去意识时，戛然而止。"[1]阅读完毕，观众的视野再次放开聚焦、回到室内大环境，专注力的散漫使脑电波的活跃度降低，烛台变暗、光影在墙上重现颤动，心绪飘零、不安。

我和Sam、楚晗的合作其实开始于两年前的一场行为表演Tree of Life，去年一次很巧的机缘让我们认识了BrainCo的创始人韩璧丞。我一直对互动和新媒体艺术很感兴趣，于是不谋而合，一起探索艺术、音乐与科技的结合。我构思了整件作品的框架和视觉部分，并邀请合作者根据作品的主旨提供音乐和科技上的帮助。Sam按照作品安静的氛围创作背景音乐，并尝试结合钢琴和高脚杯的空灵声音，楚晗根据Sam的乐谱即兴演奏。我向BrainCo提出灯光和脑波驱动的要求，在他们的技术支持下，我们一起实验并改进电脑程序。每个人各司其职，碰撞出新的灵感，与志同道合者合作是很可贵的经历。

❶ 刘娃. 用脑电波来场独一无二的艺术体验[EB/OL]. 搜狐文化，2017-05-04.

　　艺术与科技的结合并不意味着艺术家不再是艺术家，而是带来更丰富的可能性。好的作品是动人的，如何让科技更有人情味需要的是艺术家的智慧。这次作品只是初次尝试，未来还有很长的路。虽然我的作品在媒介上跨越很广，但是对我来说讨论的都是个人与社会之间辩证的关系。我在国内和国外的教育经历，在艺术和在人类学等学科的探索，让我不断反问不同文化和生活方式之间的界限。外界客观的影响不断被内化，改变着人们的行为方式，而每个人也在不断尝试跳出自己的角色。艺术的表现形式固然重要，但我更希望自己作品的内涵有多重层次和解读空间。在这个丰富多元的时代，只有先尝试不同的艺术形式，才能达成最适合自己的选择。我不想过早框定自己的风格，每次试错都是下一件作品的基石，我很享受这种自然而然的过程。❶

　　《静止》中的观众，在客观上是体验者也是表演者，主观上又是感知者和控制者，而主客观感受的交织正是脑电波感知技术与新媒体艺术融合的意义所在，即观众用自己的意念影响装置中明暗之交叠、动静之嬗变，环境的改变又反作用于观众自身的观感，让人有机会"内观"心境的起伏变幻。但我们果真能控制环境吗？真的能达到心境与外在环境的统一吗？很多时候，人们头带脑电仪进入房间，会有意无意地控制四周以确保自己对外界的联系，这种控制欲越强烈，效果却越差；反而当专注于阅读时，在忘我的意识间歇期，烛台和光影会不知不觉地被点亮。意识在自我放逐与收敛中冥想，加深了虚实间层次的意味。

　　谈到创作构思时，刘娃强调自己不愿让科技感疏离了大众的欣赏意识。声光电的弥合之道，或许就在于取消客体化操作界面，让互动在生活的场景中自然表达。这是作者在创作中对装置道具（烛台、光影、桌与书等）的选取原则——贴近与观众生活的距离感。与生活相伴的互动，是自身与环境间独一无二的过程性体验。

---

❶ 节选自CAFA资讯《刘娃：用脑电波来场独一无二的艺术体验》。

第十五章
边界与超越——生物媒介艺术在中国

多年来，有关生物艺术的概念、界线、行动方向等一直存在争议，并不稳定。科学技术的快速发展，又不断更新着生物艺术可利用的工具与思路、拓展着观念表达的外延。在海外，不少艺术家运用生物材质、有机生长原理或生命活体进行艺术创作；但从全球艺术史的角度去追溯生物媒介的发展，其真正的时间跨度亦只有最近的几十年。在中国，虽然有邱志杰等一批当代艺术家较早地（1990年代中晚期）在作品或策展中囊括躯体、器官一类的生命意象，但大都将之作为创作内容而非媒体。生物媒介艺术作为整体概念，在国内受到广泛的感知与讨论，只是最近十年的事，具体的开端众说纷纭，尚待考察。一个标志性的爆发点，是2011年。

那一年初春，胡斌在广州策划了一次小型展览"异体·异在——'生理实验'当代艺术专题展"。策展的目光从"身体"本身转向介入身体问题的新视角，这大体上与当时生物艺术在国际上的蔓延息息相关。展览标题中的"异体"寓意着形体存在的变异，"异在"意味着创作态度的变化。传统中，以人为中心的创作态度将身体它者化，视为客观的、身体以外的物体环境因素，即客观化、对象化、标本化地看待对艺术客体的处理与结果。而"生理"则具备生长的过程性与旺盛的繁殖力，生命活力与器官机能具有延展的潜力。展览期待创作者甚至观众用生命科学的眼光去剖析动植物及人的有机躯体，对它们展开实验探索。然而其目的并非科学工作，而是探索生命过程与社会及外部自然界的关系，即"实验操作中透射的是艺术家自身体验和社会感知的心理图景"[1]。参展艺术家包括卓凡、曹晖、黄一山、宗宁、李剑锋、陆扬等。其创作媒材并不统一，所倡导的"生理实验"亦取向各异，有的与生命运动机能相关，有的具备生命哲理的反思，还有一些则关注物种间的融合、

---

❶ 冯钰. 当生理实验也成为一种当代艺术[EB/OL]. 信息时报，2013-12-09.

转接。当然，策展人（胡斌）也提到，他那时所讨论的，是媒材形式的异构对艺术与身体机能的影响，视角的关注在于"身体"，而非生物艺术之概念。只是其中无意间涉猎了一些属于生物艺术的创作范畴，为国内的艺术展燃起了生命议题的星星之火。胡斌谈道：

> 在我策划的"'生理实验'当代艺术专题展"中，曹晖通过置换了身体肉感和温度的消费品反映物质文明发展过程中人的扭曲和欲望的膨胀；李剑锋通过对现实的荒诞化、戏谑化转换传达对社会底层关怀的隐喻；宗宁通过神怪以及各种嫁接、变异的形象表达"对人、生命、人性中的种种不确定和不理解"；卓凡通过骨骼的机械运动，探讨生命体存在的方式和缘由。当然，所谓的寓意指向并不能清晰地道明，而艺术家们也不想作直白粗简的呈现。不过，在几位艺术家当中，我都发现了对生命体原本属性的强烈关注。比如：曹晖的一系列揭开表皮的努力，就是要去除一切社会属性的覆盖，而以一种平等的观察视角还原生命体的自然属性；以奇异的生物或身体实验为母题的陆扬，也表示关注生物的普遍性，即关注它们之间同样的生物结构与本能；在黄一山的关于生理实验的画面中，不管是纯粹的物件还是活生生的有肉感、有温度的动物或人，都被抹杀了界限，一律变为惯常操作中的"试验品"。当然，这样的呈现，有时也是从反面提出一个问题，就是技术化、被控的时代身体的异化状况。❶

2011年夏，江苏凤凰美术出版社出版了美国学者简·罗伯森和克雷格·迈克丹尼尔的著作《当代艺术的主题：1980年以后的视觉艺术》。书的第三章《身体》谈到躯体的具象之美、可朽的肉身，第七章《科学》谈及生物艺术和基因组时代。这些话题给中国读者认识生物艺术以巨大的观念启发。

几乎同一时刻，北美归来的张尕联合中国美术馆（范迪安）策划了"延展生命：媒体中国2011——国际新媒体艺术三年展"（2011年7月27日开展）。4000多平方米的空间展出来自23个国家70多位艺术家的50件作品。这虽然已是张尕在中国美术馆连续策划的第二个三年展项目，但却是国内顶级艺术展示机构将"生命"作为主题的一个开始。"延展生命"是闪耀的、划时代

---

❶ 胡斌. 当代艺术与生物、生理实验结合的趋向[EB/OL]. 中国美术报, 2016-08-04.

的、引人瞩目的一次宣言，使国人（至少是艺术界）不得不开始正视艺术与生命的结合。这次展览的成功之处在于它的典型性与代表性，策展中邀请了诸多如今看来非常重要的生物艺术作者，建构了国人对国际生物艺术的初始印象。这个影响不能说是全面的，但极具典型价值。一时间，有关生物影像、细菌培养、人体组织、植物与生态环境、克隆与基因技术等话题映入人们脑海。今天我们谈到的许多生物艺术案例，大都出自（或启发自）"延展生命"的那次邀请展。在与展览同步的论坛上提出这样的设问"人类是自然的中心吗？"，将人的中心主义问题推向深刻反思。继而讨论"如何认识周边的生态环境？人工生命与其他物种有何关系？生命是否可以得到延展？生态和环境危机是由什么造成的？其历史和哲学背景是什么？"等问题。显然，展览的目的性已经不是艺术家的风格或审美能够概括得了的。艺术的关注点上升到"人与自然之命运永远是人类文化中难解的主题"，同时转向"面临日益威胁人类生存环境的气候污染及全球化的生态危机"❶，全球在反思中应如何行动等一系列恢宏议题。虽然这次展览的大部分作品源自海外，但也有几位国内艺术家参与其中，如李晖、王郁洋、吴珏辉、徐文恺等。

当年秋，中央美术学院美术馆（CAFAM）举办泛主题展"超有机/一个独特研究视角和实验"。该展览的联合策展人包括王璜生、皮力、郭晓彦、王春辰等。参展艺术家包括胡向前、黄然、黄永砯、邱志杰、冯峰、徐冰、蒋志、隋建国、王音、王郁洋、马秋莎、杨心广、杨福东、杨健、周铁海、李明、陈界仁、陆扬、刘窗、刘小东等，他们都是国内当代艺术或新媒体领域的前卫创作者。虽然是"泛主题"，但展览中仍涉及一定的"有机"成分。在展览的主框架下，"超有机"被分成六个环节——谱系考、超身体、超机器、超城市、生命政治与国际特别项目。其中便有与身体和生命相关的内容，但实际的呈现方式却又归于录像艺术或电子装置一类。可见，当时国内的创作理念尚执着于无机媒材领域，"超有机"也并非绝对的"有机"，或许是一种对抗或否定，也未可知。策展观念的转变大体上快于创作媒介的转向，然而中国艺术家在生物艺术领域内的尝试并非在"主题"上进行创新就能一蹴而就，背后需要有技术基础作长期滋养。

2011年冬，另一位策展人李振华携北京艺术实验室在期刊《当代艺术与

---

❶ 佚名. 延展生命：媒体中国2011——国际新媒体艺术三年展论坛[EB/OL]. 艺术中国网，2011-07-19.

投资》上发表文章《关于新媒体的全球进程调查（21）：生物艺术》。❶虽然论文的内容包含甚少，只谈及刚刚结束的"延展生命"艺术展，以及斯特拉克的"人造肉"等零星案例，但总算是将生物、生命概念结合进新媒体艺术视野里，为学界的研究开辟了新的类目范式。作者也谈到艺术与生命议题的碰撞，深层次地对其进行反思：其一，来自社会认知的僵化与理性科学爆炸，给人类发展带来的双重危机；其二，生命进程中的天然变化打破了艺术创作的结果式命题，使艺术的接受回归到生命的平等中来；其三，生物艺术亦有超越艺术的一面，披着新艺术的皮囊或以艺术的名义，行逾越底线之事——艺术成为"性""血腥""怪癖"的舆论场，超越了审美和观念，与政治、法律、道德对话。❷生物艺术的表现形式离经叛道，超越了作品的想象，批评家也客观呈现出当时的国人对新艺术形态的兴致、不解和忧虑的矛盾心态。

　　但不管怎样，从2011年起中国的艺术家在生命、生物题材的介入上采取了积极的、主动的态度，作品与观念呈现也愈加丰富。当然，涉猎的层次绝不会趋同。广州美术学院的冯峰，被认为是长期关注"身体"的艺术创作者之一。但他对"身体"的介入并非绝对是媒材性质的，而更多的是一种观念。他透过"身体"与世界交流，生命的躯体成为艺术创作者与观众的纽带。作者对躯体各部位的分立的、震撼的、极具冲击性的呈现，使观者对世界景观中的多元性与破碎、凌乱之感油然而生。自1990年代末起，冯峰试图用图片或装置作品建构起一个科学图景式的艺术观感，如《外在的胫骨》《身体里面的风景》《静物》《外在的肾脏》，即以科学或医学的方式来看待身体中的"艺术"，得来的结果却是"惊悚"。躯体作为知识的意义在冯峰的图景中由清晰的微观变作游离的模糊。这不是为了某种政治诉求或意识形态对抗的符号而存在的，不像是1990年代人们将身体与政治并置、混淆在一处而得来的肤浅抗议，而是一种在模仿中达成的对话，类似后现代对经典消解时所用的"戏仿"，冯峰在创作中经常会用到一个类似的词"搅局"，这与后现代的"恶搞"异曲同工。1998年他创作了一部类似自传体的小说《生殖生理学的故事》，延续着"搅局"的野心。冯峰在小说里讲"爱情，是文学的事；而我们已走向了科学"。

❶ 李振华，北京艺术实验室.关于新媒体的全球进程调查(21)：生物艺术[J].当代艺术与投资，2011(11)：64-65.
❷ 胡斌.当代艺术与生物、生理实验结合的趋向[N].中国美术报，2016-08-04.

其实我对科学知识了解得很少。有的时候，我更愿意把科学看成是炼金术……我觉得我在模仿一个科学的语调描述一个物体，或是模仿透过科学仪器来观察"物质"这样的一种角度，我在有意模仿这样一个角度。实际上我有一种怀疑，在今天"科学"差不多成为一个正确的代名词。它成了一个可以说用来打击别人的有力的武器。那么我觉得把自己变成这样的一个道貌岸然的样子来去表述一件事情的时候，有点像文学，或者是有一点戏剧的效果。……我老觉得"身体"这个词会掩盖事实的真相。身体只是一个观看的对象，真正的问题是我们今天是怎么认识这个世界的。❶

类似的以生命躯体进行艺术表达的中国艺术家还有很多，如曹晖在《可视的体温》系列中透过肉感置换身体温度的消费品，反映社会物欲发展进程里人的物化、膨胀与扭曲。但他们都说不上是新媒体艺术中的探索者，因这躯体暗含在深层的哲理中，而不在生物电的脉络里，此处不再赘述。

真正走入生命肌理的，像中央美术学院的卓凡所复制的机械骨骼，是对自己身体机能的某种重复——如手的握持、手势指示、用力攥拳、扩胸运动、激动抽搐、笑意盈盈等，并试图使其具有象征性的生命——在复制的骨骼中注入从身体里抽取出的干细胞血液。这便是2011年8月初胡斌策划的另一个展览"数字复制时代的'人·工·装·置'——卓凡作品展"（广州）中的重要作品。当然，喻像上的生命物质与表象上的骨骼和肌肉的翻模、印胚、雕塑成型，以及内在的机械零件、动力电机等装置性，三者之间的关系与其说是"有机结合"不如说成是"各美其美"的分治与独立。这是融合与杂糅之间的区别，语义上表达某种拼凑之感，才是艺术家所真正希望达成的观念。外观复制性、影像纪录属性、动作的无聊重复感，给观者呈现出本质、异质间，有关"生命边界"的思忖。而这种方式被策展人胡斌形容成"土法克隆"，其终究所要传达的，到底是对生命的憧憬抑或恐惧？并不得而知。但有一点是客观明确的——以作者自身为模拟的机械运动，抽离出本我的主体性，它们运动不息，即使注入了人类干细胞、血液，依然不能称其为主体的人类，因为它们无法意识到自我、难以履行存在的意志。但我们却仍习以为常地称它们为"机器人"。在此，机器、生命之间的边界带来深层次的冥想价值。

❶ 冯峰. 盛宴：冯峰作品[M]. 北京：首都师范大学出版社，2008.

另一位艺术家，中国美术学院的吴珏辉，在2011年前后提出"肉媒体"创作观念，并推出他的《脑电站》系列作品以及探讨头盔行走的"感官差异"的装置互动艺术作品《USB器官》等。这表明中国艺术家在努力尝试进入更深的人机交互界面，掘取更透彻的"人内意象"并就此展开艺术讨论的决心。这是一种透过皮肤和肌肉的生命形态，进入与深度思维对话的潜在冲动。"他常说自己像一个USB接口，很努力地用低科技的东西，以个人经验与能力在科技和艺术间达到一个接口点。由此，吴珏辉被视为中国最具代表性的新媒体艺术家。"2016年冬，他在温州举办的个展中拿出了《倒计时鸵鸟》《火星蚂蝗》《蜗牛》《响尾蛇》《神经故障》等作品。他在这个时期的递进意识里，似乎有意回到装置艺术原本的"无机属性"中，透过机械、电子等元素重塑和模拟生命的意象，骨子里却与有机属性渐行渐远。当然艺术家的兴趣并不可能在风格的梦魇里完全固定下来，有机生物的艺术表达也并不是新媒体艺术未来的核心或全部。不过，在吴珏辉的"神经工程艺术项目"的最新系列《神经星云》（2016）中仍然能看到脑电波的艺术创作延续。这是透过脑电帽、无线放大器、多参数同步器、智能同步中心、LED灯泡、铜灯座、三脚架、控制系统程序、音响、电源等组成的脑电艺术装置。作品基于脑神经（脑电波）的艺术可视化创作而成，通过脑电帽（EEG Cap）捕捉脑部32个点位的脑波信号，然后将其可视化为环境中灯泡的闪烁，"将大脑活动放大成一种光的能量场"❶，构成立体星云语境。

陆杨比吴珏辉年纪更小，2010年才毕业于中国美术学院。她的创作更具有生物活力，或者说更具生命韵律。其早期作品如《科学团队计划》用科学可视化（科学图谱）的方式来展现科学中的严谨之美；《来自生物的节律计划》则用录像艺术方式展现生命躯体难以自控的节拍性，并将生命韵律转变为视觉、听觉的节奏予以呈现。到2011年春，陆杨个展《震颤麻痹—计划》在北京798启幕，赶上了生物艺术在中国的重要节点。作品基于帕金森病人不可自控的肌肉抖动，对其进行节律采样后合成为电子音乐，以对抗化的视觉阐释反思疾病的治疗悖论。帕金森病症属中枢神经的退行性病变，主要症状为肌肉震颤、僵硬、不受控，患者行为迟缓，甚至丧失动作机能。运动控制能力的急剧下降是患者最大的困扰，不能自如地用意念驱使身体行动，是生命体

---

❶ 邹萍. 老司机的新面孔：吴珏辉首次完整呈现创作脉络[EB/OL]. 雅昌艺术网，2016-12-23.

失能的反映。生命躯体在控制与叛逆、治疗与回归正常的治愈困境中产生了悖论。电子音乐对失控的节拍与韵律的模仿，实际上是站在主观体验的立场上，引导观众与帕金森病人产生生理（至少是听觉）上的共鸣，而不再是它者化客体的远距离凝视或偷窥。失控也是一种"宣泄"，正常人被放置在不可自控的节律中时，会有某种歇斯底里的"随动"感，会感受到空前的放松体验；反过来意识到自身在正常语境下生活的自控性，实际上是受到某种社会通约的束缚才产生的社会伦常。当人们自我意识到伦常的压抑时，不可控的躯体便成为某种"释放"的借口。冥冥中与迪厅里整夜狂欢的摇头丸吸食者产生类似的生理需求。生命在幸福与痛苦、快感与罪恶间，来回摇摆不定。

李山和张平杰从事生物艺术创作或学术观察的时间要远比上述作者早得多。作为"85新潮"的一员，李山在20世纪90年代中期就来到纽约，与张平杰讨论生物艺术创作。张平杰则作为生物艺术的观察者和学术研究者，开始关注李山的创作。1998年，李山展出了早期的蝶鱼合成体绘画作品《阅读》。2003年至2006年间，李山将《阅读》拓展为系列作品，即令人惊奇的生物艺术影像作品集——运用数码摄影与电脑合成等技术创作了多种昆虫、植物和人自身结合的变异生物图像作品。张平杰为此写下《生命物语——李山作品解读》一文。在《阅读》系列之后，李山又推出《转译的错误》系列，用彩色纸和纯朴的手绘呈现昆虫与人类混杂的"变貌"；《重组方案》系列，选用灯箱矩阵来呈现影像，将生物信息的并置、混杂、融合所产生的变种样貌一一呈现；《遭际》系列中，作者为人装上蜻蜓的翅膀，在悠扬的圣乐下飞翔。但这些艺术实践始终存在于生物变异的电子图像和艺术幻想中。真正落实到实物层面的，是2007年的《南瓜计划》。从那时起，"李山告别了之前形而上学的生物性，进入了实证生物性的新阶段。"[1]在农学家的帮助下，他对南瓜进行基因干扰、变异、重组，最终得到多色、变形南瓜新物种并在上海公开展出。"人为变异之后的新生命即使是脆弱的，其形式的多样与新颖、肢体的鲜活与另类，亦令艺术家兴奋不已。他们似乎看到了一个为不可预知的新想法所开辟的空间。另一方面，操纵生命的可能性及其影响，不可避免地会引起法律、哲学与道德方面的争论。李山和张平杰的生物艺术正是通过隐喻性的实验，触及了未来社会将会被普遍关注的问题。"[2]李山曾讲"人类的危机必须

---

❶ 李山，高名潞，张平杰.当生命本身成为艺术——李山艺术展[J].当代美术家，2016(3)：56.
❷ 摘选自《南瓜计划——李山、张平杰生物艺术作品展》（上海香格纳画廊）策展介绍。

在人和人之外的关系中解决……人类这个物种在与其他物种相提并论时显得不太协调，那种书写时的武断态度，行走时的直立姿态，都是生物界不能容忍的"。这实际上解释了作者创作观念之一隅——"站在大多数动物的角度上与人对话，揭示了人类的自傲和不平等心态"应是李山创作的本意。❶

陈友桐的生物艺术观念源于2003年SARS病毒给人类生命与精神世界造成的冲击。那以后，他开始探索用微生物语汇来拓展艺术创作。变异微生物对人的影响似乎正在蔓延，它们的存在是否能够揭示当下社会中人的存在状态与价值观？在装置作品《有秩序的空间》（2008年）中，陈友桐选用功能各异的微生物，使它们共存在一处，"利用它们对营养的争夺、对异类的遏制，让生长过程形成无数残缺的菌落，构成了宏观的图形"。它们在作者设定的世界里"有秩序地生长、争夺、搏斗，死亡……"❷这种细菌缠斗的模式延续到了2009年的作品《水位》中，作者用水位线人为地将培养基上下的微生物分成两部分，反映它们的生存搏斗，暗喻生命世界里的生死一线。

策展方面，除张尕、胡斌以外，中国生物艺术的策展人代表还有张海涛。他自1999年起致力于当代艺术的评论、策展与研究。撰写了大量的艺术作品或作者评述。张海涛还长期担任宋庄美术馆执行馆长，他最重要的成果是创建"艺术档案网"（2007年始创）并笔耕不辍，收集、整理了大量的新媒体艺术前沿作品、作者及展览信息，形成了一套历时性、系统性的中国当代艺术文献库，其中不乏对新媒体、生物艺术的长篇梳理。在其"近未来艺术"学说中，提到人与自然关系的危机有二：其一是"人类中心论"，即为了人类利益支配自然及其他生命所引发的全球工业与生态危机；其二是"唯物质发展主义"，即追求物质、技术与资本的巨大积累，导致精神层面的亏空以及人的物化。❸由此可见，重拾平等、寻求科学与精神之间的平衡是策展人提倡的当代艺术观念的根本之所在。2009年张海涛策划了第五届宋庄艺术节"青年策展人邀请展——未来索引：自然·不自然"。2012年他的著作《未来艺术档案》出版，书中用了很大笔墨来讨论生化变异并大量引介国外生物艺术作品、作者与文献。❹2019年5月，他又在网络发表了《西方生物艺术简史（1933-2018）——新伦理艺术运动》；近期还将整理、刊发中国生物艺术简史。这些

---

❶ 徐明德.李山的生物艺术[J].戏剧艺术，2014(12).
❷ 张海涛.陈友桐推介词：微·生·物[J].美术文献，2012(3)：24.
❸ 张海涛.预见未来——关于未来艺术学的探讨[EB/OL].艺术档案网，2018-04-08.
❹ 张海涛.生物·生态——中荷当代艺术展[J].中国建筑装饰装修，2012(10)：260.

文献为新媒体艺术与生物艺术的融合性思考奠定了重要的资料基础。

当然，这里还要提及新生代策展人魏颖。她的介入为中国生物艺术的展览与策划开启了新的时代。魏颖硕士毕业于复旦大学生物学专业，后成为中央美术学院科技艺术研究员。早年的生物学基础，使她成为少有的跨学科背景的策展人，让中国有了具备生物专业思考能力的艺术作品集结者。她曾策划的项目包括《抵抗的涌现：表象之眼》（2016，泰康空间，北京）和《当形式不成为态度》（2016，中央美术学院美术馆，北京）；参与的策展单元有第一届北京媒体艺术双年展"技术伦理"（2016）单元和第二届北京媒体艺术双年展"后生命"（2018）单元等。魏颖还创建了"泛生物艺术工作室"（PBS），研究方向包括后人类语境下的科技艺术（AST）、生命科学与艺术/设计的结合等。她还有一项策展项目就是我们一开篇提到的2019年3月至6月，在北京798现代汽车文化中心开幕的"准自然：生物艺术，边界与实验室"展览，展览努力使人们回到生物艺术历史的里程碑时刻，与经典的作品一起漫游，让中国的观众具备生物艺术的国际视野；亦由世界观的视角对生物与地球、社会与环境、存在与灭亡进行深入浅出的呈现与讨论，预测艺术与科技结合的未来可能性。她于策展观念中引述拉图尔对于"准客体"（Quasi-object）的叙述——"所带动的思潮意在打破主体与客体、社会与自然等诸多二元对立，出离人类中心主义、超越物种间的界限，并将人类置于与万物等对之位。"❶

总之，生物艺术在进入中国的那一刻，就与新媒体艺术的多元化创作媒介、艺术家和策展人紧密地结合在一起。其媒介创新性、生物电的创作原理、观念构思取向等方面，都具有近似或融合之处。这是新媒体艺术承前启后、继往开来的关键节点，也为当代艺术的传播开启了一片崭新的生命之窗。对这一部分的重视，体现着我们对生命形态参与新媒体艺术未来发展所寄予的厚望。

---

❶ 摘选自魏颖"准自然：生物艺术，边界与实验室"策展词。

第四篇

未来：
新媒体艺术
不定的趋向

第十六章
人工智能时代的艺术

媒介艺术的本质是透过工具来辅助人类从事各种审美信息的创造、呈现与流传。从青铜器到大理石雕塑，从指南针到古登堡的印刷机，从有线电报到移动互联网，媒介始终伴随着人类的审美信息传播与观念进化。人工智能时代的到来，不仅给工业发展带来福祉，同时也催生出新的艺术形态。

第一节　人工智能艺术的时代表象

在最近的一段时期，人工智能的技术逻辑已开始蔓延至艺术领域，诗歌、音乐、绘画、舞蹈、电影、装置艺术中都已经出现了AI的身影。2018年10月佳士得拍卖行首次于纽约拍卖出自AI之手的绘画作品——《埃德蒙·贝拉米画像》（图16-1）。这幅由AI程序绘制的肖像画最终以43.25万美元（约合人民币301万元）的价格拍出。

图16-1　《埃德蒙·贝拉米画像》

《埃德蒙·贝拉米画像》以朦胧的表现方式描绘出一名身穿黑色西装、搭配白色衬衫的男士。绘画设计的灵感来自三位法国年轻人组成的"Obvious"艺术组合。而此画作右下角的落款，正是该团队用来创建图像的实际算法——"min max $Ex[\log(D(x))] + Ez[\log(1-D(G(z)))]$"。为了完成这幅画，这个团队用AI程序❶结合15000幅约14~15世纪诞生的画作对计算机予以训练。AI程序在算法分析的基础上不

---

❶ 程序使用了基于生成式对抗网络GAN（一种深度学习模型，2014年由美国AI研究人员Ian Goodfellow等提出）的AI算法模型进行艺术创作。

断学习肖像的绘画方式，最终按照自身的理解自主生成一系列新的画作。

2018年7月，英国举办了第三届"RobotArt"机器人艺术比赛，有来自全球19个机器人设计小组的百余幅作品参赛。这个竞赛的目的在于关注人工智能领域的艺术创作能力。比赛规定上颜料或作画的动作必须由机器人系统使用一支或多支真实的画笔进行。也就是说绘画的直接作者是机器而非人类。参赛者必须调动各种计算机算法来指导机器人完成绘画任务，更有甚者使用智能学习的方式来训练系统进行自主绘画创作，而不是简单的机械编程操控。评审过程中，评委们透过原创属性、美感、绘画技能和技术应用潜力等多项指标对参赛作品打分。最终智能机器人CloudPainter透过深度学习，对塞尚的印象派画作进行重新诠释的作品获得了头奖。

再向前推一年，微软公司推出人类历史中第一部由AI创作的诗集《阳光失了玻璃窗》（2017）。这是通过对20世纪20年代以来519位中国现代诗人的作品进行分析，经过100个小时，上万次的迭代学习后，"微软小冰"获得了现代诗的"创造能力"，并且形成了自己的创作风格、偏好和技巧。除了诗歌外，在艺术领域，"微软小冰"还具备基本的歌曲创作与演唱能力。

如果将时间轴再向回拨动，我们发现很多科技巨头在AI艺术探索方面都曾投入精力：2015年，谷歌尝试透过人工智能系统Deep Dream进行图像识别与印象学习，最终使计算机具备绘画创作能力（图16-2）。2016年，IBM的智能学习系统Watson对电影《摩根》的预告片做了智能剪辑。同年，索尼的人工智能系统FlowMachines通过音乐原理的学习，自主创作了一首类似披头士风格的乐曲。还是2016年，日本运用人工智能创作的科学幻想小说《电脑写

图16-2　谷歌AI系统Deep Dream的画作

小说的那一天》骗过了人类读者们的眼睛，成功入围日本文学奖的"微小说"单元。2017年，MIT训练出有能力撰写"恐怖小说"的AI系统Shelley。2018年初，亚马逊则运用DeepMusic深度算法，为用户提供机器编制的歌曲。2019年11月，清华大学联合中国国家博物馆以"人工智能时代的艺术与科学融合"为题奉献了一场人工智能艺术的盛宴。

种种AI艺术迹象表明，人工智能正在艺术实践的大道上阔步前进。智能化的计算机系统，从整合素材到参与构思，再到艺术制作与独立创作，不断突显出"非人"的艺术创造价值。艺术，这种原本属于人类的审美认知与实践活动，正在被某种体外化的智能机器替代。媒介的"工具"属性已难以形容这样前所未有之变革。机器的自主性，已不是工具理性的从属性运作经验所能够解释。这种原本穿越时空的人类文化瑰宝，以及高等生命体所特有的思想与情态表现性实践，饱含着人类作为世界性主体的实际核心地位，在指向未来的艺术发展趋向上受到了前所未有的挑战。不久的将来，人工智能的演进逻辑会不断理解和领悟人类的情感细部——那些浪漫、壮丽、雄浑、忧愁、伤感、愉悦、欢快、窘迫、苦痛及愤怒的情绪，以及其背后所联系着的作者的独一无二的生活历程与心绪，都可能为人工智能的对话所参与、甚或主导。

在人工智能时代，创作还会否是人类的专属？艺术是否还是我们曾经认为的艺术？作者是否要重新定义？我们能否取得与AI的共鸣？社会将以何种方式判断AI作品的艺术价值？当观众无法区分AI与人类创作的产物时，艺术传播效果又将何去何从？

第二节　机器的"艺术自觉"

面对人工智能，人类常常自我鼓舞、自我打气地说：即使当AI创作的作品大行其道之时，我们也用不着去担心人类艺术家们的出路。在那时，真正的艺术家只会显得更为宝贵。因为他们的经历、个性、思想、情感，是AI永远无法替代的。但人的思想与情感真的无法替代吗？这似乎是一道缺乏自洽逻辑的命题。虽然人工智能尚处于"人工"阶段，但事实上它的未来正着眼于替代人来行使艺术自觉。否则，我们就可以简单地称其为"程序"而非

"智能"。

在2018年前后，随着国务院正式印发《新一代人工智能发展规划》，将其纳入国家重要发展战略；教育部印发《高等学校人工智能创新行动计划》，主导建设人工智能创新中心，提升其核心竞争力。"人工智能"已成为社会热议的话题。在某些规则明确的单一判断任务领域，它正不断刷新人们对极限思维的认知水平，甚至已经开始影响人们的生活与生产方式。这样空前的技术革命，给人类世界带来巨大的精神负担，人们开始陷入某种情感焦虑。作为人类文化的创新工具与思想表达的先锋，艺术也迎来一场全新的创作革命。一言以蔽之，"当下人工智能与艺术创造的关系正在经历巨大变化。"❶而这个变化的核心就在于机器的"艺术自觉"。

这种超越人类自身思考价值的"自觉性"，使得艺术在智能时代已不仅仅在形态、形式、主题、内容及媒介技术领域突显"前卫性"，而更有可能改变艺术生成的内在肌理与艺术传播的基本逻辑。传统艺术的创作与接受必然迎来空前的挑战，不论学界抑或艺术实践者们，都应该对它持某种宽容、理性与商榷的姿态。

毕竟，科学技术的脚步已走上时代发展的高速列车。技术的演进正不断影响着世界每一个角落。艺术正借助智能化科技，超越人类的主体性意志垄断、超越工具属性的从属地位，而拥有一定的自主性。

在当下的这个阶段，"人工智能艺术的核心是计算机的'创造力'培养，其假定计算机作为艺术创作的主体——艺术家来加以构建。"❷其早期理论基础被称作"机器学习"（Machine Learning），即透过概率、识别、统计、算法等一系列方式，实现计算机对人类学习行为的模拟，以获取新的知识、判断、决策与创造技能，重新组织已有的知识结构使之不断改善自身的性能。❸这也是开启机器自觉思考的根本途径。机器学习的早期实践方法是透过建立"神经网络"来运作的——通常在模仿动物神经网络的信息传递与反馈行为特征的基础上，使计算机做并行信号处理，最终让机器具备通过经验自动改进算法，并合理使用数据或以往的经验，优化程序、提升性能。

最近一段时期，机器学习又向着"深度学习"的方向迈进。深度学习是

❶ 蔡新元.人工智能艺术，一场前所未有的新艺术创造[N].光明日报，2019-07-10.
❷ 蔡新元.人工智能艺术，一场前所未有的新艺术创造[N].光明日报，2019-07-10.
❸ 见"百度百科"词条：机器学习。

透过对多层次、多阶段性、多维度神经网络结构的模拟，结合大数据训练资源，对学习对象进行分层筛选，以大幅提升机器学习表征与感悟力的智能化计算处理方式。其规模化运用，使机器由程序算法向思想"自觉"领域迈进了一大步。艺术工作者们借助于含有大规模审美经验与作品资料的深度学习系统，开始对机器进行审美感悟的培养模式研究。目前这些工作已初步在实验室层面获得了"艺术自觉"的创作能力验证，并逐渐走向展览现场与观众见面。例如，美国最早提出的"生成式对抗网络"（Generative Adversarial Network，GAN），即利用两个相互博弈的神经网络不断生产出截然不同的全新图像。这是当今计算机科学参与艺术表达中最有意思的实践方法之一。GAN通过对抗过程同时培养和训练两种模型，一个是生成器（Generator，相当于模拟"艺术家"的角色），用来学习、生成尽量趋向真实的图像；另一个是鉴别器（Discriminator，相当于模拟"艺术评论家"的角色），学习区分由生成器生成的"假"图片和真实图片之间的关系，逐渐提升机器自觉的艺术品位（图16-3）。经过不断地学习和对抗，当鉴别器不能再将真实图像与假货区分开时，该过程达到平衡。

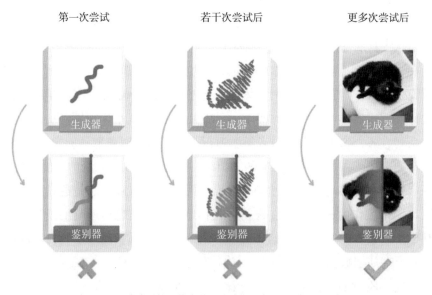

图16-3　生成式对抗网络中的"生成器"与"鉴别器"平衡过程

　　2016年，香港巴塞尔艺术博览会上就展出了一些经由GAN训练方式创作出的人工智能绘画作品。当然，这些机器自觉的训练方法也被用于其他的应用领域，如在卫星遥感范畴，就可以用来帮助高分辨率图片去合成具有真实感的立体地图。但比起科学领域的应用，艺术层面上所需要的算法、方法与学习训练的投入要多得多。毕竟，艺术的感知和领悟不完全能够被理性模型所呈现。

当前阶段，智能信息生成需要依赖大规模数据集群作为参照基础。大数据和云计算是这一领域的重要支撑，它们的合力构成了机器自觉中的"模式识别"能力，即由电脑控制、调取、参考数据来进行判断，用以协助决策的机器领悟功能。模式识别的本质是通过数据积累构成经验判断，进而引导电脑对事物的各种状态、结构、内容进行描述、区分、辨识、归类和诠释。如果用"输入—运算—输出—结果"的算法步骤来解释传统艺术创作，那么其逻辑脉络可呈现为"视觉输入—人脑（人体）运算—工具输出—必然性结果"。相比之下，人工智能对艺术生成的行为逻辑则表征为"数据输入—程序（人工）运算—电子设备输出—随机性结果"。在理论上，后者由于具备更为广博、均衡的审美数据资源，就可能生成更多具有创造性和感染力的审美结果。可以肯定，机器的艺术自觉在现阶段，主要是基于数据库调用和大规模运算、比对来实现对世界的塑造。按照蔡新元教授的比喻，"数据库像一个包含无限虚拟有机体的艺术基因库，机器操控它们来创造实物或'生命形态'。可以说，支撑人工智能艺术的是一种数据操控的美学。"❶ 然而新媒体艺术领域中，机器仍旧难以认识自身行为，即自我意识到自己的创作行为。

人工智能的学习能力也被用来对"特有风格"进行模仿。例如2016年就开始的一个欧洲项目"下一个伦勃朗"（The Next Rembrandt），它由微软公司及荷兰代尔夫特理工大学支持，让智能学习系统对伦勃朗的346幅作品进行学习，确认了伦勃朗肖像绘画中的惯性表达特征——身着17世纪标准服饰、白领子、蓄络腮胡须的成熟白人男子。之后人工智能系统对伦勃朗风格细部的绘画经验分类进行提取，对色彩、服饰、表达内容以及构图比例等方面的特征数据做逐一分析，如角度的选取、光线的切入、眼部皱纹等。学习了这些经验后，智能系统会逐渐生成新的特性并编织成一张脸，再对其实施做旧工艺。最后，系统会操控一台特制打印机，将一张全新的、带有伦勃朗风格的绘画作品勾勒出来，并在细部再现近四百年前艺术的质感与龟裂（图16-4）。

❶ 蔡新元. 人工智能艺术，一场前所未有的新艺术创造[N]. 光明日报，2019-07-10.

图16-4　人工智能引导下带有伦勃朗风格的新作

不可否认，智能机器带来的自主经验训练使艺术的生成极大地拓展，艺术创作形式与手段、工具获得有力的支撑。由谷歌开拓的AutoDraw系统就可利用智能算法对艺术创作的原初草图做自动分析与加工，而且将学习的内容由绘画拓展至作曲、诗歌创作等方面。作为一个中间创作过程，人工智能完成基本输出后，给予创作者极大的便利，使人的扩展性工作更为完善。这在一定程度上提高了艺术生产的效率，也在"人机合作"领域内拓展出艺术创作的新范式。当然，"人机合作"使人颇有疑惑——人工智能可以辅助创作新艺术，但它到底能否提升艺术的想象力与创造性价值？这显然不是现阶段，即人工智能发展初期，所能全面回答的议题。但我们相信这会是智能技术发展的一个可见的趋向。这个趋向将不仅是技术审美形态的外在猎奇性表征，更将从艺术内涵、审美形式与观念逻辑中得到延续和舒展，进而联系到艺术的外在敏感性，如社会文化思潮、传统与现代的交织、意识形态的嬗变、历史经验的循环等。到那时，算法的自觉领悟可能不基于一个或几个数据库经验，而居于某种更大范围的综合性感知和算力的笼罩。到那时，现在的艺术价值、社会功能、创作者身份认同、审美评价体系以及文化影响力都将面临彻底重估。那时的艺术观念中很可能带有机器的灵感，艺术终将走进人机融合的创作时代。科技将更为深刻地融入人们的日常生活，人机关系将难以分离。

这或许是艺术由"体外化媒介阶段"升级为人机结合的"异源嵌合体"的新时代。艺术史不因笔墨纸砚的运用而将郑板桥或唐伯虎的创作归功于媒介本身；同样地，或许也不会因为人机融合而将创作灵感完全归于机器。但我们不可否认，机器对艺术创作的参与和支撑已拥有越来越高的权重。如若媒介是人的延伸，那么人工智能就是人机协作的延展，其结果成就了"超级艺术家"。

第三节　人工智能艺术的发展阶段及预判

"人工智能技术、生物技术和纳米技术这三大技术的进步，使人类得以实现与万物的相连和信息交换。人工智能艺术帮助我们扩展自己的生理、心理极限，这既是一种对世界的全新感知，也是世界对人类的'诗意'回应。传统意义上的艺术家由身份、经验和技巧所构筑的边界在人工智能时代逐步消融，人工智能艺术将帮助我们有趣地体验世界，使我们更易于享受到艺术化的生活。"❶

让人工智能走入"艺术化的生活"，或许还有很长的路。实际的情况看，人工智能对艺术的参与尚处于最初级阶段，但不能因此消磨掉将智能系统投入艺术的信心。在讨论中，我们对艺术的智能化有一个宏观而模糊的阶段性预判，这个判断尚没有科学的论证进行支撑，但艺术需要这样富有预见性和指导性的方向引领。同时，这也是人类作为新媒体艺术观念发展趋向的思考者，对智能化艺术延展方向的善意预见。

艺术智能化的第一个阶段，是我们目前正在经历着的"算法阶段"。算法用来学习、训练和积累经验，是机器对艺术创作的基本模式、风格细节、内容形式的外在模拟阶段。它能够按照所提供的基本素材，仿照先前的模式化创作经验来进行创新性的批量化艺术生产。其特征在于对"创作主体的替代性蚕食"。人作为艺术创作的主导者被智能机器取代，是这一阶段的主要征兆。但算法阶段的智能化创作是对前人模式或大众审美的、先验的均质化仿拟。其艺术生产的结果具有大数据趋向和趋众化属性，是在风格形式上追求"形似"的目的性过程。例如2016年上线的俄国著名手机应用"Prisma"就综合了神经网络技术（Neural Networks）与人工智能技术，获取并学习著名绘画大师和主要流派的艺术风格，然后对手机用户的照片进行智能化风格转换。在这个阶段里，先验性模仿是必然的，而发散性创新是偶然的。这决定了人工智能在算法时期更多的是追求外在审美形态的"仿真"，而缺乏观念内涵中的自主创新性。表面上看，机器似乎代替了人对艺术媒材的直接操控，但机器的背后仍然要有人的存在与智慧担当。算法阶段，对艺术智能化的品位更多地指向"真假"判断，即是否可以"以假乱真"或混淆观众对人机作者间

---

❶ 蔡新元. 人工智能艺术，一场前所未有的新艺术创造[N]. 光明日报，2019-07-10.

的差异性感知。如此，智能应用被限定在对艺术创作主体的模仿、角逐与博弈之上。与"主体性"的过度纠缠导致算法阶段的人工智能艺术生产广受非议❶，认为机器对主体性的蚕食和取代会造成"艺术人类属性"的终结。当然，在这种极端忧虑的背后，人工智能的发展亦努力寻求与人类主体性的对话。

艺术智能化的第二个阶段，是我们正开始逐渐经历的"智慧发散阶段"。这个时期，物联网、通用传感器技术、机器视觉、语音识别技术逐渐进入应用领域，智能机器的泛化感知能力大为提升。因此，阶段性的主要任务是对机器的"感知与联想能力"的探索，算法的运用由对艺术信源（创作主体）的单级模仿拓展到"艺术内容"和"渠道分发"的层面。

在内容上，智能系统开始具有创作感知力，即对艺术内涵生发的前置灵感。这需要人工智能在底层拥有更为庞大的云计算和综合传感器的数据支撑，以跳出单一的作品经验层面，而在宏观的历史、政治、文化以及人文背景上生成综合的智能感知力；又能反过来将这些感知汇聚为艺术联想，最终形成面向未来的艺术创新，而不是面向过往的艺术经验汇总。比如，微软研发的AI-bot智能创作系统可根据基本指令进行创作联想，只需输入关键性语言描述就可产生意境联想并生成与之相匹配的图像。这个例子中，机器的"自主联想"取代"风格学习"成为人工智能运用的核心。这是人工智能由外在模仿到内涵创新的关键性蜕变。

在渠道上，基于大规模用户的互联网行为跟踪数据，智能系统可以依照不同用户的选择性倾向与喜好，来生成或推介不同的审美内容。艺术信息的选择性匹配与分发，并不是现阶段人工智能主攻的方向；不过社交媒体中的算法推荐，已为艺术的智能分发渠道建立了相对成熟的范式。当然，这也面临新的问题。在"智能分发"的价值迭代中，算法强大的功能性与权力内涵一直面临质疑，即怀疑它只推送给读者自己感兴趣、认同度高的信息内容，而使每个人都被算法裹挟在自己的小空间（或过于私密的兴趣群落）中形成"信息茧房"。在审美领域，算法对艺术传播的影响可能阻滞美学形态的碰撞、交汇与融合，影响观众审美的交叉性与多元化拓展。以"今日头条"为例，其早期是"根据网络用户特征建构用户画像，即通过收集用户的社会属性、浏览习惯、阅读行为甚至性格、星座等信息，归纳出用户阅读需求的共

---

❶ 马草. 人工智能与艺术终结 [J]. 艺术评论, 2019(10): 130–142.

同特征并梳理用户的需求比重模型，为每个用户贴上'信息标签'，据此搜索并推荐与用户阅读需求最契合的内容"。推荐算法让人们从海量信息中解脱了出来，减少了在纷繁复杂的信息中去挑选、寻找的不安全感和焦虑感。[1] 如果艺术的"把关人"角色被智能算法取代，本身又成为人们的普遍焦虑——算法分发是否把审美渠道的信息流动性全部交给了智能系统？但事实上，编写、管理、监督算法的依然是人。人机结合依然是艺术智能化的重要支撑。

无论如何，人工智能扩散到艺术内容与分发渠道的领域，相较于孤注一掷的主体性拟合，有本质性的飞跃。它由作品的单一层面，扩展到创作前的联想以及创作后的分享，智能所施展的层面就有了极大的丰富。新的焦虑在于人工智能拓展到了艺术的感知领域，参与了艺术灵感的汇聚；同时也蔓延到（甚至在一定程度上掌握了）艺术讯息的分发渠道。

艺术智能化的第三个阶段，将是"智慧观众阶段"，该阶段下的人工智能不再只服务于艺术创作或分发层面，而进一步蔓延至信宿（艺术接受层面）。观众将直接被人工智能武装起来，可穿戴技术、脑机接口、嵌入式技术乃至生化人、电子人等未来技术，将成规模地进到社会文化生活领域，使审美接受与观念性认知层面进一步智慧化，以适应艺术生发、延展的高级形式。那时，艺术将在更高的层面上进行交流、传递、互动与碰撞。人工智能不可能一味地去探究作品的作者、风格及内涵，而不关注艺术的受众。对艺术消费者的了解，才是真正具有时代文化映现的价值体现。从艺术灵感到艺术欣赏，审美传递过程的"智慧均等"将大大提高艺术传播的效率与效能，促使艺术重新回到更为广泛的交互之中。人工智能时代的交互，应包括人与人、人与物、物与物之间的泛在联系，而它们都被囊括在智能系统之中。智能系统之间的互联互通，一方面拓展了智能感知力，也同时提升了艺术全过程的智慧水平。隐私，是这个阶段将面临的重要问题。但连接观众一端的智慧系统会帮助筛选出有必要分享的数据，屏蔽掉敏感数据和隐私信息。交互性的回归，使艺术的过程性体验与观众的个性需求再次成为艺术所关注的焦点。博物馆、科普或艺术画廊中的展示内容，将有机会在个性化智能需求的层面进行一对一的沟通和互动，实现智慧博物馆的个性化信息供给、按需展示、按需索取资料，从而避免大众传播的信息辐射同时缩减噪声。

---

[1] 喻国明，杜楠楠. 智能型算法分发的价值迭代[J]. 新闻记者，2019(11): 15—20.

艺术智能化的第四个阶段，是"智能消费阶段"。长远来看，智能机器将与人充分融合，甚至最终取得与人相对平等的社会角色关系，而成为社会消费的主体之一。换句话说，智能机器将成为消费者的一部分，创造消费价值。其实，当今社会里，机器所扮演的消费角色并不罕见。在注意力经济中，在大量移动智能媒体终端透过算法被关注、被消费的同时，支撑其运行的云计算、物联网、云存储、传感器、大规模动态数据采集与分析系统（如"抖音""淘宝"和智能支付等）已不知不觉中消耗（消费）着大量的底层电力资源和网络通信资源。而且，智能系统资源的消费是无法停止、难以停歇的。它一旦开始创造能源消费价值、网络消费价值、算力消费价值以及感知消费价值等，便迈上一列永不停歇的列车，纳入社会消费系统中。当人工智能的消费体量在全部社会消费中占有一定大的比例时，它就可能取代人类，成为消费主体。因此，消费语境中，人工智能的终极噩梦，不是看它生产了什么，而是看它能否取代人作为消费者的地位。那么，在艺术语境里，人工智能能否同时作为审美或观念的缔造者和消费者——自娱自乐、自我欣赏？这是艺术在未来所要思考的问题。

第四节　艺术智能化的反思、宽容与自律

蔡新元曾指出：人工智能艺术还隐含了一场权力争夺战。[1] 这其中所谓"权力"是指艺术创造中所蕴含的情感及精神的操控权与归属权。自古以来，艺术一直伴随人类发展，被人类注入了各种精神上的内涵与悲欢离合的情感基因。工业革命后，艺术结合"工业复制"属性；现代文艺思潮影响下，艺术家追求的"形式美"与外在形式感；又或者后现代文化影响下的拼贴、戏仿等艺术策略，都或多或少地被贴上"精神缺位"的标签，认为其丧失了原创于人类的、独特的情感注入。而今，人工智能时代的艺术融合中，数据、传感、拟合、算法、归纳等系统概念的引入，更使人忧心于其内在精神创造力的缺失。

---

[1] 蔡新元. 人工智能艺术，一场前所未有的新艺术创造[N]. 光明日报，2019-07-10.

"机器作画总是缺少一些深层次的东西。"艺术史家杰姆斯·艾克因斯直言，"（算法）不是根据社会环境、含义和表达目的来创作，而是根据艺术风格创作。"但《爱德蒙·德·贝拉米肖像》的成功很显然对这一创造缺位开了一个口子，更何况在科学家预想的人工智能高级阶段，机器将拥有"自由意志、情感认知和自由活动能力"。这让人担忧，在人工智能的冲击下，"创造力"这一人类智慧的最后壁垒终将被突破。❶

但如果对人工智能参与艺术活动的阶段性发展，有一个系统地预判，人们就不会太过忧虑于目前暂时的窘境。理解智能化是艺术的延展，这一点至关重要。让机器构筑模拟人类思维的能力，具有推理、学习、判断和评价的效用，就可以引导机器代替人来完成一些此前需要耗费精力或时间的任务，使人有时间做一些更愿意做的事情。比如消遣、消费或文艺欣赏之类的生活日常，让他们更多地沉浸在欢愉、幸福之中，而不必担负日益繁重的工作、家庭及社会责任。然而，当智能化运算与大数据泛滥之时，包括艺术在内的人类生活景观已越来越陷入"过度依赖数据的危机"。上文中我们提到，这是一种思考、获取信息权力的危机——机器正悄然接管大众媒介，进而控制人们生成信息的灵感与接收信息的渠道。这意味着机器正尝试取代人类来做决策。

建立在数据和算法基础上的人工智能艺术，因而也神奇地获得了某种权力。如果缺乏艺术自律，人工智能艺术将可能异化为一种数据崇拜和数据迷信。电脑公司、计算机及其背后的隐形势力，将借助人工智能艺术代理人们的思维、行为，进而控制资源、权益的分配。❷

但艺术真正要思考的，到底是人工智能在替代人类行使决策或感知存在的权力，还是帮助一部分人决定另一部分人的信息决策权与存在感知力？在人工智能艺术发展的前两个阶段里，算法为核心的智能系统尚不具备情感推演或自主思维的能力。这种情况下，将人工智能的初级形态推向前台、成为众矢之的，而幕后主使（不论其目的何其复杂而宏大）却逍遥法外，更有甚

---

❶ 蔡新元. 人工智能艺术，一场前所未有的新艺术创造[N]. 光明日报，2019–07–10.

❷ 蔡新元. 人工智能艺术，一场前所未有的新艺术创造[N]. 光明日报，2019–07–10.

者掌握着庞大的商业利益、经济命脉以及信息传播的把关人角色。这本身不应为艺术所熟视无睹。如果说艺术对人类有什么深刻的意义，那绝不是审美价值的光纤外表所能单肩扛起的。艺术的观念性反省与反思，才是其品质中对社会贡献的重中之重。

反思未来艺术观念，有四个主旨：

第一，厘清艺术智能化背后的操控者，及其运作的权力法则与利益链条。使人清醒地认识到艺术智能化背后的"那只手"，并在警惕中灵活运用它为全人类服务。这显然要比拿人工智能本身作"炮灰"更有观念性价值。

第二，与其探讨"艺术是否属于人类"这样富有哲理性的思辨、杞人忧天；不如面向实际，在现实中解决问题。就像麦克卢汉的经典名言"媒介是人的延伸"一样，最为首要的不是讨论"媒介是否会掌控人类"，而是坦然面对媒介已经深度参与到人类传播活动的现实。有了脚踏实地的、对现状的分析，才能够深刻而细致地发掘出问题，带着问题意识逐步精进。同样地，对于艺术的智能化，最首要的不是"人工智能是否会取代人类"，而是思考它将怎样造福于人类。只要艺术仍然为人类服务，那么艺术由谁来生成和传递就显得并不那么具有威胁性。

第三，人工智能作为科技领域的新发展，态度上应对其保持理智的宽容与接纳。技术的未来，从来不是按照先验的判断和预想而实现的。它的成长充满荆棘、未知与挑战。在技术初兴的环境下，以宽容的姿态看待它，使其与艺术的各个环节保持充分的交叉与融汇，才能够创造更多的机会、碰撞出更灿烂的火花、遇见更美好的未来。

第四，提倡艺术智能化中的"自律"。当大数据背景下的智能算力开始威胁到信息权力之时，算法所依托的经验及其输出的均质化结果，便开始行使某种自主选择与自主决策。人工智能背后不可避免地拥有某种从信息到权力的集聚性。艺术观念在未来不可漠视这种由智能所堆砌起来的"数据崇拜"或"算法迷信"。为此，艺术观念的延展中应有"自律"的一面，即艺术智能化运作中的规则意识。对人工智能背后的权力意识、权益目的与资源集聚应予以适当的钳制，引导其向着平等、和谐、造福于全人类的方向，稳步迈进。

第十七章

脑机接口——新媒体艺术的"湿化与碳化"

AI的到来，使硬件智慧大幅提升——为平衡差距，脑机接口（Brain-Computer Interface，BCI）的研究突然加速。侵入式与非侵入式BCI的较量在2019年进入白热化，其进路分化与目的性分层渐趋明朗。各国能否抓住BCI的战略机遇，在信息"湿件"领域追赶"硅基硬件"，实现"弯道超车"？这又给未来的新媒体艺术观念发展带来怎样的机遇与挑战？

第一节　应对人工智能的隐忧

脑机接口也被称作"脑机融合感知"，指在生命体脑部器官与电子硬件设备之间建立有线或无线通路，以进行信息传递甚至信息交换的科学概念。近年来，脑机接口已从科幻作品中无边际的幻想逐渐成为技术现实。本章所指的脑机接口是一个科学议题，这里的"脑"指生命体内部构成思维的"神经元"及其脑波，而非"意念"；"机"指非生命形态（特别是电子电路及芯片）所构成的硬件系统。脑在计算机术语中被称为"湿件"，是相对于"无机计算系统"而言的"有机计算中枢"，二者的相似之处在于它们都是电荷的承载基质，一个基于数字电信号，一个基于生物电信号。它们都在电荷运动与转换过程中完成信息的编码、过滤、整合，最终实现运算结果或思维判断的指令输出。以"比特"为单位的数字电信号和以"神经元突触"为传导的生物电信号都是计算与思维系统中反映消息的物理量。由于具有共通性，长久以来人们总希望有机构成的"湿件"能够与无机构成的"硬件"及"软件"相互贯通，以提升各自性能。

最近几年，人们对"实现贯通"的希望日益迫切。原因在于人工智能的发展热度急剧提升。计算机硬件的"智慧能力"被愈加强化，一时间，机器思维超越人类的声音不绝于耳，引起社会忧虑。以科技探索的先锋式人物埃隆·马斯克（Elon Musk）为代表的一部分人开始呼吁社会关注人工智能给人类带来的潜在威胁。他说"通过人工智能，我们正在召唤恶魔"；"并非所有的 AI 期货都是良性的"；"我们有一天会发现自己生活在专制控制下，独裁者正是我们创造的机器人霸主"。❶ 2017 年 7 月 15 日，在美国由各州联邦组成的"国家执政者协会"（National Governors Association）例会上，马斯克透过演讲不断重申他对人工智能的长远忧虑。❷这说明对人工智能担忧的探讨已经上升到国家政治的层面。

"AI 必将对其他物种构成威胁。如果 AI 变成了这样一个最高智能物种，而它又不属于人类，它具有自我意识，那人类就被归入'其他物种'的类别了。"也就是在那个时候（2017 年），马斯克为应对挑战创立了"Neuralink"，一个以脑机接口为对象的科研企业。在他看来，"AI 的崛起只是时间问题，在那一天到来之前，人类务必要避免自己落入'其他物种'的境地。在 AI 与其他所有物种共存的未来，人类只有一个选择，就是成为 AI。"❸ 2019 年 7 月马斯克高调宣布他的公司已经找到贯通脑机的连接方法，即通过机器人实施脑神经手术，在头部执行无痛、微创的导线穿刺，在颅脑中植入芯片并透过芯片接口与外界的电子设备相连，以读取脑部信息。

在这一名为"脑后插管"的新方法中，蕴含着几项技术突破：

其一是用于执行手术的机器人，该机器人可用激光对脑部表皮及皮下组织（包括头骨）实施穿刺钻孔，继而将导线、电极快速植入，植入速度为每分钟 6 根线。这样，无须开颅、创面极小的神经外科机器人手术可将手术时间控制在 45 分钟左右，并可以避开脑部血管，以减少术后炎症的反应率。

其二是研发特殊材料的导线。这种导线的直径只有 4~6 微米，比人类发丝要细很多，其中含有两层导体和三层绝缘体。它的作用，一方面是确保脑机接口内外的信息连通，另一方面是承载与脑神经相接触的"电极"，或被称为"超细薄膜材料制造的、具备生物相容性的微神经探针"❹。手术最多可植入3072 个电极（在老鼠身上试验时），它们分布在 96 根导线上（每根线上有 32

---

❶ Clifton Leaf. Elon Musk Fears A.I. He Isn't the Only Genius to Worry Tech Will Destroy Us[EB/OL]. *Fortune*, 2017–08–30.

❷ 有关人们对人工智能的忧虑，请参阅马斯克与他人创建的非营利组织"OpenAI"，该组织希望找寻"通往安全的人工智能道路"。

❸ Tim Urban. Neuralink and the Brain's Magical Future[EB/OL]. *Waitbutwhy*, 2017–04–20.

❹ Elon Musk. An integrated brain–machine interface platform with thousands of channels[EB/OL]. *BioRxiv*, 2019–07–17.

个独立电极）。与1998年布朗大学的约翰·多诺霍（John Donoghue）教授实施的早期脑机结合试验（BrainGate）相比，现在的电极分布效率是极高的。早期的探头通道最多只有128个电极，电极越多意味着可以收集更周全的脑部数据。导线的材料也有了飞跃，新型导线具有灵活的韧性而不像早期所使用的硬针。线材的柔性可延长导线寿命，使其能够跟随脑部移动。

其三是开发专用的集成电路（电子芯片），由处理器、连接电极的聚合物导线、负责供电和数据传输的USB-C接口及外壳组成。处理器的作用是放大信号、将模拟生物电信号转换为数字电信号并抑制噪声。在微功耗、微尺寸的极端环境下对微弱的神经信号进行采样和加工，并实施高密度、多通路信息记录，还要防止芯片被体液侵蚀或引起身体不适，这些都对芯片的制造提出严苛挑战。

不过，还有很多细节，诸如集成芯片的固定、电源的匹配、脑机接口的工作时长、信号输出的有线与无线方案等，尚未明确。这说明项目还处于初步的方法验证阶段。但从发布的视频看，植入这项技术的动物（鼠或猴子）已经可以用脑神经控制自己在计算机模拟的三维空间进行方向移动。2021年4月，Neuralink展示了一只9岁的猴子基于上述方法玩电子乒乓球游戏的场景。❶这种用意念控制自身状态的交互方式，远比触控交互来得自然。目前，虚拟现实遇到发展瓶颈，原因之一便是主体性感观沉浸与非自然的它者化触控之间所形成的界面感知矛盾。脑机接口透过脑神经实施意念操控，可以大大克服交互体验中非自然界面所带来的障碍。脑机接口在交互动画、三维游戏或帮助瘫痪病人重获操控力方面都有巨大潜力。

第二节　脑机接口的进路分化与目的性分层

当然，脑机接口的探索并不是Neuralink一家独大。2017年，几乎与Neuralink同时步入脑机融合领域的还有Facebook。后者于2017年4月首次宣布其BCI研发计划。2019年夏，在马斯克携Neuralink发布技术突破后仅两周，Facebook也迫不及待地公布了自己的BCI研究成果。激烈的研发竞争已经

---

❶ 佚名. 马斯克的脑机接口公司新进展：猴子用意念玩"乒乓"电脑游戏[EB/OL]. 澎湃新闻, 2021-04-09.

开始。

Neuralink 与 Facebook 的竞争，代表着 BCI 技术的两个截然不同的发展路径。前者青睐于"侵入式"BCI 技术，即通过外科手术使电极与神经元产生实际的物理连接；后者则力主"非侵入式"可穿戴方案，即透过佩带脑电图或其他脑波感应装置实现脑信息交互。这两种技术路径在很早前就已确立，美国各大学实验室也早已分成两派，各自探索。但真正吸引顶级资金、顶级科研团队展开公开的研发较量，就始于 2019 年 7 月。两种 BCI 进路的区别在于：

首先，二者感知的脑部意念层次不同。侵入式 BCI 主要对脑部神经元的综合意念进行感知和分析，那么它的意念感知域比较广（包括思维、肌肉运动等多个侧面）。非侵入式 BCI 研究的核心是语言功能区，目前其大部分精力是针对语言意念层面的脑电感知（类似于"意念打字"）。后者在研究范畴上有所缩小，但利于深耕。与 Facebook 合作的加利福尼亚大学旧金山分校 BCI 团队最近已证明，使用非侵入式设备在"人们说话时记录的大脑皮质活动，可以用来完成实时解码，并将文字呈现于电脑屏幕上"，甚至宣称"再过不久，我们仅靠意念就可以打字聊天、向计算机发出指令了"。❶

其次，二者在探测精度与安全性方面陷入悖论。普遍认为，植入式触点（电极）的探测精准度要比非植入式的头皮贴片（或头带）高得多，能够识别更加复杂的神经指令；但手术植入的安全性大打折扣，消费心理的畏惧感陡然增大。目前面向消费市场的产品都是非侵入式 BCI。

再次，实验路径不同。由于侵入式 BCI 对生命体有显性破坏效果（开颅），手术实验多在鼠类或猴子身上实施，技术稳定后才能在人体上进一步验证。而非侵入式 BCI 对身体的可看见损伤几乎为零，在一开始便应用于人体，已积累大量的人脑采样数据，并已同步应用在医学、教育、新媒体艺术等各个领域内，可以边研究、边应用，进展速度较快。

最后，就地缘文化差异来看，对语言更为依赖的非侵入式 BCI，在短时间内给非英语国家的用户可能带来消费阻力，继而产生新的"知沟"。

对语言差异的担忧为时尚早。目前非侵入式 BCI 的技术目标只是分辨1000 个单词，分辨速度每分钟 100 字，错误率低于 17%。事实上现有的技术与这些指标还有一定差距。真正的未知数，在于侵入式 BCI 进入人体试验阶

❶ David A Moses, Matthew K Leonard, Joseph G Makin, et al. Real-time decoding of question-and-answer speech dialogue using human cortical activity[EB/OL]. *Nature Communications*, 2019-07-30.

段时，能带来多大的惊喜。

从研究目的与目标看，对脑机接口的期待，在时间线上有明显的层次递进。就"短期"目的性看，生存是科研得以继续的保证。因此，巩固BCI技术的实用价值、提升读取性能、使人们看到未来的潜力，即所谓鼓舞士气（对象包括投资人、用户和科研伙伴），尤为重要。接着就是推动科研与量产并行发展，马斯克尤其强调Neuralink要为医疗的急迫需求生产设备。只有更早地进入应用领域，才可以获得更多的科研数据和用户支持。"标准化"也是短期目标的一部分，例如手术机器人、电极导线产业的标准等。这样做的目的是积累技术、提高竞争门槛，也为大规模量产和应用打下基础。

再长远一点看，BCI的"近期"研究目的趋向于将技术看作是体内计算机（异物植入），通过硬件的帮助来实现脑信息单向输出、准确识别、意念施控，以提升人机交互界面的自然属性。

BCI的"中期"目的则基于生物电信号与数字电信号的双向信息连通与融合，将人类"湿件"与电子"软硬件"合二为一，看作是有机生命的一个整体，着力提升有机整体的环境交互能力与生活质量，即修复机体的操控缺陷、改善大脑运行效率、增强思维算力和记忆力、沟通脑机实现互动。到那时，日趋成熟的BCI技术将与各种视觉、听觉、触觉等可穿戴设备相结合，全面改善人体感观和各方面信息通路。

而BCI的"远期"目的会把拓展人的思维能力、智慧水平看作重要方向。思维能力的延展，体现在记忆精度、计算能力及领悟力方面，更重要的是打通"人机"与"人际"之间的界线，即在人与人、人与机器之间形成"思维共在"。毕竟，与机器共同成长，才能确保人工智能为我所用。当然，以现今的智慧水准看，打通思维界线意味着暴露个人隐私，会使人陷入伦理焦虑与恐慌。但那是非常遥远的事，那时的社会状况、人际关系和心智水平都会大大超越现今，大可不必杞人忧天。

第三节　脑机互动的新机遇

新的技术也带来重要的战略机遇。这对于站在中华民族复兴与技术赶超之路上的中国尤为关键。Neuralink与Facebook都是脑机接口的重要科研主体，其目的性相似，而研究路径与实验方法各异。从美国宏观的技术战略意义上看，实现了双管齐下的多层次研究布局，为新技术上的引领占据了有利位置。从实力上看，不论欧洲、东亚还是中东（以色列）都没有实力在BCI领域与美国进行角逐。就中国来看，BCI研究正日益受到重视，清华大学的生物医学工程团队长期在脑机结合与脑电磁探索方面积累经验。其团队和中国人民解放军总医院合作的微创脑机接口研究，已经进入实际临床植入阶段。胥红来、黄肖山等人创建的神经科技企业（博睿康）已获得多轮投资。其研发的多通道脑电磁分析系统（EEG/ERP）已广泛应用于国内外科研、医疗领域。孵化于哈佛大学的华人BCI企业BrainCo已落地深圳并实现非侵入式BCI设备的研发和量产。

可以说，中国在BCI领域的参与是积极而活跃的。但一方面，我们还处于技术跟随状态，并没有做到领先；另一方面，国内市场对BCI的基础研发投入也大大落后于欧美。一点开花，尚难以形成呼应。大部分国人对脑机融合的认识还停留在科幻的印象里，没能够上升到国家战略的高度来关注BCI。当然，面对美国的技术优势，也不能妄自菲薄。不论国外研究多么领先，其探索仍停留在解决"神经界面"的初步阶段。BCI真正爆发的基础是"神经解码"，这个领域的科学竞争尚未开始。

20世经80年代美国和日本因消费级影视硬件产业的技术之争是技术战略的前车之鉴。那时日本凭借录像机与录像带产业优势，霸占全球家庭影像市场。他们沿着线性逻辑，在模拟电视领域研究超精细显像技术，精度达到头发丝的十分之一。松下、日立、索尼等日本厂商将大笔资金投入高清录像机、高清显像管的研发中，却在光存储（可视光碟）领域陷入与欧洲的竞争，随后被美国的数字影像格式与互联网传输格式彻底击败。当自己建立的技术发展逻辑与标准被他人超越时，美国的思想往往是以创新"弯道超车"。这说明，走单一的技术路线是不行的。今天我们把"高速移动网络"视为国家战略，沿着"2G跟随、3G突破、4G同步、5G引领、未来6G创造辉煌"的线性逻辑大步挺进。但欧美不会甘心跟着中国的信息产业思路走。我们在做好通信硬件产业布局的同时，就不能不防备美国在人工智能、脑机接口领域的动作。要有技术前瞻性，做好相关的技术储备，实时跟进。

就BCI来说，侵入式与非侵入式之争尚无分晓。但未来一旦语言层面的脑机输入占据了上风，就又会掀起一次英语在技术层面上对文化单一化的全球洗礼。1980年代中期，苹果电脑风靡全球时，汉字曾经历过一次电脑输入、显示与排版的数字化危机。面对字母键盘，象形文字在电子化方面一筹莫展。教育部被迫设立紧急预案，几乎要从小学一年级普及英语教育以适应西方键盘。以后的转折大家都清楚，王选发明了汉字激光照排系统，其后一大批中文字库与输入法涌现。中国在互联网来临的前夜赶上了数字化发展的快车，克服了那次危机。如果有一天，英语世界进入了脑机交互的快车道，中国又将如何应对？

　　总结而论，脑机接口目前的应用尚处于实验室阶段，新媒体艺术对这项技术的兴趣尚在不断累积之中，并未如体感交互那般完全爆发。主要的原因是，在技术上脑机接口的开放式可编程控件尚未商业化。艺术家要透过脑机互动来设计艺术作品，需要专业的脑波工程技术实验员进行协助和支持。这大大阻碍了艺术延展的空间和脑机接口的艺术创作普及度。但我们的研究中仍然不乏脑机接口在艺术创作中的实际应用案例。如黄石和李敬峰的新媒体互动影像装置《空窗子》（2012）以及刘娃与脑电研发公司BrainCo合作创作的环境互动装置《静止》（2017）等。

　　以青年艺术家刘娃的作品《静止》为例，这是一个融合脑电波科技与实验性音乐的艺术项目，使观众用集中的意念与装置作品互动（图17–1）。❶该项目由艺术家刘娃，作曲家Sam Wu，钢琴家张楚晗等合作完成，脑波研发企业BrainCo进行了全程的技术支持。作品于2017年4月在耶鲁大学首展，后在哈佛大学巡展。观者戴着捕捉其脑电波的EEG头环，走进昏暗的房间。伴随着玻璃和钢琴交织的空灵声音，桌上的树叶轻微颤抖，墙上的树影随之摇曳，墨汁也泛起波纹。桌上有一本线装书。观者在阅读书中故事时，集中的注意力让台灯逐渐明亮，墨汁不再涌动，树叶停止摇晃，直到一切归于平静。专注的意念体现在装置的明暗动静之中。

　　书中的水墨画与文字讲述了记忆展开和反复的循环。主人公沿着时间的坐标，从意识的起

图17–1 《静止》 刘娃

❶ 刘娃. 用脑电波来场独一无二的艺术体验[EB/OL]. 中央美术学院艺术资讯网, 2017–05–04.

点一步步迈向终结，在与真实世界的触碰和分离之间，不断回溯记忆的起点，却发现很多事物不复存在，徒留一座空城，意犹未尽却又无从说起。而这些真真假假的记忆在她体内混合、过滤，最后精炼成一种潜意识。记忆碎片联结起来，循环往复，直到主人公失去意识时，戛然而止。当参与者读完书，其脑电波的活跃度也降低，让台灯变得昏暗，并引发墨汁与树叶的颤动，使人心绪不宁。观众既是体验者也是表演者，用自己的意识控制装置的明暗交替与动静变化，同时，环境的变幻也促使观者不断"内观"自己心境的转变。

就《静止》而言，很多时候观众试图有意识地控制四周，却未果；而在阅读到忘我的境地时，却不知不觉地点亮了房间。观者时而全神贯注，时而抽离自我，这种对于自我意识的放纵与反思也与书中虚实不定的故事形成呼应，使得整件作品多了些冥想的意味。虽然脑电波科技对于大多数观众还是一个抽象的概念，但是这件作品运用的日常用品（书、台灯、树叶、墨汁）拉近了观众与艺术的距离，二者的互动有如一场行为艺术表演，每次体验都会有独一无二的新意。

就目前的脑机接口技术而言，它的存在与人工智能捆绑在一起，相辅相成又相互角逐。而新媒体艺术借用脑电装置所设计的作品大多带有随机控制性或冥想的成分。闹中取静，是嘈杂的新媒体艺术中难得的一个"安静"的分支。这为新媒体艺术参与心理治疗或催眠疗法一类的医疗领域应用提供了良好契机。未来，在神经控制日趋精准化的明天，脑电技术及其"湿件"接口的普及，会为新媒体艺术的交互提供更为自然的人机与人际互动界面，也势必催生出人机融合的新型艺术观念与创作范式。

第十八章

流量换取观念——高速移动网络时代的
新媒体艺术

2019年盛夏，中华人民共和国工业和信息化部正式发放了5G商用牌照。这标志着中国已迈入5G移动通信时代。2022年盛夏，日本科技巨头联合研发6G标准，计划到2030年提供首批商业服务。❶ 媒介讯息传输技术的革新，必将为新媒体艺术带来新的增长动力与发展契机。站在这样一个时代节点之上，我们对新媒体艺术的探索可能面临怎样的变革？新媒体艺术在高速移动网络环境下将如何转型？移动互联时代的艺术观念会产生怎样的重构？本章试图对这些未来因素做些许讨论。

第一节 流媒体视觉盛宴的启幕

新一代高速移动网络的典型特征可以用"两高两低"来概括，即高速率、高容量、低时延、低能耗。❷ 按照这样的特点，移动通信对艺术创作与传播将会带来不小的震动。

大带宽、高速率，意味着艺术传感、内容创作、渠道分发、观众接受、即时互动频率等方面都会有巨大的提升。视觉化的艺术信息呈现随着带宽的扩展，将由原来的静止图片、二维基础动画充斥网络，变为视频艺术语言的丰富。视频对文字符号的迭代，意味着流媒体内容和体量将有井喷式增长。传统艺术形式中，流媒体视频（或录像）多以反思、娱乐或新闻纪录表达为主，并不是主流艺术表现价值的形式担当。艺术中对实际摄录的流媒体视听

❶ 佚名. 日科技巨头联合研发6G标准[EB/OL]. 参考消息官方网站, 2022-06-09.
❷ 喻国明. 5G时代的传播发展：拐点、挑战、机遇与使命[J]. 传媒观察, 2019(7): 5-7.

内容的承载也是不够的。录像艺术在展场中的摆放，常常使单一循环放映的作品与大面积的空间留白为伴，变成一种时间后觉的结果艺术形态。但随着高速移动网络的出现，短视频开始升温，娱乐与艺术的流媒体表达拓展到手机用户的每日生活之中。视频开始逐步介入媒介的社会表征与社会影响力塑造。高速率，使艺术的偶发性、日常性、随机性、平淡性得以突显。大量掺杂有现实感、零散化的非理性细节将对艺术表达进行重构。而高速移动互联网的突入，又将改变网络视频原有的"快"与"活"，克服其"轻"与"短"的单薄特性，从而强化流媒体的严谨、厚重之感，并成为艺术在生活表达中的主流形式之一。中长视频的拓展，使艺术的流媒体表征更为明确，更趋于对社会文化的主流核心呈现。

视频领域的日常化切入，给艺术表达带来"活化"的一面，艺术的作品本身与其背后的作者及观众的空间在场，会更为鲜活地被流媒体呈现。这有利于艺术接受中的宣传与沉浸感营造。视频流媒体在未来可能会更多地扮演今天文字、图片所承载的"导览""标题窗口"作用，作为对艺术内涵的先导式接触点，在流畅而鲜活的界面中引起观众的驻足和聚焦。先实现艺术信息的导引，而后则吸引一批感兴趣的观众参与深层次互动。当然，这并不意味着文字和图片在艺术传递过程中的衰退，而是一种流媒体视觉影响力的让渡。视听流媒体会在未来扮演艺术表达、观念负荷、系统性表征的核心角色。

流媒体也不完全是现今所谓的"单项传导"的视频数据流，它顺应"内容互动"的发展潮流（如网络互动剧，其叙事情节的走向将按照观众的个性倾向生成分支脉络），极大地拓展数据流动的双向性。高速移动网络支撑下的流媒体将会是以用户为主导的、具有实时交互能力的视频新媒体。人工智能在未来，将由目前的算法输出"结果"，逐渐发展到智慧拓展"过程"的阶段。智慧流媒体与观众"一对一"的互动繁衍，将是5G在未来托起的一片蓝海。

第二节　赢得超越展场的"在地性"优势

人们常说，4G改变生活，5G改变社会。高速移动网络的构建将对基于生活的艺术活动进行赋能式转型，实现其跨越式发展。在新媒体艺术范畴中，网络所带来的媒介转型将为传统艺术形式开启巨大的发展契机。5G、6G的发展与探索，将在一定程度上促进新媒体艺术与技术的各方面融合。事实上，新媒体艺术的困局并不是内容的危机，问题主要归结在传播本身。互联网发展的"上半场"，就媒介而言，是基于"关系"、借助于"算法"、深耕于"内容推送"，而最终占据着主流社交媒体的核心领域。"上半场"中，传统的博物馆、画廊、音乐厅、电影院、剧院受到"空间上缺席于生活"的制约，在技术、体制、成本核算、市场运作等方面广受钳制，没能发挥其传播渠道优势、空间在场的独特吸引力、身临其境的沉浸感，最终在艺术传播的网络迟滞中逐渐落伍。近年来新媒体展示在博物馆中的状况呈现两极分化的严重情况，一方面网红展场和商业化运作异军突起，另一方面地方展示机构的运作却失去往日的受众支撑。这是新媒体艺术在传统运作上"渠道失灵"的典型表征，观众流逝、艺术影响力低落。

而高速移动网络时代，互联网进入"下半场"，手机可能成为永不掉线的艺术展示空间，参与到人们的日常生活。其艺术生存逻辑会沿着"增强黏性""提升过程性互动体验""生活化宽度的拓展""多元化细节的厚重感"等方面转型。观众的线下艺术参观将慢慢向线上转移，使艺术融入线上生活轨迹，在直播、弹幕、网购中体现其艺术的价值黏性。社会生活成为感受艺术的主阵地。互联网突显着为艺术搭建平台的责任。"因此,在未来的发展中,流量不是问题,用户也不是问题,一个媒体、一个机构,乃至一个个人,你有没有某种专业的服务于用户的适用能力才是问题的关键。"❶传统艺术表达的在地性优势，就表现在：地区、区域内、群落、兴趣、垂直服务等所需的地缘优势。这些资源将被线上线下"无缝衔接"。有了地缘优势，就能更好地结合线上与线下的人际关系，切中交互的粘性要害，将艺术与观众、主体与主体间的关系捆绑在一起，获得良好的成长。

网络为新媒体艺术所提供的，正是这样的机会，一种将艺术场域、艺术兴趣、艺术社交、艺术过程、艺术沉浸、人机感知融合在一起的，多元化虚拟在场与生活经验感知相交叉的——艺术化生活。新媒体应利用好自己的桥梁作用，发挥技术逻辑的导引力，充分结合移动网络的线上联结价值，努力构建艺术焦点、拓展影响力、实现主流受众更为充分的艺术互动。

---

❶ 喻国明. 5G时代的传播发展：拐点、挑战、机遇与使命[J]. 传媒观察，2019(7)：5-7.

第三节　改写、重构"新媒体艺术"

喻国明教授在概括移动互联网发展的决定性拐点时曾说："5G不是一项弯道超车的技术，而是一项换道行驶的技术。"❶ 时下的新媒体艺术已经站在全新的起跑线上，面对着"换道发展"的未来。

首先，新媒体艺术的概念将被改写。我们反复提及著名学者麦克卢汉所说的名言"媒介是人的延伸"，而"网络"就是这种延展的深化与再拓展。物联网将大大受益于低延时、高效率的移动网络，发展出高质量的"万物互联"，将传统网络中人与人、人与外部世界的简单联系，拓展、升华为神经、心理、物物感知层面上的多维互联互通。那么新媒体艺术的全过程所联系的人、物、事、智能、场域、叙事等方方面面的要素必将进一步拓展、丰富，其结构亦将进一步系统化、协同化、融合化。

其次，新媒体艺术迎来传感器时代，使艺术的智能化具备了多重感知与复合型学习功能的跃升。透过可穿戴设计，人及其周围环境、场景、心理、情感的多维数据将无时不有、无处不在地被记录和分析，并指导人的智能化生活与审美体验。人们预测，在艺术内容的供给方面，将崛起一个审美资讯的新资源——基于传感互动的"物联美学"，掀起艺术审美进入生活领域的新浪潮。无触、无感、指令性控制缺席的自然人机界面，在传感器智能语境下将迅速崛起，给人们带来"心想事成"的全新对象化艺术体验。到那时，艺术合鸣的呼声渐起，用户生产内容（UGC）、专业生产内容（PGC）、机构生产内容（OGC）将联手技术生产内容（MGC），共同形成观念性审美内涵生成的"大合唱"。

再次，场景化作为艺术表现的整体背景，将居于核心位置。虚拟现实、增强现实、混合现实的崛起伴随着移动通信力量的强化，势必掀起有力的浪潮。艺术的虚拟化、三维化、时间流和过程性沉浸体验，乃至元宇宙都将得以极大的发展。这开启了一块极具想象力的、全新的艺术场域和价值空间。空间场景化为艺术带来全新的视野、全新的感知域。未来的艺术体系中，"场景学"即审美场域的构建过程——发现、感知、测量、设计、渲染、拟合及应用，将演化为艺术设计的一个重要门类。

---

❶ 喻国明.5G时代的传播发展：拐点、挑战、机遇与使命[J].传媒观察，2019(7)：5–7.

最后，以上所有的进步，都需要信息数据的大规模通量以及云端庞大计算能力的支撑。电信主导下的艺术伸展与表达，将成为艺术传播领域的翘楚。高速移动网络的技术革命给传播带来颠覆性变化，这极大地促进了万物联系的信息沟通方式。从信息连接到物理实在关联，再到生理、感知及心理勾连中的复杂网络，艺术传播的研讨根基由过去的审美、意识形态、文化思潮、社会发展、历史演进、伦理原则，过渡到今天的电子讯息逻辑的广延、叠加与融合。

总之，对于艺术的媒介性变革而言，技术的演进是无穷无尽的，它使得新媒体艺术不断经历着由内而外的深刻变化。高速移动网络就像是飞翔的翅膀，决定着艺术感知、艺术创造、艺术智能化、艺术传播、艺术交互等方方面面的发展，并使之顺利赶上时代变革的风向，翱翔于未来的天际。

第十九章
问题与展望

面对技术与未来的不确定性，新媒体艺术抑或遇到各种各样的问题。

第一节　技术导向稀释内涵观念

一件完整的新媒体艺术品应当是内容和技术双重作用的产物。我们并不否定各种新兴科学技术的出现，为新媒体艺术的传播带来了丰富多元且极具创意的启发，但以技术为导向势必会冲淡内容创作的精力投入。

首先，技术可以脱离内容创作而自我张扬，但不可能脱离艺术内涵而自成作品。就像远程在线艺术、网络艺术，VR艺术等，如果只有信息技术、互联网络和VR设备却没有实际内容，那么艺术作品只是一具技术的空壳，甚至根本不会存在。或许，技术的复杂程度和难度高低，与艺术作品的品质优劣及观众的审美、精神体验并不成正比。即便是对技术依赖程度较高的新媒体艺术，本质上还是人的情感和文化观念的物化，受众在欣赏新媒体艺术的过程中，表面上是在和承载艺术内容的介质交互，实际上新媒体艺术追求的是超越作品本身的，人的思维和情感的碰撞。如前序讨论中，我们提及Teamlab团队在其炫酷的声光电效果背后，其作品创意揭示出人与自然、人与社会、人与人之间的存在与发展——这些深刻的内涵才是其名声大噪的根本所在。

然而，就目前新媒体艺术发展的情势来看，能够将内容与技术完美结合的作者或创作团队是十分稀缺的，大部分展览还停留在依靠技术特效来吸引观众的层次，市场对内容的需求仍无法得到满足。

如果新媒体艺术的创作以技术为导向，一味冲淡内容的重要性，单纯用高科技对受众进行感官上的狂轰滥炸，受众是无法真正理解并沉浸在艺术当中与作品进行良好互动的，最终只会产生审美疲劳。

其次，新媒体艺术的内容本身缺乏创意。科学技术对于新媒体艺术传播来说是一把双刃剑。一方面，科技的巨大飞跃拓宽了新媒体艺术传播的速度、广度与深度，带来了全新的创造力和无限的可能性，促进了其繁荣发展。但另一方面，对技术的过分依赖与使用，导致新媒体艺术内容苍白空洞、乏善可陈的问题也日益凸显。

当下新媒体艺术内容缺乏创意，有主观和客观两方面的原因。就主观原因而言，作为新媒体艺术的从业者，不应被技术的浪潮和商业的利益冲昏头脑，应当保持清醒，扎根现实土壤，把握好技术使用的度。任何艺术形式，说到底，其反映和表现的都是现实的社会生活及由此给人们带来的社会心理的特征和变化，同时也是艺术家对艺术表现形式的探索。经济和科技发展到今天这个地步，这世上已经很少有没被人类开垦过的领域了，在这样的情况下要创作全新的东西，的确很难。对于十分讲求创造性的艺术来说，要做出一个有创意的内容，更是难上加难。但所谓创意，未必一定要另辟蹊径，成功作品很多都以传统文化为底色，描述现实问题，却常给人耳目一新的感觉。

就客观原因而言，一则大众传媒有追求利润的特点，二则交互性是新媒体艺术的主要特性，所以新媒体艺术的内容必然不能完全对受众的体验置之不理。但反映到艺术实践上，却没有看到多少真正为受众体验考虑的创作，大部分内容除了一味"炫技"的浮夸就是缺乏底线的迎合，艺术内容中最能触动人们情感的人文内涵却难觅踪迹。

新媒体艺术在满足人们对于未知领域的好奇心和求知欲上具备得天独厚的优势，人们对这一新兴艺术形式也充满兴趣。但大多数新媒体艺术展只是打着沉浸性、体验性、交互性的旗号，内容却毫无创意，让人"乘兴而去，败兴而归"，打击了受众接触新媒体艺术的热情，这对于新媒体艺术传播的未来发展也十分不利。

最后，新媒体艺术的泛娱乐化倾向显著。新媒体艺术之于受众，除了知识性、审美性、专业性以外，娱乐性也是其不可忽视的吸引力之一。在《社会传播的结构与功能》一书中，传播学者哈罗德·拉斯韦尔（Harold Lasswell）从外部功能上概括了传播的三大功能，即监控环境、协调社会、传承文化，之后美国社会学家赖特·米乐斯（C. Wright Mills）又在这三大功能上增加了第四项功能——提供娱乐。当然，新媒体艺术传播的娱乐功能不光体现在受众感官的享受上，还包含着心理快慰和审美满足等。

　　然而，在当今社会，人们对新媒体艺术内容的娱乐性需求超越了对于艺术知识性、专业性、审美性的需求，新媒体艺术内容的娱乐化倾向日益显著。造成这一现象的原因有两个：一方面是现代生活节奏快，人们的精神压力较大，追求娱乐化是社会浮躁气息蔓延后的必然结果，看展、拍照、发社交平台求点赞，可能比沉浸在艺术氛围里获得的心理满足感更强。另一方面是由于受众在传播中拥有了一定的话语权，甚至成为传播的主体。所以新媒体艺术创作者为了迎合受众的心理，大量通俗的、以满足感官刺激为噱头的、以盈利为目的的艺术内容纷至沓来，导致现在新媒体艺术的内容越来越娱乐化。

　　当电视出现的时候，尼尔·波兹曼（Neil Postman）在《娱乐至死》中提到，反省和精神超脱是不适合电视的，电视希望观众记住的是图像乃观众的娱乐源泉。《娱乐至死》的警示至今依然适用于信息社会的各个领域。大量碎片化、娱乐化的信息充斥着我们的生活，我们是否真的从中获得了精神的休憩？新媒体艺术存在的本质与意义究竟是什么？在受众与作品进行交互的过程中，当娱乐化的消遣超过了艺术内容的创新价值和人文价值时，新媒体艺术是否也会迈入"娱乐至死"的未来，也不得而知。

第二节　市场乱象对新媒体艺术的影响

　　市场行为与商业利益逐渐介入新媒体艺术的各个领域，并带来一些微妙的影响和变化。

　　其一，新型意见领袖可能对艺术欣赏带来前置影响。例如某些"网红"对大众审美体验的引导构成了些许负面价值。

　　我们经常能从新闻媒体上看到这样的标题——"网红推荐的N大必去新媒体艺术展""网红带你深度体验×××新媒体艺术展""来×××新媒体艺术展，Get网红同款美照"……在这些标题中，除了新媒体艺术之外，还有一个共同的高频词，那就是"网红"。"网红"，即网络红人，是指在现实或网络中因为某个事件、行为被大量网民关注的，或长期持续输出专业知识而走红的人。

　　根据中国互联网络信息中心发布的《第49次中国互联网发展状况统计报告》的数据显示，截至2021年12月，中国互联网普及率为73%，网民规模达

10.32亿。伴随着微博、微信、抖音、快手等社交平台的风靡，网红以其草根化、平民化、个性化等特征，迅速占领了网络空间，并拥有数量可观的粉丝。在粉丝经济的推动下，网红犹如一个行走的广告牌，他们自身的商业价值和社会效应是不可估量的。

现在一些新媒体艺术活动期间，会邀请有一定知名度的网红前往展厅拍照，之后发布到社交媒体，为展览造势，所以也有观众将这类展览戏称为"网红展"。当然，我们不得不承认"网红打卡"确实在提高新媒体艺术展的知名度上起到了一定作用，但也应对由此产生的一些问题进行思考。比如有些网红带火的展览存在票价虚高、展览实际内容与网红宣传效果差距甚大、展厅人流量过大影响观展体验等问题。甚至在一些展览上，网红们扛着长枪短炮在展区找角度拍照时，其他观众不得不暂停观赏，等待网红们拍照完毕后才能继续。这一定程度上影响了普通受众的审美体验；却也在另一方面使"网红"融入了艺术展示行为的全景，成为观众欣赏的一个别样元素。

新媒体艺术内容大多拥有绚丽的灯光舞美效果，在拍照方面确实占据得天独厚的优势，但新媒体艺术展并不只是为了让受众拍出美轮美奂的照片发到社交平台赢取点赞量而存在的。在网红的影响下，现在人们看展大都只是随波逐流地在灯光效果酷炫的展区拍照留念，造成这些展区人满为患。而以交互性为主的展区反倒人烟稀少，这种"浅表参与""点到为止"的艺术欣赏方式值得研究和警惕。某些展览的内容本身具有很高的艺术价值，参与的受众中也不乏专业相关的人士，网红扎堆、拍照、打卡对这些一心来欣赏艺术内容的观众形成视觉干扰，应引起新媒体艺术行业的重视。展览实践除了追求商业回报外，也应当立足于艺术内容的内涵。

其二，"空壳展览"破坏艺术市场的良性秩序。随着人们物质生活水平的不断提高，在物质需求得到相对满足的情况下，越来越多的人，尤其是年轻人，开始注重精神层面的充实。新媒体艺术展以其炫目的视听特效、独特的交互性、沉浸感，吸引着众多年轻人前往参与体验。这对于新媒体艺术的发展本来颇有助益，但在商业利益的驱动下，市面上涌现出了一批抄袭、假冒的"伪展览"，徒有其表、缺乏实际的创意内容和技术含量，不光大大挫伤了大众欣赏新媒体艺术的积极性，也破坏了新媒体艺术市场的秩序。

假冒展览、山寨展览的泛滥，践踏了艺术创意的知识产权。不光破坏了艺术市场的秩序，影响了中国的国际声誉与形象，还给艺术家们带来负面影响，误导了想要去展览上一睹佳作真容的观众。对于大部分普通人来说，艺术知识不足、素养欠缺，很难分辨市面上鱼龙混杂的各色新媒体艺术展。策展人应当担负起"把关人"的角色，从自己专业的角度为大众诠释出值得观赏的精品展览，莫要让假展破坏新媒体艺术清誉、捣乱市场秩序、伤害大众感情。

其三，利益驱动稀释人文价值。人文价值是将人文精神赋予某种载体，通过一定的方式，将其中蕴含的历史感、文化感、人性等诸多内涵表达出来，从而获得社会认可的一种价值体现。新媒体艺术虽然很大程度上依靠科学技术的综合发展，但它与时代的发展也紧密相连。

以TeamLab的主题展为例，其内容多与"人""数字技术""自然"相关。展现的是主创团队利用先进的数字科技，探寻人与人、人与自然之间关系的理念。如作品《和谐》（HARMONY）就将"水田"这一文化形象用数字稻穗装置呈现出来。为了增加稻田的真实感，还特地在展场设置水池，让人们在参与、流连的过程中，身心体验得到满足后，不由地去思考现代生活与农业文明的关系。无疑，新媒体艺术在反映数字时代人类真实的生存状态、探寻生命终极价值与意义等人文课题上，具有非常强大的表现力与感染力。

然而，在当今消费主义和娱乐主义泛滥的复杂形式下，一些新媒体艺术传播活动受利益驱动，已经减弱甚至放弃对艺术内涵中人文价值的求索。如2018年在北京举办的某"沉浸式艺术展"中，全展包含7个展区，试图让受众沉浸其中体会由浅至深、从无到有的震撼。但事实上，展览虽浅表上与传统文化相关，实际的每个展区之间却彼此孤立，缺乏整体呼应。光影、气味、装置及舞蹈表演等元素的运用，更使展览显得杂乱无章，颇有拼凑和炫技之嫌。在对参观这场展览的数十位观众进行现场访谈后，观众普遍反映了三个问题：①整场展览似乎是零散分布的，主题内涵不突出；②视听效果还可以，但沉浸感不强，没什么特色和印象；③展览规模很小，票价虚高。可以看出，今天的新媒体艺术传播，在满足受众日益增长的艺术鉴赏和体验需求方面，仍有很多工作需要改进和弥补。

新媒体艺术若轻视内涵意义与人文关照，只一味放纵（解放）浅表的官能体验，势必带来欲望的泛滥与信仰的消失。其后果必是昙花一现。当国外的新媒体艺术已经成为他们宣扬本国文化和价值观的利器时，我国的新媒体艺术还没有权衡好利润与文化之间孰重孰轻。如果为了追求商业价值，去滥用技术、忽视人文，对新媒体艺术的长远发展是不利的。

第三节 希望与展望

新媒体艺术是以创作和欣赏——双向意志交流为导向的审美活动与技术实践。以发展的眼光来看，对新媒体艺术做以下几点展望：

其一，个性与需求兼顾。新媒体艺术的呈现要延续其在感官体验、交互沉浸方面的独特性，同时考虑受众的体验，做到个性与需求兼顾。一方面，保持新媒体艺术的个性，就是保持其利用现代声光技术带给受众的独特感官体验，也是继续挖掘其在交互与沉浸方面的潜力，让受众在欣赏新媒体艺术的过程当中，充分参与，发挥自己的创造力。同时，艺术家在从事创作之前，也应对新媒体艺术的内涵、本质、历史、发展及呈现方法、基本原理等，有较为深入和全面的了解及思考，这样做有助于避免创作的盲目和雷同。另一方面，考虑受众的体验，并不是说要一味迎合受众的口味，更多的是体现对不同层次受众的考虑，比如按照受众的年龄、接受程度、兴趣趋向等设计出相适应的创意内容。

其二，对观众的理解和研究是目前最为薄弱的环节。未来，谁能率先了解观众的需求、满足其观念性价值的共鸣、对应其个性化差异提供精细化的艺术供给，谁就能获得新媒体艺术市场的认可及良好的观众反馈。那种把观众固化或毫不区分、混为一谈的莽撞做法，在未来将被淘汰。

其三，对新技术的运用，在兼顾艺术创意与渠道分发的基础上，逐渐向"服务观众"过渡。以人工智能、虚拟现实、脑机接口等技术为先导的艺术构思需尽快解决"主体性"蚕食的问题。其症结就在于将高技术从艺术创作领域延展至欣赏领域，以科技武装观众，积极拓展受众接收层面上"主体间性"的对话空间和施展的余地。

其四，推进"人机融合"实践，努力保持艺术创作端与接收端的技术平衡。人工智能时代，确保人作为艺术消费者的地位，就要提升人的艺术欣赏与消费潜力。使智能算法为人服务，还观众以审美接受的自由，避免用机器来操纵人的艺术决策。

其五，树立全球化视野。作为一种文化的象征，其必然蕴含一定的价值观念，拥有一种超越国土疆域、民族传统的强大力量。像好莱坞大片、日本动漫、韩剧，这些看似是满足人们精神娱乐的文艺作品，实际上却承载着传播国的一系列价值观。在对这些文化无力抵御的国家地区，外来文化正侵占着本国传统文化在人们心中的地位。近年来韩剧虽已不复昔日风光，但韩式服装、餐饮甚至美妆等依然风靡亚洲，其长达几十年的文化浸润可见一斑。中国的新媒体艺术亦应树立全球化视野。一方面，向全球知名的新媒体艺术团队学习，壮大本国新媒体艺术队伍，不断完善和提高内容创作上的独创性，努力在全球新媒体艺术领域占据一席之地，夺取文化话语权，增强国家文化软实力。另一方面，以新媒体艺术为载体，让本国先进的文化"走出去"，树立文化自信。我国的历史源远流长、文化遗产丰富，很多文化瑰宝因缺乏新颖的技术传播手段而未被大众知晓。

其六，倡导艺术重返生活。生活是艺术最为真切的舞台，其中有现实、亦充满幻想，脚踏实地的感觉是最自然的展览现场。随着信息技术的不断拓展，和高速移动网络的商用，线上和线下生活做到了无缝衔接，元宇宙和增强现实必将绽放出夺目的光彩，将现实场景与虚拟世界相连，实现新媒体艺术景观的无限融汇。在生活与设计中寻找审美，将是未来艺术观念转向的重要一环。

最后，预祝新媒体艺术观念能够走出"形而上"的藩篱，在未来实现与审美的融合与统一。到那时，人们对艺术的体验能达到形态与内涵的和谐共振——身心合一的完美领悟。

结　语

结语中没有新的讨论内容，目的是透过观点的凝练，进一步强化新媒体艺术在传播、表达与裂变之中所经历的、所秉持的、所希冀的种种观念的印记，希望它持续照耀艺术前行的脚步。

在第一篇中，讨论聚焦于新媒体艺术原初的传播历程。它早期酝酿于西方，20世纪初"现成品艺术"给观念带来极大震撼。一方面，杜尚借《泉》中的"小便池"反思了传统艺术观念与生活的"割裂"，深刻地表现出"互动"的缺失以及"过程"的缺席。一旦打上艺术标签，艺术品就与观众（或者说是普通人）失去了缘分。丧失了与生活的互动，即隔绝了人的参与，艺术品就变作一个可消费的"结果"，丧失了日常交往的"过程性"。现代性使人和生活天然地割裂为消费品与消费者，人可以付出金钱来替代劳动而获取所需。互动与过程性的隐匿，使我们丧失了在生活中品味审美和艺术的机会与能力。因此说杜尚的观念是"对抗传统"，这句话其实是辩证的。杜尚所对抗的并非传统作品本身，而是对抗传统作品诠释中的二元它者化凝视。他主张进入经典创作的一开始，参与经典的生成过程，这也正是对创作与接受间"断裂"的弥合。

第二次世界大战后，激浪艺术盛行，约翰·凯奇等一大批音乐家开始在街头进行现场创作，以抵消作者意志与受众接受因时空差异所带来的分歧。进行时态的创作与即兴表演，亦受到环境与受众反馈的实时影响，作者、作品与接受者之间传导出有效的互动。人们意识到当代艺术发展的观念性趋向——摆脱超验、时间及作者的绝对权威，于潜台词中关注"参与性"的提升。

不久，白南准携《电视大提琴》走来，作品背后所孕育的不是对视觉媒介的惊羡与爱慕，而是一种传统媒介（提琴）与新兴媒介（电视）之间的博弈与冲突。原本"即时性"的音乐演奏，却被电视和显像管所组成的巨大"腔体"取代。提琴的共鸣腔消逝，使得传统弦乐无法精准地表达，更难以传入观众的耳朵。大众化的电子媒介则代替了即时性表演的互动式体验，以单向传播形式覆盖了提琴背后的作者意象，使作者与观众被人为地割裂开来。在人们普遍为电视时代的到来而狂欢不止之时，白南准却将大众传播媒介与传统的音乐演奏场景融合在一起，表达冷静的批判——面对交互性沉沦，陷入深刻的忧虑。

改革开放之初，"星星画会""八五新潮美术运动"为中国的艺术探索开启新的篇章。新媒体艺术在中国既受到西方观念的影响，又带有浓厚的本土性与民族魅力——观念的领悟由跟随到模仿，再到自我张扬，稳步实现着某种"内省"式的自我生长。它的萌生在技术性上，并不先进；在观念性上，亦未完全吸收西方的养料；在群体性上，表现为青年一代的学院派艺术创作者们的自我反思；在过程性上，呈现出多样而复杂的际遇与演化。总的来说，观念的破茧而出既有本土创作先驱的个性化诉求，又有改革开放所带来的社会气象与精神面貌改观的影响。同时，它并不完全与西方新媒体艺术割裂开来。事实上，中国的新媒体艺术，特别是20世纪90年代中期以来，越来越参与到全球技术演进与数字化发展的大潮之中。

20世纪80年代中期，张培力等在杭州扯起"池社"的旗帜。"池"在其中有"浸润"之意，强调艺术生发的过程性与沉浸性，反对创作中受到经典风格与前人结果的制约，恰与欧美激浪派艺术注重临场创作与即时性体验相呼应。时间所左右的"先验性"为艺术创作带来太多桎梏。它被意识形态掌控，成为教化规约的工具；被宗教把握，成为宣扬教义的使者；被功利性俘虏，成为急功近利的表达；被消费文化装扮，成为颇具诱惑的商品；被激进政治利用，成为宣传鼓动的利器。当这些先验的结果，成为时尚、成为工具、成为充满诱惑的消费品之时，审美变作十足的"客体"，偏离了主体的轨迹，与创作和接受的原初语境渐行渐远。结果的预设，使艺术沦为自我封闭的膜拜与模仿。经典与崇高的背后，是过程性的缺席与互动的缺失。

在那个面对压力、保守氛围浓厚的后现代文化时代，中国的创作者们普遍选择沉默寡言的谨慎态度。在保守的退却中寻找自我安慰，于荒诞中消解某种时代变化所带来的压抑。新媒体艺术的初兴，与其社会文化流变之间的某种民族化"共谋"，也是观念探索在录像作品中的一个典型缩影。文艺的自由与自律被行政话语及社会形势所打破，艺术的观念探索面对意识形态语境，总会表现出奇特的、酸溜溜的、不知所云的政治审美化倾向（如《（卫）字3号》等一系列作品），内在则是一种貌合神离的紧张关系。

到了邱志杰和颜磊的时候，录像艺术有了更深的哲学思考——他们的早期作品总是围绕"重复"和模糊的"隐喻"打转。不过，录像从一开始就不把记录的工具属性视作唯一。艺术家们逐渐意识到，应将媒介本身纳入作品中予以通盘考虑。很快，1990年代中期的新媒体艺术在电子媒介的使用上呈现出重要的转折趋向——作者们普遍从单纯地摄制录像内容中走出来，探索将录像机、监视器等"视觉媒介本体"置于一个小环境中，成为艺术创作和表现不可或缺的元素，即实现了录像艺术的装置性整合。

在王功新那里，装置艺术与新媒体艺术显然具有同源性。他的作品中，很早就将录像媒介的观念性探索由"内容属性"调整为"装置属性"，或至少是"内容"与"装置"并重。他不排斥电子媒介作为艺术观念创作的重要一环，拒绝将其看作纯粹的内容呈现工具。同时期的宋冬，在其艺术观念中以装置作为私人情感的弥合与通达，便是一个重要特色。以《抚摸父亲》为例，创作者将父子间复杂的情感归于空间上的并置或叠映。透过录像、投影、太庙、独白等元素，装置以空间在场的"多重加法"表达出父与子的代际承传，以及时代的断裂与弥合。在宋冬的观念背后，"情感"永远是第一位的，而传达艺术观念的媒介材质在其次。

而在汪建伟那里，又能看出新媒体对生活与生产的挚爱——录像抑或装置都不是艺术观念的终点，让它们介入日常、介入事件、介入发展和变化的时代，才是观念最终的落脚之处，也是推动社会文化反思的起点。

事实上，观念总是从社会文化的个体经验映射中孕育而出的，它不是浅显的作品细节，而是深刻而凝练的观点，它与作品背后的"人"一定有着千丝万缕的联系。只是，每个人的个体经验总是千差万别的，很难有一个像作品类属一样的东西作为共性（或相似性），把不同作品的观念表达串联起来。当然，任何艺术形态发展到一定阶段，一定会由作品的汇集一步步延展到人的聚落，即形成一个作者群落，或者说"圈子"。

而圈子里需要有"中继者"。新媒体艺术的创作群落是幸运的，因为它从出生到成长再到兴勃，总是有人透过观影、讲座、展览、记录等形式对这个小而精悍的圈子予以维护，也就是扮演着所谓"中继者"的角色。中继者就像一座桥，把不同地域、不同想法、不同风格属性的作者们联系起来，沟通、阐释或梳理他们的观念。有时，中继者也扮演策展的角色，主动组织展览或传递国内外的创作与展览信息，甚至将作者们直接推荐给展览和艺术机构。

中国的新媒体艺术不乏这样的"中继者"。前面有邱志杰从创作到展览再到观念升华的串联，中间有张尕的海外视野与策展经验，后面还有张海涛细致入微的观察、整理和归档，使得中国新媒体艺术观念完整、真实、脉络清晰。

第二篇的主题是艺术时代的巨变。21世纪，面对数字化、网络化的日新月异，新的创作思路随着技术的触角拓展出更为广博的外延，观念性、游戏性、在场性、装置性、参与性、远程交互、生物生命形态等蓬勃迸发出新的活力。新媒体艺术范畴迅速膨胀，策展愈加频繁、多元，新艺术观念随之出现，进而促进了艺术范式的转换。对艺术观念的观察也将由历史的沉淀步入嘈杂而异彩纷呈的当下。

互联网所表现出的观念性，令人为之一振。首先，网络艺术体现出多媒体融合的整合性理念。其次，网络艺术继承了数字化的虚拟性特征，形成虚拟化的生活空间与审美空间。再次，网络艺术勾勒出艺术知识场域中的"公共性"。从次，网络的交互性使作品具备时延性，时间维度拓展了艺术作品的过程性因素，叙事的非线性程度有所提升，聚合性、跳跃性、穿越性使网络艺术的时空陷入混乱，为后现代文艺策略的演绎提供可行的支撑。然后，互联网的参与性提升了艺术的游戏价值体验。最后，互联网让"人人成为艺术家"的希冀成为可能。

网络化新媒体使艺术前行的探索脚步继续延展，技术语境的不断变化使得艺术观念的趋向愈发迷离而嘈杂。而当下语境的整一性，又很难再透过线性的时间轨迹来梳理新媒体艺术瞬间的百花齐放。因此，"当下"部分的讨论放弃了线性的历史回顾，转而突出新媒体艺术观念传导于共时性"横断面"上的纷繁复杂。

因此，这部分是以艺术传播形态的视角来组织"共识讨论"的。这包括观念性策展、主体性让渡、交互性回归、虚拟沉浸，以及艺术内容的分析和新媒体舞台的突破。

这一阶段，"策展"（展示策划）成为艺术观念表达的一个崭新而重要的层次。当观众从整体视角把握展览（抱持"作者间性"的融合视角）时，观念性的生发便上升到客体集成与主体间性的层面。观念性策展，意味着艺术的观念性需要从展览的创意、规划、实施与成效出发来摄取。换言之，策展成为创作以外，艺术观念生成的一个新的领域和机会。策展的意象绝不是作品观念的简单相加，而是实现1+1＞2的表达性跃升。2004年以前，新媒体艺术策展人有王功新、侯瀚如、邱志杰、李振华、顾振清；其后，张尕、鲁晓波、刘旭光、张海涛，以及大批艺术院系、机构和画廊纷纷步入新媒体艺术的策展行列。21世纪的前20年，新媒体艺术的展览实践大致在中国经历了四个阶段，即"先锋探索阶段""概念普及阶段""艺术深化阶段"以及"市场运作阶段"。而面对商业化运作，也不乏批评与反思的声响——互动应当让展览变得更加丰富，但很多时候恰恰相反，它让展览变得贫乏无趣。与其靠"幼稚"的互动项目吸引观众，不如给艺术家更多创作的空间。与成熟的创作相对应，观众也需要理性地、专业地审视新媒体艺术作品。

而新媒体艺术本体对"主体性"的反思，则是本书的核心。长久以来，艺术源于作者内心的表达。但当代艺术对激浪式的、过程性的、互动参与效果的追求，正逐渐剥蚀作者内心的真实感受和绝对权威，使作者意志与观众参与走向新的平衡。新媒体艺术中，创作一旦产生往往就会逐渐脱离作者，出现主体间性的对话，主体性面临时空的危局。人的"主体性"观念转变的趋向是不在经验中思考定式，而在过程中汲取变化；不将主体意志凌驾于客体之上，而将观众的参与融入创作的意涵；不用"一般现在时"，而提倡"现在进行时"；不以创造它者化距离为己任，而以消解客体化结果为宗旨；最终，打破主体性意义诠释的锚定，倡导艺术指向性的多元化、过程性、可重塑。

对"主体性"的剥蚀，也牵动着新媒体艺术特性里的其他元素，如参与性、交互性、沉浸性背后凝结的观念价值，都与"主体性"的变革密切相关。它是新媒体创作由先验到激浪、由结果到过程、由时空分立到时空统一、由作者主导到观众体验的艺术观念内核的转变。后现代文化对主体性的反思亦有附和之意——它力图以大众的在场沉浸与作者的主观再现相抗衡，逐渐放弃长久以来人凌驾于自然之上的制高点，回归到客体的参与之中。如果说新媒体艺术有着某种"超越"，那它必定得益于技术，而升华于艺术所呈现的观念。主体性反思是新媒体艺术在审美功能上能够独立于传统艺术而存在的基点之一。人类也只有摆脱"主体性"的蒙昧、置身于自然的"参与"，并充分意识到自身只是生命万物之一种，才能站在艺术与科学的平衡点上，把握自己的未来。

回到媒体艺术的"媒介化"，它实际上强调了艺术与传播之间相互融会贯通的过程。其结果，当代艺术的部分载体已由体外化的物质层面转向电子信息化、数字网络化、智能数据化以及虚拟沉浸化，甚至是趋于回到生命体本身，而具有某种生物、生化特征。总之，媒介技术的属性在艺术创作的演化中显得越来越重要。观念大致的趋向是由媒介技术性向媒介融合性以及媒介交互性演变。

在交互性的议题上，人工智能的到来让学界对艺术的前景多了几分忧虑。从1984年阿瑟·丹托刊发论文《艺术的终结》以来，终结的命题始终如幽灵般困扰着艺术界。艺术终结的四种模式分别为黑格尔提出的终结于"本体"、丹托提及的终结于"自我"、鲍德里亚提出的终结于"媒介"以及卡斯比特等提出的终结于"生活"。而马草则提出了新的艺术终结论，即"终结于主体"。

而当新媒体的发展，从主体对客体的凝视演化为主体聚身于虚拟环境中的主观体验之时，变革的外在表征就呈现为新媒体的"虚拟沉浸性"。这直接将新媒体艺术发展前沿引向两个关键点——虚拟现实与增强现实。观念在虚拟中变异、在沉浸中变革、在裹挟中激荡、在增强中回响。

从"内容"视角看待微观的新媒体艺术作品（例如TeamLab的"花舞森林与未来游乐园"），人们会发现其共性特征：首先，科技发展是内容创作的原动力，新兴技术不断为新媒体艺术的内容创作营造新的媒介环境，带来受众感官体验的嬗变，促使内容传播从单一走向多元互联。其次，新媒体艺术的内容充满后现代主义色彩，如多种元素杂糅、突破媒介边界、去中心化。再次，新媒体艺术的内容是开放式的，重视传播过程而非结果，内容与技术的作用并重；最后，新媒体艺术作品交互式的展示特点也使受众获得一定的参与自由和话语权。

在第二篇的最后，研究关注了新媒体戏剧的舞台变革。结论在于，真正的"新媒体戏剧"应是既结合观念性戏剧理念，又有广泛媒介参与性的多元戏剧实践形态。在沉浸中做媒介融合，在梦幻中映衬媒介自省，在自我迷乱的过程之中时刻保持独立而清醒的人格认知，才是将戏剧发展引向更深层面的征兆。

第三篇选择"生命融合"视角对新媒体艺术的有机属性予以观念性生发。由于身体的介入，新媒体艺术有机会囊括生命遗传与编码的本质——基因。在基因编辑、擦除与转换中，观众看到人类与自然界其他生命体的同源性，也使艺术观念再度聚焦于对主体性的质疑与反思。如魏颖所说，基因艺术是以普遍生命力为中心的平等主义，是后人类中心主义转向的核心。在新媒体艺术的生命观念中，生命的内涵得到重新书写，即人类并非凌驾于其他物种之上，曾经被赋予的作为先天条件的、不可剥夺的独立属性正在分崩离析。对"中心法则"的再认识，预示着人类对"主体性"认知的自我反省与批判的展开。变"人类中心"的控制论为"泛生命"视野中的平等论，成为后人类中心主义的核心议题之一。在作品《第八天》里，科技想要接管上帝的职能，通过克隆和其他生物技术，创造生命甚至可能最终触及人类本身。人类取代神性，撼动了主体性权力意志的权威；然而，接踵而至的将不是人类主宰世界，而是万物复苏使人类进入生命平权的反思之中。这个反思，就存在于基因艺术中"转基因"的生态化、系统化、多样化所带来的复杂性。

人工干预，验证了人类智慧及其外延的自我"亵渎"，但过程里却饱含着热情洋溢的"平等宣誓"——智慧不仅源自人类，也源自干预过程中微妙的不可控因素。卡茨由"矮牵牛花"中得到启示，所有的生命，无论多么相似，都是根本不同的，所有的生命都是独一无二的。从进化角度来看，人类本身其实也是一个转基因的物种。通常理解中转基因是不自然的，这一观点现在值得商榷。更重要的是去理解，即使没有人类干涉，基因从一个物种到另一个物种的变化也是野生世界的一部分。

生物塑形，是近年来新媒体艺术表达中的一个重要分支，这不仅仅体现为材料上的新意，生命体及其附属生命构造在"成型"表现上更加自然、不可控，与硅艺术或无机材质相比更加缺乏逻辑必然性和工艺精准度，但这反而增添了自然选择的偶然性因素，成为一个与人工或人造产品相对应的随机性审美"塑形"之源。一方面，在艺术观念上，由于生命体与自然环境的亲昵，很容易在艺术表达上与环境相联系。另一方面，除了自然环境，生命体也日益受到人类社会及生存语境的影响，生物在与人的共存、互动、相互影响中亦表现出深刻的哲理与人文反思。

在生态上，新媒体艺术中的环境表达，在创作观念上集中反映了一个深刻的"警醒"，即我们不可过分陶醉于物质满足、经济建设、消费繁荣与欲望膨胀所带来的对自然的掠夺与控制。"人定胜天"的想法可能使人类陷入自我张扬的"主体性"癫狂之中、无法自拔。而后工业状况又使得人类不得不面对恶劣环境如水土流失、沙漠扩大、水质污染、大气质量恶化、海平面上升等所带来的现实恶果。艺术能够透过生态环境的模拟，带来警醒继而使人们的意识由"地球的主人"变为"自然的朋友"。

总之，新媒体艺术的有机属性参与到观念的塑造中，主要呈现出人与自然之间关系的"二重性危机"：其一，人类利益支配自然及其他生命所引发的工业化与环境危机；其二，人类为了追逐无限度的欲望和资本积累，导致精神层面的崩塌和物化危机。

第四篇聚焦于技术发展前沿及其背后的观念性趋向。人工智能时代的到来，不仅给工业生产带来福祉，同时也催生出新的艺术传播形态。其技术逻辑已逐渐蔓延至诗歌、音乐、绘画、舞蹈、电影、装置等很多艺术领域。艺术，这种原本属于人类的审美认知与实践活动，正在被某种体外化的智能机器替代。媒介的"工具"属性已难以形容这样前所未有之变革。机器的自主性，已非工具理性的从属性运作经验所能解释。人类思考，这种原本穿越时空的人类文化瑰宝，以及高等生命体所特有的思想与情感实践，饱含着人类作为世界性主体的实际核心地位。但它在指向未来的艺术发展趋向上受到了前所未有的挑战。

或许，我们正迎来艺术由"体外化媒介阶段"升级为人机结合的"异源嵌合体"的新时代。但人工智能走入"艺术化的生活"还有很长的路。以实际的情况看，人工智能对艺术的参与仅仅处于最初级的阶段，但不能因此消磨掉智能系统投入艺术的信心。在本书的讨论中，对艺术的智能化有一个宏观而模糊的阶段性预判，也是对智能化艺术延展方向的善意预见：

艺术智能化的第一阶段，是我们目前正在经历着的"算法阶段"。算法用来学习、训练和积累经验，是机器对艺术创作的基本模式、风格细节、内容形式的外在模拟阶段。其特征在于对"创作主体的替代性蚕食"。人作为艺术创作的主导者被智能机器取代，是这一阶段的主要征兆。

艺术智能化的第二阶段，是我们正开始逐渐经历的"智慧发散阶段"。这个时期，物联网、通用传感器技术、机器视觉、语音识别技术逐渐进入应用领域，智能机器的泛化感知能力大为提升。因此，此阶段的主要任务是对机器的"感知与联想能力"的探索，算法的运用由对艺术信源（创作主体）的单级模仿拓展到"艺术内容"和"渠道分发"的层面。机器的"自主联想"取代"风格学习"成为人工智能运用的核心。这是人工智能由外在模仿到内涵创新的关键性蜕变。新的焦虑在于人工智能拓展到了艺术的感知领域，参与了艺术灵感的汇聚；同时亦蔓延到（甚至在一定程度上掌握了）艺术讯息的分发渠道。

　　艺术智能化的第三阶段，将是"智慧观众阶段"。此阶段的人工智能不再只服务于艺术创作或分发层面，而将进一步蔓延至信宿（即艺术接受层面）。观众将直接被人工智能武装起来，可穿戴技术、脑机接口、嵌入式技术乃至生化人、电子人等未来技术将成规模地渗入社会文化生活，使审美接受与观念性认知层面进一步智慧化，以适应艺术生发、延展的高级形式。

　　艺术智能化的第四阶段，是"智能消费阶段"。长远来看，智能机器在未来将与人充分融合，甚至最终扮演与人类似的社会角色，而成为社会消费的主体之一。换句话说，智能机器将成为消费者的一部分，在艺术消费中创造价值。

　　总之，基于对人工智能参与艺术活动的阶段性预判，人们就不会太过忧虑于目前暂时的窘境。理解智能化是艺术的延展，这一点至关重要。让机器构筑模拟人类思维的能力，具有推理、学习、判断和评价的效用，就可以引导机器代替人来完成一些此前需要耗费精力或时间的任务，使人有时间做一些更愿意做的事情。因此，艺术观念的延展中应有"自律"的一面，即艺术智能化运作中的规则意识。对人工智能背后的权力意识、权益目的与资源集聚应予以适当的钳制，引导其向着平等、和谐、造福于全人类的方向，稳步迈进。

　　另外，人们对"脑机接口"的关注度持续升温，这是面对"人工智能"迅猛发展的一个自觉行动。目的是提升计算机"硬件"与人体生物"湿件"的顺畅性联系，使人类变得更为强大，以平衡人类与智能机器之间的关系。艺术与意念的载体"神经元"有着千丝万缕的神秘联系。将神经系统纳入艺术创作，是生命艺术的高级形式；也是将思考与创造进行外化表达和它者化观察的有机结合点。神经元艺术结合脑机接口，是审美创造中最新、最令人激动的领域，也是与主体性思维最为辩证的哲学实践领域，其实验过程令主体间性的表达趋于亢奋。

　　新媒体艺术的观念演化是与创作、展示、传播、接受、技术、文化以及市场紧密相连的。其中也存在一些问题，值得在本书结尾重申，那就是，过度关注技术，可能会使艺术创作内涵趋于淡化、观念表达浅表化。

　　技术可以脱离内容创作而自我张扬，但不可能脱离艺术内涵而自成作品。要警惕技术革命背景下，新媒体艺术的观念性阉割。新媒体艺术内容缺乏创意，有主观和客观两方面的原因。主观上，作为新媒体艺术的作者或实践者，不应被技术的浪潮和商业利益冲昏头脑，而应当保持清醒，扎根现实土壤，把握好技术使用的度。客观上，一来大众传媒有追求利润的特点，二来交互性是新媒体艺术的主要特性，新媒体观念必然不能对观众体验置之不理。但反映到艺术实践上，真正悉心为受众体验去考虑、去设计、去呕心沥血的创作却并不多，除了一味"炫技"的浮夸就是毫无底线的迎合，艺术内涵中最能触动接受情感的人文情怀却难觅踪迹。

新媒体艺术在满足人们对于未知领域的好奇心和求知欲上具备得天独厚的优势，人们对这一新兴艺术形式也充满兴趣。但不少新媒体艺术作品（或展览）只是打着沉浸性、体验性、交互性的旗号，内容却缺乏创意，让人"乘兴而去，败兴而归"。最终打击了观众参与新媒体艺术的热情，这对于其市场发展亦十分不利。只一味放纵浅表的官能体验，势必带来欲望的泛滥与信仰的消失。其后果，必是昙花一现。因此，警惕并且尽力避免利益驱动稀释人文价值，是确保新媒体艺术观念良性发展的内在基础。

兼顾个性与需求，考虑受众的体验，把兴趣放在"主体间"的交互上而非技术上，推进"人机融合"实践，努力保持艺术创作端与欣赏端的智慧平衡，让艺术重返生活——是新媒体艺术观念的本质趋向。

任何艺术形式，说到底，其反映和表现的都是现实的社会生活及由此给人们带来的社会心理特征和变化，同时也是艺术家对艺术表现形式的探索。回归生活、回到当下、回到人们真挚的情感中去体悟，才是新媒体艺术观念真正的"初心"。

蓦然回首，这本书的讨论，依然过度地关注了"技术"与"主体性让渡"，而缺乏对主体背后每个作者、每个观众、每个活生生的人的情感书写。唯愿，新媒体艺术在未来的日子里持续向好，用作品及其观念弥补这份"情感"的疏漏。

参考文献

［1］彼得·布鲁克.空的空间[M].王翀,译.北京:中国友谊出版公司,2019.

［2］蔡新元.人工智能艺术,一场前所未有的新艺术创造[N].光明日报,2019-07-10.

［3］曹恺.纪录与实验:DV影像前史[M].北京:中国人民大学出版社,2005.

［4］曹卫东.交往理性与诗学话语——论哈贝马斯的文学概念[J].文学评论,1998(4).

［5］陈梦喆.人物专访——中国录像艺术之父张培力:我不是特别会冒险,但也不安分[J].上海壹周,2011-07-18.

［6］陈然.雷雨2.0颠覆曹禺[N].新京报,2012-07-12.

［7］邱志杰.录像艺术的兴起和发展:90~96[EB/OL].中国当代艺术文献库,2018-09-06.

［8］陈西安.宋冬:万物皆为镜[N].周末画报,2019-07-12.

［9］陈小利.张培力个展"记录—重复"亮相芝加哥艺术博物馆[EB/OL].雅昌艺术网,2017-03-31.

［10］威德默.历史之路:威尼斯双年展与中国当代艺术20年访谈集[M].北京:中国青年出版社,2013.

［11］丁志余.点击新媒体艺术[J].艺术生活,2001(4).

［12］杜威.哲学的改造[M].许崇清,译.北京:商务印书馆,2002.

［13］冯峰.盛宴:冯峰作品[M].北京:首都师范大学出版社,2008.

［14］冯钰.当生理实验也成为一种当代艺术[EB/OL].信息时报,2013-12-09.

［15］甘阳.富强与民雅[EB/OL].凤凰网,2009-04-11.

［16］高闰青.人的可塑性与可能性的教育学意蕴[J].教学与管理(理论版),2011(6).

［17］高鑫,廖祥忠.网络艺术及其发展态势[J].现代传播,2002(5).

［18］顾丞峰.艺术,以感觉的名义——记"现象·影像"展及其引出的话题[J].

艺术界,1996(6).

［19］郭庆光.传播学教程[M].2版.北京:中国人民大学出版社,2011.

［20］郭晓彦.如何自我构建:中国影像艺术的一些基本事实及叙述[EB/OL].雅昌艺术网华东站,2011-09-06.

［21］管怀宾.过园[M].南京:江苏凤凰美术出版社,2011.

［22］汉斯·格奥尔格·加达默尔.真理与方法[M].洪汉鼎,译.上海:上海译文出版社,1999.

［23］贺万里.中国当代装置艺术史(1979~2005)[M].上海:上海书画出版社,2008.

［24］侯瀚如.当代艺术·策展人卷:在中间地带[M].翁笑雨,译.北京:金城出版社,2013.

［25］胡斌.当代艺术与生物、生理实验结合的趋向[N].中国美术报,2016-08-04.

［26］胡智锋,刘俊.何谓传媒艺术[J].现代传播,2014(1).

［27］黄鸣奋.数码艺术潜学科群研究[M].上海:学林出版社,2014.

［28］黄鸣奋.数码艺术学[M].上海:学林出版社,2004.

［29］黄鸣奋.西方数码艺术理论史[M].上海:学林出版社,2011.

［30］黄鸣奋.活法三义:当代西方新媒体艺术宣言例析[J].社会科学辑刊,2019(4).

［31］黄专.创造历史——对中国20世纪80年代现代艺术的精神祭奠[J]画刊,2006(12).

［32］金江波.当代新媒体艺术特征[M].北京:清华大学出版社,2016.

［33］姜申,鲁晓波.展示传播在文化遗产数字化中的交互性及其应用[J].现代传播,2013(8).

［34］姜申.后现代·怀旧:当代中国视觉文化传播[M].北京:中国民航出版社,2013.

［35］姜申.新媒体艺术的异质与传播思辨——作为新的艺术形态而独立存在[J].吉林艺术学院学报,2019(3).

［36］姜申.中国的数字媒体艺术展示及其传播简史——写在首届北京国际新媒体艺术展十周年之际[J].艺海,2013(10).

［37］李四达.数字媒体艺术简史[M].北京:清华大学出版社,2017.

［38］李四达.数字媒体艺术史[M].北京:清华大学出版社,2008.

［39］李明.藏酷:最后一个乌托邦[EB/OL].Hi艺术网,2014-08-19.

［40］李山,高名潞,张平杰.当生命本身成为艺术——李山艺术展[J].当代美术家,2016(3).

［41］李欣人.传播关系的哲学思考[J].当代传播,2005(04).

［42］李振华.关于新媒体的全球进程调查21生物艺术[J].当代艺术与投资,2011(11).

［43］李振华.李振华vs邱志杰:关于西方的访谈[EB/OL].邱志杰博客,2016-12-05.

［44］梁爽.丰江舟:电子媒体的落地实验[J].东方艺术,2009(7).

［45］林迅.新媒体艺术[M].上海:上海交通大学出版社,2011.

［46］刘炳范,牛晓峰.人类意志的悖论:《修道院纪事》主题论[J].齐鲁学刊,2009(5).

［47］刘晋锋.张培力:我讨厌谈抽象的问题[N].新京报,2006-05-29.

［48］刘旭光.新媒体艺术概论[M].石家庄:河北美术出版社,2012.

［49］刘娃.用脑电波来场独一无二的艺术体验[EB/OL].中央美术学院艺术资讯网,2017-05-04.

［50］龙马社.看、听、摸、闻、尝——浸没式戏剧到底有多爽[EB/OL].搜狐网文化版,2018-09-10.

［51］鲁晓波,黄石.新媒体艺术——科学与艺术的融合[J].科技导报,2007(13).

［52］鲁晓波,张尕.飞跃之线(世纪对话2005第二届北京国际新媒体艺术展暨论坛)[M].北京:清华大学出版社,2005.

［53］骆增秀,姜申.Flash及其精神[J].北京电影学院学报,2001(4).

［54］吕澎,易丹.中国现代艺术史1979-1989[M].长沙:湖南美术出版社,1992.

［55］吕吟童.回忆池社——张培力访谈[J].当代艺术与投资,2007(5).

［56］马草.人工智能与艺术终结[J].艺术评论,2019(10).

［57］马歇尔·麦克卢汉.理解媒介:论人的延伸.何道宽译[M].北京:商务印书馆,2011.

［58］孟依依.丰江舟:噪音机器和苏醒的电虫[J].南方人物周刊,2019(19).

［59］倪万.新媒体时代艺术传播观念回归的理论阐释[J].现代传播,2017(5).

［60］欧阳友权.网络艺术的后审美范式[J].三峡大学学报(人文社会科学版),

2003(1).

［61］裴燕.艺术+科学:引领人类未来[EB/OL].全球品牌网营销策略栏目，2013-08-23.

［62］彭锋.可塑的身体——评韩啸的行为艺术[J].东方艺术,2012(17).

［63］皮力.皮力解读王功新创作:抓住生命的叹息[EB/OL].凤凰艺术网,2015-03-19.

［64］邱人君.中产阶层的发展壮大及对中国社会的影响[J].党史文苑,2006(2).

［65］邱志杰,吴美纯.录像艺术的兴起、发展与新媒体艺术的成熟[EB/OL].豆瓣网,2014-04-15.

［66］邱志杰.策展最重要的就是要有一个正确的历史观[EB/OL].凤凰新闻,2019-05-21.

［67］邱志杰.新媒体艺术的成熟和走向:1997-2001[EB/OL].爱思想网站新媒体艺术专栏,2010-07-12.

［68］任日.元塑:我的造物观[J].美术大观,2015(1).

［69］沈辰,何鉴菲.释展和释展人——博物馆展览的文化阐释和公众体验[J].博物院,2017(3).

［70］宋冬.父亲与"抚摸父亲"[EB/OL].雅昌艺术网,2015-02-27.

［71］宋冬.我一直在思考代沟的问题,试图用艺术的方式来化解困境[EB/OL].新浪网,2018-11-23.

［72］隋永刚,胡晓玉.走到十字路口的新媒体艺术[N].北京商报,2017-07-13.

［73］孙潇锡.生物艺术初探[D].大连:大连工业大学艺术设计学院,2016.

［74］孙毅.艺术与科学国际作品展亮相[EB/OL].北京晚报:北晚新视觉网,2012-11-13.

［75］孙悦.2011国际新媒体艺术三年展作品——脑电站[EB/OL].中国网文化中国频道,2011-08-17.

［76］孙瑶,孙滔.影视文化与新媒体艺术[M].北京:中国纺织出版社,2018.

［77］谭力勤.奇点:颠覆性的生物艺术[M].广州:广东人民出版社,2019.

［78］唐晓林.浸入此时此地——"85新空间"与"池社"[J].南京艺术学院学报,2018(6).

［79］童岩,姜申.新媒体艺术观念的趋向[J].中国人民大学学报,2013(1).

［80］童岩,郭春宁.新媒体艺术导论[M].北京:中国人民大学出版社,2018.

［81］滕锐,李志宏.亚审美性——新媒体艺术审美认知特征研究［J］.文艺争鸣, 2015(10).

［82］汪建伟.少数派报告［J］.三联生活周刊,2011-06-17.

［83］王方.数字时代艺术媒介化研究［D］.南京:南京艺术学院,2017.

［84］王可.裂变的世界——新媒体艺术的理论范式研究［J］.南京艺术学院学报 (美术与设计),2019(1).

［85］王铺.目击第50届威尼斯双年展［J］.美术观察,2003(7).

［86］王岳川.后现代主义文化研究［M］.北京:北京大学出版社,1992.

［87］魏颖.转基因艺术:基因作为艺术媒介［J］.典藏·今艺术,2019-06.

［88］吴美纯.被埋葬的秘密:比尔·维奥拉作品的延绵性［J］.江苏画刊,1996(10).

［89］谢荣华.我国中产阶级消费特征研究［J］.当代经济,2007(4).

［90］熊澄宇.对新媒体未来的思考［J］.现代传播(中国传媒大学学报),2011(12).

［91］熊晓翊.生物艺术:逾越了艺术,还是逾越了造物主［EB/OL］雅昌艺术网专 稿,2016-07-27.

［92］徐雷.时空的坐标——后八九中国新艺术的历史境遇与文化视野［D］.杭 州:中国美术学院,2010.

［93］徐明德.李山的生物艺术［J］.戏剧艺术,2014(12).

［94］许江,吴美纯.非线性叙事:新媒体艺术与媒体文化［M］.杭州:中国美术学 院出版社,2003.

［95］许鹏.中国新媒体艺术简史［M］.北京:北京大学出版社,2020.

［96］薛亚芳.邱志杰:爱读《庄子》的怪杰［EB/OL］.豆丁网,2012-08-18.

［97］杨春时.本体论的主体间性与美学建构［J］.厦门大学学报,2006(2).

［98］于翠玲,王颖吉.媒介文化素养的多维视角［M］.北京:北京师范大学出版 社,2019.

［99］喻国明,杜楠楠.智能型算法分发的价值迭代［J］.新闻记者,2019(11).

［100］喻国明.5G时代的传播发展:拐点、挑战、机遇与使命［J］.传媒观察,2019(7).

［101］约翰·奥尼恩斯,刘翔宇.神经元艺术史:进一步理解艺术［J］.民族艺术, 2016(5).

［102］约翰·奥尼恩斯.神经元艺术史［M］.梅娜芳,译.南京:江苏凤凰美术出 版社,2015.

［103］张法.八十年代中国现代艺术一瞥［J］.北京大学学报(哲学社会科学版),

1999(1).

[104] 张尕. 合成时代：媒体中国 2008——国际新媒体艺术展 [EB/OL]. 中国美术馆专题网页, 2008-05-25.

[105] 张尕. "齐物等观——2014 国际新媒体艺术三年展" 策展人语 [EB/OL]. 中国美术馆网站, 2014-06-09.

[106] 张尕. 延展生命 [J]. 当代艺术与投资, 2011(8).

[107] 张海涛. 陈友桐推介词：微·生·物 [J]. 美术文献, 2012(3).

[108] 张海涛. 生物·生态——中荷当代艺术展 [J]. 中国建筑装饰装修, 2012(10).

[109] 张海涛. 西方生物艺术简史(1933～2018)新伦理艺术运动 [EB/OL]. 艺术档案网, 2019-05-17.

[110] 张海涛. 未来艺术档案 [M]. 北京：金城出版社, 2012.

[111] 张海涛. 预见未来——关于未来艺术学的探讨 [EB/OL]. 艺术档案网, 2018-04-08.

[112] 张海涛. 中国九十年代当代艺术思潮与生态简史 1989～1999 [EB/OL]. 雅昌艺术网, 2018-08-19.

[113] 张培力. 影像的迷津 [EB/OL]. 博宝艺术网, 2011-03-17.

[114] 张燕翔. 新媒体艺术 [M].2 版. 北京：科学出版社, 2011.

[115] 赵一凡. 欧美新学赏析 [M]. 北京：中央编译出版社, 1996.

[116] 郑颖. 分析爱德华多卡茨生物艺术作品揭示的真实性 [J]. 艺术科技, 2013(4).

[117] 朱亮, 李云. 新媒体艺术的冲击和境遇——合成时代：媒体中国 2008 国际新媒体艺术展策展人张尕访谈 [J]. 装饰, 2008(7).

[118] 邹萍. 老司机的新面孔：吴珏辉首次完整呈现创作脉络 [EB/OL]. 雅昌艺术网, 2016-12-23.

[119] Alan Scott. Modernity's Machine Metaphor[J]. The British Journal of Sociology, 1997(48),4.

[120] Andrew Ellson. A Third of TripAdvisor Reviews are Fake as Cheats Buy Five Stars[N]. The Times, 2018-09-22.

[121] Arthur Schopenhauer. Essays and Aphorisms[M]. R. J. Hollingdale, trans. Harmondsworth: Penguin, 1970.

[122] Clifton Leaf. Elon Musk Fears A.I. He Isn't the Only Genius to Worry Tech Will Destroy Us[EB/OL]. Fortune, 2017-08-30.

［123］ Dave Robinson. Nietzsche and postmodernism[M]. Cambridge: Icon, 1999.

［124］ David A Moses, Matthew K Leonard, Joseph G Makin et al. Real-time decoding of question-and-answer speech dialogue using human cortical activity[EB/OL]. Nature Communications, 2019–07–30.

［125］ Donnarumma, Marco. Fractal Flesh - Alternate Anatomical Architectures Interview with Stelarc[J]. eContact: Biotechnological Performance Practice / Pratiques de performance biotechnologique. 2012.

［126］ Elon Musk. An integrated brain-machine interface platform with thousands of channels[EB/OL]. BioRxiv, 2019–07–17.

［127］ F Jameson. Postmodernism and Consumer Society[M]. London: Pluto, 1985.

［128］ F Nietzsche. Beyond Good and Evil: Prelude to a Philosophy of the Future[M]. London & New York: Penguin, 1990.

［129］ Frances Stracey. Bio-art: the ethics behind the aesthetics[J]. Nature Reviews, 2009(7).

［130］ Friedrich Nietzsche. The Birth of Tragedy[M]. Walter Kaufmann, trans. NY: Vintage Books, 1967.

［131］ Friedrich Nietzsche. The Will to Power[M]. Walter Kaufmann, trans. NY: Vintage Books, 1967.

［132］ Friedrich Nietzsche. Human, All to Human[M]. R J Hollingdale, trans. Cambridge: Cambridge University Press, 1996.

［133］ Friedrich Nietzsche. The Will to Power[M]. London: Weidenfeld & Nicolson, 1968.

［134］ Georg Wilhelm Friedrich Hegel. Elements of the Philosophy of Right[M]. NY: Oxford University Press, 1978.

［135］ George Lukacs. History and Class Consciousness: Studies in Marxist Dialectics[M]. Boston: MIT Press.

［136］ Gregory B Smith. Nietzsche, Heidegger, and the transition to post-modernity[M]. Chicago: The University of Chcago press, 1996.

［137］ Immanuel Kant. An Answer to the Question: What is Enlightenment?[M]// Hans Reiss. Political Writings. H B Nisbet, trans. Cambridge: Cambridge University Press, 1991.

[138] Immanuel Kant. An Answer to the Question: What is Enlightenment[M]// Mary J Gregor. Practical Philosophy Cambridge: Cambridge University Press, 1996.

[139] Jean-Francois Lyotard. The postmodern condition : a report on knowledge[M]. Geoff Bennington, Brian Massumi, trans. Minneapolis: University of Minnesota Press, 1984.

[140] John A Walker. Art & Outrage: Provocation, Controversy and the Visual Arts[M/OL]. London: Pluto Press, 1998.

[141] Martin Heidegger. Nietzsche III. The Will to Power as Knowledge and Metaphysics[M]. David Krell, trans. San Francisco: Harper Row, 1987.

[142] Martin Heidegger. Contributions to Philosophy (From Enowning)[M]. Parvis Emad, Kenneth Maly, trans. Bloomington: Indiana University Press, 1999.

[143] Martin Heidegger. Nietzsche[M]. NY：HarperOne, 1984.

[144] Martin Heidegger. The Question Concerning Technology[C]//David Farrell Krell. Basic Writings: Second Edition, Revised and Expanded, NY: Harper Collins, 1993.

[145] Max Weber. Economy and society: an outline of interpretive sociology, California: University of California Press, 1978.

[146] Niedenthal P M, Barsalou L W, Winkielman P et al. Embodiment in attitudes, social perception, and emotion[J]. Personality and Social Psychology Review, 2005(9).

[147] R J Antonio. Nietzsche's Antisociology: Subjectified Culture and the End of History[J]. American Journal of Sociology, 1995(101): 1-43.

[148] Richard Rorty. Philosophy and the Mirror of Nature[M]. Princeton: Princeton University Press, 1979.

[149] Russell Nieli. Wittgenstein: from mysticism to ordinary language[M]. NY: SUNY Press, 1987.

[150] Slavoj Zizek. The Ticklish Subject[M]. London: Verso, 1999.

[151] Stuart Sim. The Icon critical dictionary of postmodern thought[M]. Cambridge: Icon Books, 1998.

[152] Tim Urban. Neuralink and the Brain's Magical Future[EB/OL]. Waitbutwhy, 2017-04-20.

后 记

本书是以笔者负责的国家社会科学基金项目"新媒体艺术的本体观念及其趋向研究"作为蓝本，历时多年研究而来。写作之初，便明确了研究对象和讨论框架是从"艺术观念"和"新媒体艺术作品的内涵及其趋向"两个范畴着手，双管齐下，对近二十年内已出版的相关学术著作进行系统整理；并由此开展理论准备、案例分类、资料积累及观念研讨等活动。

书中力图对新媒体艺术观念导向、研究方法、分类经验、焦点议题与研究缺憾进行较为细致的分析。努力总结前人经验中的共性问题，发现、比较、分析前人研究中的差异和个性闪光点，着力弥补学界不足。

全书的结构性特点在于章节之上设置了四个篇章方向——过往、当下、融合与未来。这对于全面把握新媒体艺术观念的发展，至关重要。本书由"历时性源起"开篇，深入到中西当代艺术史的脉络中，考察新媒体艺术的早期观念生成，厘清新媒体在现当代文化背景下观念性继承与突破的必然性。由此将新媒体艺术的美学渊源和观念历程贯穿于二十世纪艺术乃至中国社会发展的进程之中，形成了对新媒体艺术观念的历史性沉淀。又由当下所经历的观念性策展、主体性让渡、交互性回归、虚拟沉浸以及戏剧舞台的突破等范畴，将新媒体艺术"观念"的内核逐渐推衍至时下的语境之中，形成艺术居于当下的演绎。其后，受"生命科学"与新媒体艺术交叉碰撞的启发，不断关注艺术"主体性"在生命、身体、基因、生态、自然等层面上的多元重构，酝酿形成了新媒体艺术的"有机属性"。到2018年，人工智能深入艺术创作的趋势已相当明显，我们的观察便紧跟时代步伐，探究人工智能、脑机接口、高速移动通信技术给艺术观念的延展带来的冲击、挑战和机遇。结尾回归"问题意识"，对新媒体艺术观念传递中所遇到的瓶颈与困境给予关照。

本书兼顾"历时性"讨论与"共识性"剖析的均衡与呼应，游走在过往、当下、融合与未来之间，时而纵向穿越历史，通达观念性诞生的原初；时而又横向交叉、延展，在共识性层面构成平行呼应与观念聚拢。这样有利于在宏大思潮背景下穿插细节、人物、案例及暗线，在平行剖面中寻求联系，实现研究要素的多元化交织。

谈到研究缺憾，从媒介技术角度讲，"新媒体"作为技术时尚的呼应者、追随者，在瞬息万变的每日生活中，其"发展速度""蔓延广度""交叉力度"都远远超越学术关注能力的极限。时下元宇宙、NFT、Web3.0已迫近，技术创新的变异之快、应用之广都不是一本书所能够涵盖的。从传播力度上讲，新媒体艺术的展示及观念性传递，远不如大众媒介具有的普众化社交黏性。艺术展示的小众化、规模的微型化在受众体量上带来的传播效果不强、声响不大，这虽不影响艺术对个人参与、沉浸、交互的兴趣强度，但却在客观上给研究和观察带来困境，想要收集全面的作品信息几乎是不可能的。最近几年，新媒体作品的数量增长迅速，相关的艺术展示活动每年不下几百场，笔者能够透过网络进行资料收集的仅不到半数，能够亲身观察和体验的就更少。虽然尽了力，但难免有照顾不及、没能深入了解的艺术家及其作品观念。另外，由于精力所限，研究在量化、质化的方法运用上仍不够丰富，也缺乏问卷、访谈等方式对艺术观念在受众接受角度上的分析。这些问题有待于在今后的实践中弥补、充实。

笔者自2011年归国，开始步入新媒体艺术领域做参与式观察，如今已有十多年的光景。其间受教于鲁晓波、张尕、许鹏、黄鸣奋、童岩等先生，不断参与展览实践、锤炼理论认知，这本书也是对各位恩师的答谢之作。同时，本书还受到不少学者、艺术创作者、策展人的启迪，并得到全国艺术科学规划领导小组、中国艺术科技研究所有关同志的关怀和指导。北京师范大学新闻传播学院方增泉书记、张洪忠院长为本书提供了资金支持，中国纺织出版社有限公司的华长印老师、石鑫鑫老师为本书出版做了大量工作，在此一并表示由衷的感谢。

姜申

2022年春·北京